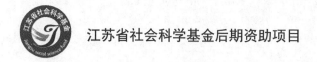
江苏省社会科学基金后期资助项目

U0542654

消费者行为定价理论研究
——基于价格信息认知视角

Research on Consumer
Behavioral Pricing Theory
——Based on the Perspective
of Price Information Cognition

刘 杰 著

南京大学出版社

图书在版编目(CIP)数据

消费者行为定价理论研究 : 基于价格信息认知的视角 / 刘杰著. —南京 : 南京大学出版社, 2022.12
ISBN 978 - 7 - 305 - 26273 - 9

Ⅰ. ①消… Ⅱ. ①刘… Ⅲ. ①消费者行为论—影响—企业定价—研究 Ⅳ. ①F274

中国版本图书馆 CIP 数据核字(2022)第 219647 号

出版发行　南京大学出版社
社　　址　南京市汉口路 22 号　　邮　编　210093
出 版 人　金鑫荣

书　　名　**消费者行为定价理论研究——基于价格信息认知视角**
著　　者　刘　杰
责任编辑　王日俊

照　　排　南京开卷文化传媒有限公司
印　　刷　南京玉河印刷厂
开　　本　718 mm×1000 mm　1/16　印张 16.75　字数 278 千
版　　次　2022 年 12 月第 1 版　2022 年 12 月第 1 次印刷
ISBN 978 - 7 - 305 - 26273 - 9
定　　价　80.00 元

网　　址:http://www.njupco.com
官方微博:http://weibo.com/njupco
官方微信号:njupress
销售咨询热线:(025)83594756

本书为江苏省发展和改革委员会服务业重大课题、江苏高校优势学科建设工程(PAPD)、江苏高校现代服务业协同创新中心、江苏高校人文社会科学校外研究基地"江苏现代服务业研究院"和江苏省重点培育智库"现代服务业智库"研究成果。

本书出版得到江苏省服务业重大课题专项资金、江苏高校优势学科建设工程(PAPD)、江苏高校现代服务业协同创新中心、江苏高校人文社会科学校外研究基地"江苏现代服务业研究院"和江苏省重点培育智库"现代服务业智库"的资助。

书　　名：消费者行为定价理论研究
　　　　　——基于价格信息认知视角
著　　者：刘　杰
出版社：南京大学出版社

引　言

　　价格是人类经济活动的产物,定价是经济活动主体为取得或放弃某种商品或服务所做出的最有利于自己的决策。从企业角度来看,定价是企业为取得最佳营销效果或收益,在综合分析多种因素的基础上,对其商品或服务进行价格制定或价格变更所做出的决策。从消费者角度来看,定价是消费者为了获取所需的商品而愿意付出的成本,这种成本贯穿于消费者对价格信息的搜索、评估、记忆和行为的全过程。从现有文献可以看出,消费者行为定价研究始于经济学,是行为经济学研究的一个子范畴,但在长期的发展过程中,它不断吸收其他学科的成果,现已发展成为一项包含经济学、心理学、营销学等学科知识的综合性学科。

一、消费者行为定价研究源于古典经济学的发展

　　对个体特征的讨论,是经济学理论的基本内容。传统定价理论根植于西方古典经济学理论之中,该理论有两个重要的假设前提,即"经济人"和完全市场信息。在"经济人"的假定之下,人的思考与行为都是完全理性的,完全理性的人以追求自身利益或效用的最大化作为其思考与行动的目的。完全市场信息假设市场是充分竞争的市场,市场中的主体彼此都拥有着相同的市场信息。在这两种前提下,市场经济主体就能够合理利用自己所搜集到的信息,去估计各种结果的可能性,将效应最大化,从而做出最有利于自己的决策。比如消费者在购物时可以清楚地了解包括产品质量、价格、服务

在内的所有信息,在此基础上根据产品的实际价格和效用进行对比作出最有利于自己的购买决策。然而这些假设在现实中是很难成立的,因为企业对消费者的收入、偏好、预期等变化和替代品、互补品的价格变化等信息不可能完全掌握,消费者也无法对其所购买商品的质量、成本、技术、产品的供应量等信息完全掌握,另外消费者对商品价格的主观感受在很大程度也会影响着他的购买决策。所以,在现实社会中,不论是企业还是消费者,他们所作出的任何定价策略都不可能是最优决策。

因此,一些经济学家不断对"经济人"假设提出质疑。部分经济学家完全反对"经济人"假说,部分经济学家只承认"经济人"的相对理性,并对"完全理性"进行修正。经济学研究领域中的历史学派最早对"经济人"假设提出质疑,他们认为"经济人"假设否认了人的良好动机的存在,而把人看成是自私的、唯利是图的,这不符合人类社会的现实情况。其中,最有代表性的人物是西蒙(Herbert A. Simon),他对古典经济学的完全理性与最大化原则进行了修正,认为"经济人"的假设只能处理相对稳定和竞争性相差不大的经济行为,对于不确定或者不完全竞争下的决策行为则不太适用,并因此提出了有限理性。西蒙所指的有限理性介于完全理性和非理性之间。一方面,他否定了弗洛伊德的"人的行为是由愿望、动机、意图等精神因素决定的"非理性的极端认知,认为人类所有的认知活动只有部分归因于精神的支配,社会或组织成员的行为在很大程度上是符合理性的,精神因素并不能起完全的支配作用。另一方面,他也否定了极端功利与极端理性的经济人假设。他认为,人的适应过程并不是完全自觉的,还存在一些非自觉的部分,人的认知和决策受到人的有意识和无意识的影响。因此,"最大"或"最优"的标准往往并不是人们在决策过程中的首选,"满意"的标准更能达到人们的心理预期。西蒙强调,决策者由于资源限制所面临的信息局限性和主观感知,对决策起到重要影响作用。除此之外,美国学者尔斯·林德布洛姆教授也对"完全理性"的假设提出了批判,他认为人的决策是个渐进的过程,而由于时间的紧迫和资源的匮乏,决策者无法了解与决策方案有关的所有信息,因此,决策者也不可能无止境地分析下去,决策需要以过去经验为基础,并以逐渐修补的渐进过程来实现。因此,对定价的研究应该聚焦于经济主体如何依据自己的过去经验,逐渐做出决策的过程。

二、现代行为经济学与认知心理学促进了消费者行为定价的研究

在批判古典经济学的过程中,现代行为经济学逐渐发展起来。区别于传统经济学的"理性人"假设,现代行为经济学提出了"社会人"的假设,即有限理性。根据有限理性假说,受到复杂环境和自身认知能力等因素的影响,即使经济活动的当事人在进行决策时能够精确地计算每一次的成本收益,也很难精确地作出选择,因为当事人无法准确了解自己的偏好次序。他们认为,人类不是被动地承受环境的压力,而是积极寻求经验,改变和塑造这些经验,运用心理加工的方法,在自身的认知发展过程中改变信息。实际上,有限理性假设的提出在某种程度上标志着经济学家由对人的经济行为研究更多转向对人类心理行为的研究。

随着心理学尤其是认知心理学的发展,人类如何处理外界信息并以此做出反应的内部心理过程成为研究热点。内部心理过程包括人的注意、知觉、学习、记忆、推理和思维等。他们认为,人脑是对信息进行解释而不仅仅对外界信息做出反应。人脑对信息的解释实际上就是大脑对信息的加工过程,大脑的信息加工过程由一系列的步骤来完成的,这种方式很大程度上类似于计算机的串行处理过程,即一次一个步骤。这就是认知心理学中的信息加工理论。例如,"环卫工人正在清扫大街"。信息加工研究的人员问读过这句话的人,这句话是否包括了"扫帚"这个词,绝大多数人回答包括。根据信息加工理论,处理信息的原则会让我们发现新输入信息之间的联系。关于"环卫工人正在清扫大街"这句话,与以前所获得的知识(我们认为扫帚是用来扫地的)。结果,大多数人在构建这句话的记忆时,就会把"扫帚"这

个词放入回忆中[①]。作为市场交易符号的价格,长期以来被人们视作一种直接或间接影响人的经济行为的客观存在,它的任何变化和表现都对消费者的心理活动产生着影响,进而直接影响着消费者的购买决策,这样的心理活动过程实际上就是消费者对价格信息的加工过程。

消费者行为定价研究以这种"有限理性"假设为基础,关注消费者在主观和客观因素的相互作用下,对商品或服务价格信息的处理过程,以及处理过程各因素对消费者购买行为的影响。Miyazaki(2003)[②]等学者认为消费者行为定价是定价研究中一个广泛而重要的领域,它关注价格活动中的人为因素,即人类如何关注、感知、处理并评估价格信息,以及他们如何确定特定商品的销售或购买价格,并因此作出购买决策。

三、消费者行为定价研究贯穿于消费者价格信息认知的全过程

消费者行为定价的研究者把价格或者与价格有关的行为作为研究对象,通过不同价格呈现,探讨消费者在价格信息搜寻、价格信息评估、价格记忆等内部信息处理过程中的反应及其意愿支付。然而,现有文献显示,目前对消费者行为定价的研究主要聚焦于价格信息处理的某个过程,缺少整体性、系统性的视角。本书将从信息加工的视角对相关文献进行梳理,探讨消费者行为定价研究的主要内容,厘清消费者行为定价在价格信息搜寻、价格信息评估、价格记忆等不同阶段的研究重点,进而为消费者行为定价领域的相关研究提供一个较为全面的参考。具体如图1.1消费者价格信息认知概念模型所示。

---

① (美)塞缪尔・E.伍德(Samuel E.Wood)、(美)埃伦・格林・伍德(Ellen Green Wood)、(美)丹妮斯・博伊德(Denise Boyd)著.心理学的世界[M].陈莉译.上海:上海社会科学院出版社,2018,pp.15-16.

② Miyazaki A D. Guest editorial: The psychology of pricing on the internet [J].Psychology & Marketing, 2003, 20(6):471-476.

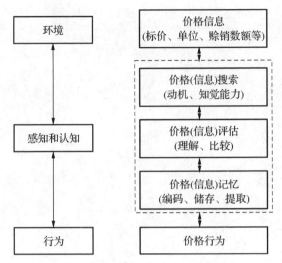

图 1.1　消费者价格信息认知概念模型

　　图 1.1 显示消费者在一定的购买环境中,价格信息对消费者产生影响的过程。在这个过程中,标价、优惠等价格信息通过视觉和听觉等感官被消费者接收,消费者通过对价格信息的理解和价格比较等方式对价格做出评估,并对价格信息进行编码、储存和提取,形成其价格行为。这是一个复杂的过程,每个阶段体现消费者不同的价格信息认知,同时这些阶段又各自有相对应的研究内容和范围,比如价格信息搜索阶段主要涉及价格信息渠道、价格成本等概念,价格信息评估阶段涉及参考价格、价格公平感知、价格/质量关系等,价格记忆则涉及消费者学习和价格知识,价格行为则主要探讨支付意愿和参与式定价等内容。

目　录

第四篇　消费者价格信息记忆

第五篇　消费者价格信息行为

第一篇

消费者行为定价研究的理论基础

第一章　消费者行为定价的内涵

本章概述

关于消费者行为定价的研究始于 20 世纪 70 年代,而后逐渐发展为定价研究中一个非常重要的研究领域。在这五十多年的发展过程中,消费者行为定价的研究范围和研究领域不断扩大,研究内容不断深入,涉及消费者获取、评估、存储价格信息的各个层面。本章重点探讨消费者行为定价的基本概念和主要研究的内容。

第一节　消费者行为定价的基本概念

消费者行为定价以现代行为经济学为基础,是一种将消费者心理学和行为决策理论有机融合并实践于定价领域中的理论。消费者行为定价的研究始于 20 世纪 70 年代,而后逐渐发展为定价研究中一个非常重要的研究领域。在其发展过程中,许多学者对消费者行为定价的内涵进行了诠释,如日本学者 Miyazaki(2003)[1]认为,消费者行为定价是定价研究中的重要部分,其中价格和定价是根据人的因素来确定的——人类如何关注、感知、处理并评估价格信息,以及如何确定特定商品的销售或购买价格。Homburg

---

① Miyazaki A D. Guest editorial: The psychology of pricing on the internet[J]. *Psychology & Marketing*, 2003, 20(6):471-476.

(2005)[1]和 Monroe(2022)[2]等人也提出了类似观点，认为消费者行为定价是以心理学为基础探讨消费者对价格反应的学说，它主要探讨消费者的价格感知、价格评价、价格记忆和价格行为的个人决策过程。还有部分学者，如 Maggie 等(2008)通过将消费者行为定价与企业传统定价进行对比研究，认为消费者行为定价的研究主要探讨企业以怎样的价格形式把商品或服务呈现给消费者，以及这种价格呈现方式对消费者的价值感知和价格选择产生怎样的影响，而不是像企业传统定价那样，仅仅关注企业具体的价格实践。Romain(2017)[3]等学者从经济学视角对消费者行为定价进行诠释，认为由于消费者行为定价主要是企业制定针对不同消费者的差别价格，从而获取更多的消费者剩余，这与价格歧视的性质是一样的，因此消费者行为定价等同于价格歧视。

除了上述学者外，企业界人士也对消费者行为定价的含义给出了自己的理解。比如德国西蒙顾和集团的首席执行官 Dr. Klaus Hilleke 认为消费者行为定价根植于行为经济学，在古典经济学派中对消费者的研究是基于完全理性假设，而实际上消费者的行为往往更多地表现为不理性。因此，消费者在进行购买费决策时会简化其购买流程，更多地将参考价格作为参照对象。消费者行为定价就是合理运用消费者的这种不理性行为，帮助企业获得一个更好的商业定价过程，是企业在一个特定的情境之下，通过价格的设定以及与消费者的有效沟通，引导消费者购买企业商品的过程。

从上述学者和专家的观点可以看出，消费者行为定价主要是从认知心理学视角出发，分析消费者对价格信息进行反应和处理的过程。综合来看，消费者行为定价本身有以下几个特征：①消费者的有限理性，即消费者对价格信息的认知和处理是一个理性与非理性相结合的决策过程，消费者理性

① Homburg C, Koschate N. Behavioral Pricing-Forschung im Überblick-Erkenntnisstand und zukünftige Forschungsrichtungen[J]. Reihe: Wissenschaftliche Arbeitspapiere/Institut für Marktorientierte Unternehmensführung, 2005, 82.

② Monroe K B. *Perceived price differences and consumer behavior*[M]. APA Handbook of Consumer Psychology. American Psychology Association, 2022:673-689.

③ Nijs R D. Behavior-based price discrimination and customer information sharing[J]. International Journal of Industrial Organization, 2015, 50:319-334.

体现在消费者希望获得更有利于自己的价格决策,消费者非理性体现在,由于受到外部信息和自身情感的影响,消费者的决策结果往往是在非理性情景下做出的;②从心理学视角探讨消费者行为定价的决策过程,即消费者如何获得价格信息、对价格信息如何评价和处理、最终的价格行为表现在哪些方面,影响消费者价格认知的因素主要有哪些等内容;③从企业角度来看,不是单纯的商品价格制定,更强调不同情境下企业如何把商品的价格呈现给消费者,并通过与消费者进行有效沟通来刺激消费者购买。

第二节　消费者行为定价研究的主要内容

从 20 世纪 70 年代诞生到现在,消费者行为定价研究经历了五十多年的发展,现已形成较为成熟的研究领域。在这五十多年的发展过程中,消费者行为定价的研究范围和研究领域不断扩大,研究内容不断深入,涉及消费者获取、评估、存储价格信息的各个层面。学者 Somervuori(2014)[①]在对消费者行为定价的文献综述中,将消费者行为定价的主要研究领域分成五部分:价格—质量关系(Price-quality Relationship)、参考价格(Reference Price)、价格意识(Price Awareness)、价格弹性估计(Price Elasticity Estimation)和价格公平(Price Fairness)。其中,价格—质量关系、参考价格和价格公平被认为是最核心的研究领域。除此之外,Koschate-Fischer 和 Wüllner(2017)[②]也回顾了消费者行为定价近几年的发展状况,认为消费者行为定价的研究内容可从消费者的价格信息处理过程即价格获取、价格评估、价格存储以及支出和消费行为来划分。价格获取就是消费者对价格信息的搜索过程,它涉及消费者的价格信息搜索强度、搜索意愿和搜索成本等问题,这是价格评估的前提准备;价格评估就是消费者对价格的整体感知和评价,这是消费者行为定价

---

　　① Somervuori O. Profiling behavioral pricing research in marketing[J]. *Journal of Product & Brand Management*,2014,23(6):462-474.
　　② Koschate-Fischer N,Wüllner K. New developments in behavioral pricing research[J]. *Journal of Business Economics*,2017,87(6):809-875.

研究的核心内容，它涉及的子领域非常广泛，包括价格阈值、价格/质量关系、参考价格、价格公平和价格形象等；价格存储主要涉及消费者对价格知识的存储和回忆问题，它直接影响消费者的价格印象和重复购买；支出和消费行为涉及消费者支付阶段的支付意愿、参与定价等内容。

通过对文献的梳理，本书基本认可 Koschate-Fischer 和 Wüllner 的划分方式。消费者行为定价研究涵盖了消费者价格信息处理的所有过程，从最初的价格信息搜寻到最终的价格支付，都是消费者行为定价的研究领域。Outi Somervuori 的划分方式实际上是对价格评价阶段的划分，而价格评价阶段也是消费者行为定价研究的核心部分，其子领域如参考价格、价格公平、价格—质量关系等在消费者行为定价研究中的地位举足轻重，有大量的相关文献对其进行讨论。对消费者行为定价的研究领域的划分可能在不同学者间存在偏差，但有一点可以肯定，消费者行为定价是一门不断发展的学问，随着对消费者行为定价研究的深入，会有新的概念、新的理论、新的关系和定价现象不断出现在这些领域中，消费者行为定价的研究范围还会进一步扩大。

根据上述认知，本书基于消费者价格信息的处理流程进行章节安排，即价格信息搜寻→价格信息评估→价格信息记忆→价格信息行为的逻辑，全书共分为五篇十一章，其主要安排如下(图 1.2)：

本书的第一篇属于消费者行为定价的理论基础部分。这一部分主要对消费者行为定价的研究和理论做一个系统的概述，由两章内容构成第一章阐述消费者行为定价的基本概念和主要内容，第二章主要介绍消费者行为定价的两个主要理论，即行为经济学理论和信息加工理论。

第二篇主要探讨消费者价格信息搜寻。这一部分由第三章构成，主要是对消费者价格信息搜寻阶段的相关研究进行论述，所涉及的内容包括信息搜寻概述、价格信息搜寻概念、价格信息搜寻的相关理论和价格搜寻的影响因素。本篇对价格搜寻部分安排的章节内容不多却十分重要，它是消费者价格信息评估的前提准备。

第三篇是消费者的价格信息评估部分。这一部分涉及第四章至第八章，是消费者行为定价研究的核心领域，主要内容包括：参考价格、价格公

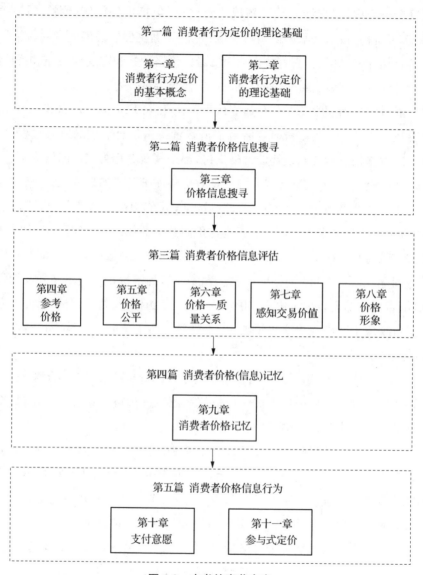

图 1.2　本书的章节内容

平、价格—质量关系、感知交易价值以及价格形象。本书将对这些领域的研究进展和最新成果,包括一些新的理论、新的价格关系和价格现象等进行介绍。同时,探讨这些领域之间的相互影响和相互关系。

　　第四篇是消费者价格信息记忆。这一篇由第九章构成。消费者的价格信息记忆所涉及的主要是消费者学习和价格知识的概念,它是消费者评估产品或服务价格是否有吸引力的基础。这部分内容主要包括价格记忆的动机和内核,具体包括显隐性知识对消费者行为的影响,价格知识准确性的决定因素等。

第五篇是消费者价格信息行为。这一篇包含第十章和第十一章两章节,主要是论述消费者价格信息处理的行为结果。第十章从概念、测量影响因素及理论基础等方面入手,对支付意愿的相关研究进行介绍。在第十一章,我们讨论了参与式价格机制问题,主要包括参与式定价的概念、理论基础,重点介绍了拍卖定价、PWYW 定价和 NYOP 定价模式。

第二章 消费者行为定价的理论基础

第一节 消费者行为定价与行为经济学

一、行为经济学的发展

消费者行为定价是行为经济学的一个子范畴,是行为经济学中价格理论的拓展。20世纪70年代,西方经济学中的反古典经济学阵营中出现了一股反思"理想假设"的思潮,并从不同学科领域进行探讨,逐渐把心理学和经济学两个不同学科领域的研究成果结合起来,并构成了较为完整的理论框架,形成了一门新的学科,即行为经济学。由于价格是人类经济活动中特有的一个经济现象,几乎可以解释或解决人类经济活动中产生的所有问题,因此,价格理论作为西方经济学中的核心理论和灵魂,一直是西方经济学者探究的话题。而作为行为经济学一个重要研究领域,消费者行为定价研究应运而生,消费者行为定价源于行为经济学,在此基础之上发展而来。了解行为经济学的发展历程有助于我们对消费者行为定价理论的理解,行为经济学发展的经历了三个阶段:古典启蒙阶段、早期行为经济学和现代行为经济学。

(一)古典启蒙阶段

与传统经济学理论相比,现代行为经济学理论所做的研究似乎是一个全新的研究领域。但实际上,行为经济学是对古典政治经济学中大家所抛

弃部分的复活,而这部分可以在现代社会中发挥巨大的作用。Angner &
Loewenstein(2007)[①]认为行为经济理论与古典政治经济学之间存在着紧密
联系。1776 年,英国经济学家亚当·斯密在《国富论》一书中提出了理性人
假设,认为人都是理性而自私的,在自由市场环境下,由于人的这种特性,整
个社会将达到后来被经济学家所说的帕累托最优状态。同时亚当·斯密在
另一本著作《道德情操论》中也阐述了人的非理性原理,这些原理包括消费
者的损失厌恶、过度自信、公平、跨期选择、自我控制和利他主义等,并运用
观察到的现象对这些原理进行了论证。因此,很多学者认为亚当·斯密是
行为经济学的最早创立人。虽然亚当·斯密对人的经济行为还只是一种质
朴的认知,并没有用心理学的思想去构建其经济学理论,但这种对人类行为
心理特征的关注仍为后来的行为经济学发展奠定了基础。

　　19 世纪中叶,以古诺为首的经济学家提出了需求定理,并采用定量的
研究方法揭示了价格与需求量之间的关系,标志着新古典经济学的出现。
古诺认为,需求是价格的函数。需求与收入、财富以及其他外部因素都存在
着一定的关系。对于一个需求曲线,如果价格不变,其他因素的变化会引起
需求曲线发生变化;如果价格变化而其他因素不变,则需求量发生变化。随
着后续以马歇尔和瓦尔拉斯为代表的经济学家出现,到 1870 年,新古典经
济学理论正式建立。马歇尔通过对竞争均衡的分析,更深入地回答了需求
函数,并提出了需求价格弹性的概念,他在《经济学原理》一书中对需求规律
的表述为:需求量随价格的下降而增加,随价格的上升而减少。1874 年,瓦
尔拉斯则在《纯粹经济学要义》一书中提出了一般均衡价格理论,当整个市
场处于一般均衡时,产品价格和生产要素价格将有一个确定的均衡值,由于
产品和要素的供求数量和价格会相互影响,一种商品价格和数量的变化可
引起其他商品的数量和价格的变化,所以个别市场的均衡取决于整体市场
的均衡。

　　新古典经济学在对价格理论和需求规律的研究取得了很大的成就,但

---

　　① Angner E, Loewenstein G. Behavioral Economics[J]. *Handbook of the Philosophy of Science*, 2007:641－670.

是它本身也存在很多矛盾和问题。其中最主要的一点,就是对心理学的极度排斥。Camerer 和 Loewenstein(2004)[1]指出,新古典经济学对心理学的抵制是充满矛盾的,因为它对经济行为的解释本身就是建立在"经济人"——一种心理学假设基础之上。在 20 世纪初,经济学家们按照自然科学的范式开展经济学研究,再加上心理学的研究还处于起步阶段,还没有形成一门科学。因此,在 20 世纪中期之前,经济学界对心理学的讨论始终乏善可陈。

(二) 早期行为经济学

20 世纪 40 年代至 70 年代,心理学方法被用于研究经济学问题,比如微观个体决策和经济组织行为等,标志着早期行为经济学开始逐渐成形,为现代行为经济学的崛起打下坚实的基础。主要代表人物有西蒙(Herbert A. Simon)、斯托维斯基(T. Scitovsky)、卡托纳(G. Katona)和利苯思坦(H. Leibenstein)等。其中,斯托维斯基主要涉足微观个体决策;利苯思坦主要研究组织决策和组织行为;西蒙对微观决策和组织行为研究都有建树;而卡托纳则重点关注宏观经济的学习基础。

西蒙认为理性的和经济的标准都无法确切地说明人的决策过程,人并非是全知全能的,人类决策的特点是有限理性。在有限理性的局限下,在个人的决策过程中,人们往往只能寻求满意解,而不是最优解,这就是"满意度"原则。也就是说,人不是以追求"最佳"而是以追求"满意"为原则,在追求满意解的过程中,情境因素对人的决策有显著影响。为了理解理性局限的具体性质和过程,西蒙又利用计算机进行了大量认知心理学的研究,为行为经济学的发展奠定了坚实的基础。

斯托维斯基(1976)则认为新古典经济学的经济人假设不符合心理学事实,经济学家应该学习心理学家的研究范式,对行为的正确认知应该通过观察和研究行为本身以及人与人之间的差异来获得,并以此为基础建立起符

---

① Camerer C F, Loewenstein G, Rabin M, et al. Advances in behavioral economics[J]. *Princeton Princeton University*, 2004, volume 44(3):694 - 711(18).

合心理学事实的行为模型。他通过一系列心理实验来验证自己的设想，发现心理学中的"激发（Arousal）"机制更有助于了解人的异常行为。尽管做了很多有意义的探索，但他并没有提出能够有效挑战传统经济人假设的系统实验和选择模型。这项工作后来由现代行为经济学的学者们完成。

卡托纳是经济心理学的创始人之一，他认为新古典经济学的经济人假设完全忽视了人类行为的真实面目，分析经济行为必须从人的心理出发，揭示人类行为的内在决定过程，认为消费者的情感因素对于经济波动的影响大大超出了他们收入的变化对于经济波动的影响。他率先在经济学中引入了"态度""情感"和"预期"等主观概念，并把自己的思想运用到宏观经济的分析当中，并认为心理因素决定了人的预期，而预期又决定了像通货膨胀、经济波动等宏观环境的变化。卡托纳还分析了预期形成的内在心理机制，构建了用来测量社会中消费者的消费者态度、期望以及乐观或悲观情绪的消费者情感指数（Consumer Sentiment Index）。他运用现代心理学工具和方法讨论了预期因素对经济行为以及宏观经济总量的影响，并提出了关于通货膨胀的心理预期假说，为后来的通胀目标理论打下了坚实基础。

利本思坦把心理学思想引入组织分析中，他认为古典经济学厂商的理性人假设是不科学的，厂商本身并无理性与不理性，但厂商是由个体组成，个体的理性组成了集体的理性，因此，个人才是恰当的研究单位。人是具有双重人格的，即具有超我功能（人的理性部分）和本我功能（人的非理性部分），二者之间是一种相互竞争、相互妥协的关系，共同决定个体行为，而个体最终采取哪种行为，要看哪种功能起主导作用。为了有效地解释这种选择理性，他把选择理性和启发式决策等现代行为经济学的基本分析单元有机联系起来。

总的来说，早期行为经济学形成于 20 世纪 40 年代末到 70 年代，这个时期正是新古典主义经济学的繁荣时期。早期行为经济学者们发现了新古典经济学理性人假设的不合理之处，并对其提出了挑战。受时代的局限，其研究更重视经验检验，以及理论上的直觉和描述，而缺乏逻辑实证。早期行为经济学的这些探索直接促进了现代行为经济学的产生。

(三) 现代行为经济学

20 世纪 70 年代，一些心理学家和经济学家开始合作，运用心理学的研究方法和新的认知心理学理论，来系统讨论经济学的问题，这标志着现代行为经济学的诞生。主要代表人物是卡尼曼(Daniel Kahneman)、特沃斯基(Amos Tversky)和泰勒(Richard Thaler)等。

卡尼曼和特沃斯基在 20 世纪 70 年代到 80 年代发表的一系列论文中，提出了前景理论(Prospect Theory)，他们从实证研究出发，从人的心理特质、行为特征揭示了影响选择行为的非理性心理因素，并通过一系列的实验，发现人的决策选择取决于结果与期望的差距，而非结果本身。也就是说，人们往往根据自己的心理参考点与每个结果的衡量进行决策，因此认为人的行为并不完全符合经济学的假设。他们的主要观点是：人们并不是具备完全理性，在决策时人们往往采取启发式决策方式，由于框架效应的原因，人们对相同的问题有不同描述进而导致了不同的决策判断；人们对损失的敏感度要远远大于对收益的敏感度；绝大多数人在面临盈利的前景时倾向于实现确定的利益，而不愿去冒险赌博，即风险规避；当人们面临损失的前景时，他们会有更强的意愿去赌一把，即风险偏好；前期决策的实际结果对人们后期的风险态度和决策有重要的影响。

前景理论的真正突破性信息是：对于任何相同规模的绝对收益或损失，来自损失的价值差异大于来自收益的相应正的价值，这导致非常现实的结果。其中一个就是重要的不是绝对净价值，重要的是构成净价值的收益和损失及其顺序。[①]

泰勒最大的成就是提出了心理账户理论(mental accounting)。心理账户理论最初是用来解释消费者决策为什么会受到"沉没成本效应"的影响。泰勒认为，人们的消费决策之所以会受到"沉没成本效应"的影响，主要解释有两个，一个是前景理论，另一个就是个人存在心理账户系统。心理账户的

---

① ［德］赫尔曼·西蒙(Herm、马丁·法斯纳赫特)著.价格管理：理论与实践[M].吴振阳、洪家希译.机械工业出版社,2022.

存在使人们倾向于将经济结果进行分账管理和预算,由此会产生一些非理性的消费决策。

　　泰勒认为,心理账户理论是个人和家庭用来组织、评估和跟踪财务活动的一系列认知操作。即人们在心里无意识地把金钱划归不同的账户进行管理,每个账户都有自己的收益和损失价值曲线,账户根据不同的类别定义,如旅游、教育、运动、食物等,这种分类有助于消费者对其支出进行总体把握和控制,消费者的支出行为和价格的敏感性因账户不同而不同。不同的心理账户有不同的记账方式和心理运算规则。区别于我们之前所认知的经济学和数学的运算方式,这种心理记账的原则经常会以一种非预期的方式影响消费者的购买决策,使得个体的决策违背理性经济法则。总的来说,心理账户理论主要包括三个方面的内容:一是人们如何评估消费决策的结果(包括决策结果的感知以及决策结果的制定与评价);二是人们根据来源和支出将资金将划分到不同的账户(如旅游、教育、运动、食物等),消费时要受制于明确或不明确的特定账户预算;三是账户的评估频率和选择框架,即在决策过程中,人们对一系列决策应该是被独立对待还是被放在一起看待,这将很大程度上影响着人的消费和投资决策。心理账户理论揭示了消费者行为决策的本质,它和前景理论共同成为行为经济学的重要支柱理论,用以解释消费者一些复杂而非理性的决策行为。

　　从行为经济学的发展过程可以看出,行为经济学研究的对象不仅仅是物的经济,更多表现为对人的研究,包括人的认知、情绪、情感、行为以及人格等。行为经济学认为,由于人的有限理性,对人的行为分析应以导致这种行为的真实心理形成机制为基础,不能简单地以人的主观假设为依据。由于人的心理形成机制是一个过程,因此主张用过程理性来代替实质理性,并把受价格、收入、购买力等经济因素影响的经济人看作一个富有人性的人,从而使经济学成为研究人的行为的科学。

二、行为经济学对消费者行为定价的影响

　　消费者行为定价来源于人们对现代行为经济学的研究,学术界对它的

研究始于 20 世纪 70 年代,它与现代行为经济学几乎是同时出现,是行为经济学与价格理论相结合的产物,它源于行为经济学,又不囿于行为经济学,本身不仅有经济学和心理学的影子,也包含了市场营销学的成分,是一门新兴的边缘学科。作为消费者行为定价理论的母体,行为经济学对消费者行为定价的影响是巨大的,可以说,没有现代行为经济学的发展,消费者行为定价研究也就不会存在。

(一) 有限理性:消费者行为定价的前提条件

自新古典经济学出现以来,经济学家一直推崇完全理性的经济人假设,把纷繁复杂的经济现象简单化,对价格的研究也变为如何获得经济主体效用最大化和实现市场均衡问题。然而在现代社会经济中,商品种类成千上万、复杂多样,同时各样新产品层出不穷,市场上往往出现信息不对称和信息过量的情况,消费者的购买决策也表现出各异的价格感知与行为决策方式,传统经济学理论中"经济人"理性行为已不能对消费者的这种价格行为进行很好的诠释。

随着行为经济学的发展,一批致力于行为经济学研究的学者们突破了传统"经济人"假说的桎梏,提出了"有限理性"论,将"经济人"变为"行为人",这为价格研究提供了新的思路和空间,也为消费者行为定价研究奠定了重要基础。

与完全理性的经济人假设相比,有限理性理论更加贴近心理事实,比如按新古典经济学的观点,消费者都是完全理性的,他们知道自己需要什么,也能够理性决策与选择,但事实上消费者在消费过程中往往会简化其消费行为,由于受到商品价格、店铺氛围、导购员的引导或购物时的心情等某个因素的影响,消费者就会即时做出购买决策,这实质上是一种非理性行为。比如,某个消费者希望在网上能够买到真正的草鸡蛋,由于在购买前无法对商家卖的鸡蛋做出鉴定,这时他往往根据鸡蛋的展示价格做出购买决策。价格越高,草鸡蛋的真实性就越大,消费者就越愿意购买。消费者行为定价研究就是源于对消费者这种非理性价格行为的探讨,通过分析消费者的心理过程以及影响心理活动的因素,确定企业应当如何在商业定价中合理运用消费者的非理性行为,就是消费者行为定价研究的目的。因此,对消费者行为定价理论而言,有限理性假设是存在的基本前提和基础,没有这个假设,消费者行为定价也就失去了研究的意义。

(二) 行为经济学的基本理论:消费者行为定价的理论基础

行为经济学中对人经济特性描述的相关理论,是消费者行为定价研究的直接理论来源。从行为经济学发展过程中可以看出,行为经济学最主要的理论是前景理论和心理账户理论。前景理论认为在不同的风险预期条件下,人们的行为倾向是能够被预测的。它主要包括确定效应(Certainty Effect)、反射效应(Reflection Effect)、损失规避(Loss Aversion)、迷恋小概率和参照依赖(Reference Dependence)五方面的内容,其中每个方面都可以应用到消费者行为定价研究中。

比如参照依赖现象。行为经济学认为,对正常人而言,金钱的效用是相对的。得与失,在很多情况下是比较出来的,人们总喜欢拿自己的地位、财富、智慧等去和别人做比较,若觉得比别人差,便怅然若失,而若是比起别人更有优势,则会为所拥有的感到兴奋。卡尼曼指出,人们对"得与失"的判断是根据某个参考点的变动来进行的,即"参照依赖"。通常情况下,人们的注意力并不在最后的结果,而在最终结果与参考点的差额。根据参考点的不同,一件事情既可以是"得",也可以是"失"。把"参照依赖"效应应用到价格研究中,就形成了消费者行为定价领域中参考价格研究。根据参考价格效应,消费者对价格的感知和评价受参考点的影响,如果消费者通过将商品实际价格与参考点价格进行比较后而感知到利得,他们会感到满意,如果这种比较后是感知利失,则会感到不满意。假设在加油站 A,每升 95 号汽油卖9.7 元,如果顾客以现金的方式支付就可以获得每升 0.7 元的折扣;而在加油站 B,每升 95 号汽油卖 9.00 元,如果顾客以信用卡的方式支付则每升要多付 0.70 元。尽管在任何一家加油站购买汽油的价格都是相同的,但是大部分消费者会认为 A 加油站比 B 加油站更有吸引力。因为加油站 A 的定价会使人感知利得,加油站 B 定价会使人感知利失。这就使得相比于从加油站 B 购买汽油,从加油站 A 购买汽油对消费者心理上产生的不适感要少一些。

因此，在这种比较下，商品价格本身对消费者而言反而不那么重要，定价方式则成为直接影响消费者的心理活动和购买决策的主要因素。所以，企业定价策略要加强对这种价格参考点的把控，着重增加消费者的"利得"感，减少交易"利失"感。参考价格理论强调运用心理学原理比如范围理论、适应水平理论等解释消费者价格行为，目前已经形成了一个庞大而复杂的研究体系，是消费者行为定价理论的核心部分。同样，像捆绑销售、各类套餐、限时促销、各类折扣、天天低价、买一赠一等都是前景理论在日常营销活动中的具体运用。

行为经济学中的心理账户理论也是分析消费者价格决策的重要依据。心理帐户是人们用来管理、描述和追踪自己各项经济活动开支的一个系统。研究心理帐户理论是为了更好地描述、预测和解释人的决策和行为，以此来解释传统经济学无法解释的人的反常活动。与传统经济学不同，心理账户理论认为：不同心理账户具有不可替代性，它的运算规则也是独特的。心理账户理论的这种论断造成了人的经济行为与经济学理论假设的背离，有效诠释了消费者行为决策的本质，这对价格研究具有重要影响。比如，"双十一"消费、春节消费现象，从心理账户理论来说，实际上就是人们把春节和"双十一"的购物预算和日常支出的预算放在不同的心理账户中，消费者的节日消费欲望远远大于日常消费欲望，再加上商家的促销导致节日消费现象的出现，而消费者对两个节日所销售商品价格也表现了不同的认知，"双十一"期间销售的商品价格较平时便宜，春节期间销售商品价格一般较平时高。目前，传统经济学无法解释的部分人类行为可以由心理账户理论得到解释，合理巧妙地利用心理账户理论，如两部定价法、以旧换新、捆绑销售的定价、标价方式与折扣分配（数量折扣与打折）等多样性的定价策略，可以有效增加企业的销售。

除此之外，行为经济学中的其他理论，比如锚定理论、禀赋效应等也有助于我们了解消费者对价格的认知和决策的心理活动情况。随着对消费者定价心理和行为的不断了解，这些理论也将更多地应用到消费者行为定价研究中。

（三）行为经济学的研究方法：消费者行为定价的方法论来源

行为经济学的研究理念和研究方法是消费者行为定价研究方法论的主要来源。早期的行为经济学以心理学理论为基础，从人或者组织心理的角度对经济活动和现象进行阐述。不同于新古典经济学，早期行为经济学对心理过程的引入使得经济学的研究充满了人性化的色彩，这对于解释一些传统经济学理论无法解释的"反常"经济现象具有重要意义。但是早期行为经济学在研究的方法论上带有明显的经验主义特征，即重视经验检验，以及理论和直觉上的描述，而没有给基于心理事实的行为模型足够的关注，这导致其理论上始终缺乏有力的证据支撑。以泰勒的心理账户理论为例，无论是其中的心理计算、心理账户还是选择归集等概念，在实质上均属于对认知机制的假设性描述，而没有涉及这些机理背后的因果关系。因此，当时的价格理论研究受早期行为经济学的影响，在研究方法上，学者们以经验主义为基础，通过运用重复实验和统计方法对研究对象进行描述，缺少合适的经验模型和工具，使得研究效果受到了限制。

消费者行为定价的方法论源于现代行为经济学。与早期行为经济学相比，现代行为经济学更重视逻辑实证主义。现代行为经济学认为行为假设必然与心理事实相符，在此基础上，通过构建与新古典模型相竞争甚至替代性的新模型来解释人的经济行为和经济现象。从实践上看，现代行为经济学不但运用多种心理学实验对经济理论进行验证，还吸纳已有的实证研究技术和新兴的信息技术，逐步发展出自己的一套系统的研究方法，包括实验研究法、问卷调查法、案例研究法等。行为经济学的研究方法为消费者行为定价研究的开展提供了重要指引。运用这些方法，同时借助新的技术和仪器，可以帮助研究者更好地了解、分析消费者价格心理活动过程，提高研究的便捷性和有效性，促进消费者行为定价研究的快速发展。

第二节 消费者行为定价与信息加工理论

一、信息加工理论的基本思想

（一）信息加工理论的内涵

信息加工理论（Information Processing Theory）是认知心理学研究领域的一个重要理论，该理论把人脑视为计算机的信息加工系统，并通过运用计算机科学、人类语言学和信息论的有关概念，来解释人的认知过程及其相关行为，进而推动了人的知觉、记忆、语言和问题解决等相关心理学领域研究的发展。

Simon H. A.(1981)[1]认为，人的认知过程就是人借助大脑主动获取信息，然后把信息贮存在其认知架构中，当需要的时候再进行提取并运用，这个过程就是人的信息加工，大脑的信息加工过程就像计算机的串行处理过程一样，经历了信息获取——编码——储存——抽取——运用这样一系列步骤后才得以完成。其中，信息获取是指直接作用于人类感官的刺激物如广告、视频等；编码则是通过转换信息形式的方式将广告、视频等刺激物转化为表征，从而方便信息存储、抽取和利用。信息贮存是指人通过记忆的方式把信息存储在大脑中，可以表现为多种贮存方式。抽取则是对大脑中的记忆信息进行相应的回忆与读取，运用则是把抽取的信息和新的信息进行结合加工的过程。

简单而言，大脑的信息加工理论就是解释人的大脑怎样获取信息、如何加工信息以及怎样利用和储存信息。主要涉及信息的编码、重编码或解码，

---

① H. A Simon. Information processing models of cognition[J]. *Journal of the Association for Information Science and Technology*. 1981(5)：364 - 377.

与其他信息比较或结合,存储于记忆或从记忆中提取,纳入或排除记忆的中心等内容。

信息加工理论的渊源是认知心理学中的格式塔心理学(Gestalt Psychology)。格式塔心理学又叫完形心理学,形成于1912年的德国,德语中的"格式塔"大致意思就是"形式"和"整体"。格式塔心理学的代表性人物马克斯·韦特海姆(Max Wertheimer)、沃尔夫冈·科勒(Wolfgang Kohler)和库尔特·考夫卡(Kurt Koffka),他们主张个体将知觉对象看作整体,并且整体大于局部之和。人们是以整体,而不是分开地感觉集合对观察对象进行知觉,知觉的过程是在日常生活中可以观察到的。如我们常常将受挫的事情——例如起床晚了、汽车爆胎、交通拥堵——加在一起形成一个整体知觉,例如"我这一天真倒霉"。格式塔心理学对认知心理学的贡献主要体现在:一方面是对狭义的认知心理学即信息加工认知心理学的贡献。信息加工认知心理学注重对人的心理内在机理的研究,注重对信息的输入、加工和输出的全过程进行仿真研究,这一点可以说是深受格式塔心理学的影响。另一方面还对广义的认知心理学,如知觉心理学、学习心理学等有重要贡献。信息加工理论的核心观点与格式塔心理学是一致的,都认为人脑是对信息进行解释而不仅仅是对外界信息做出反应。只不过信息加工理论能够利用更先进信息技术和加工模式,把格式塔理论中有关知识与记忆进行重新组合,并以计算机程序的方式编码出来,从而为我们对心理活动与心理构造的研究打下坚实的基础。

(二)信息加工理论的发展过程

从20世纪50年代兴起至今,信息加工理论经历了三个阶段:符号加工理论阶段、联结主义理论阶段和社会信息加工取向的信息加工理论阶段。

1. 符号加工理论

符号加工理论也被称为认知主义,它兴起于20世纪50年代到80年代。符号加工理论认为,"心理活动就像一台计算机",把人的心智看作是一个信息加工系统。认知主义者认为,不论是人还是计算机,都是通过处理符号,即通过对符号信息的接收、编码、存储、抽取、变换和传递来加工信息。

在信息加工系统中,符号的作用是代表、标示和说明外在的事物。不同的符号通过相互联系而构成一个符号系统。由于符号不仅代表和说明外部事物,同时也标示着信息加工的操作。信息加工系统得到某个符号就意味着得到该符号所代表的事物或进行该符号所标示的操作。比如,消费者看到某个高价商品的价格标签,可能会认为该商品的质量好,同时也直接影响着他的购买行为。艾伦·纽厄尔(Allen Newell)和西蒙认为,由感受器、效应器、记忆和加工器组成的信息加工系统是一个具有智能行为的系统,系统中的每一组成部分均有相应的功能,因此,以符号为基础的信息加工系统就具有一定的环境适应能力,这种适应能力也促进了系统中相应功能的提升。从心理学的视角来看,人的行为就表现出更多的目的性行为,这个理论促进了心理学的发展。

2. 联结主义理论

联结主义理论产生于 20 世纪 80 年代,是一种学习心理学理论,认为情境感觉和行为冲动反应之间形成的联结是学习的基础,也是人的心理行为的基本单位。与符号加工理论不同,联结主义把认知过程比作为神经网络的整体活动,认为联结网络是一个平行结构,并遵循着平行处理机制。在这个机制下,由于平行处理所有的运算、操作所有的加工单位,使得网络可以以极快的速度感知到事物并迅速做出判断。同时,由于知识是以交互激活的方式在整个网络进行扩散,与此相应网络采用了分布表征的方式来加工知识,加工速度也很快,使得网络学习效应明显。

与人的大脑神经系统本身具有很强的容错性一样,联结主义认为,联结网络也具有很强的容错性。我们知道,人的大脑细胞的新陈代谢并不会影响人的认知能力,大脑的局部损伤有时也不会对大脑的整体功能产生影响。联结主义网络也具有这样的特点,联结主义网络中的某个神经单元的缺失或损伤并不影响整个网络的输出。此外,联结主义网络还具有自我学习、自我适应功能,如果网络的输出发生错误,其自身可以通过调整神经单元之间的关系和比重来促使输出与期望相符。

3. 社会信息加工取向的信息加工理论

符号加工理论和联结主义理论对心理学的发展做出了很大的贡献,但随着社会的发展和研究的深入,它们的局限性也日益显现。一方面,由于计算机仿真模拟和人脑模拟研究都要严格遵循实验室研究范式,在这种研究范式下,研究对象往往都是被动接受研究人员的测试,忽略了被试人员是一个具有理解力和能动性的个体,同时也忽视了人可以有目的主动搜寻和观察信息,而不是被动接受信息这一事实,使得研究结论没有足够的说服力。另一方面,符号加工理论和联结主义更多地把研究集中于人的认知活动过程,忽视了人的情绪、动机和性格等因素。在这种情况下,认知心理学开始关注人们对社会上与他人有关的各种社会性刺激的信息加工,社会信息加工理论由此产生。社会信息加工理论认为,由于评价会受到别人提供的信息的影响,不同人对同一件事情的看法与评价可能出现截然不同的结果。社会信息加工过程一般涉及对社会信息的甄别、归类、选择、判断、推理等心理活动,这些心理活动实际上是个人对社会客体之间关系如对人、人际关系、社会群体、自我、社会角色、社会规范等的认知,以及对这一类认知和人的社会行为之间关系的理解和推理。

二、信息加工理论对消费者行为定价的影响

(一) 信息加工理论:消费者行为定价研究的逻辑基础

信息加工理论揭示了人们对外界刺激信息的内在反应和处理过程。该理论可以用于消费者学习。基于强调人的内部认知过程和结构的观点,认知心理学家认为,学习理论应该更多揭示学习过程中的学习者内部各个认知过程和结构。学习理论研究的任务,不仅在于研究怎样对学习者进行刺激以及呈现问题的顺序,更重要的是研究学习者的内部认知过程及认知结构的形成机制。信息加工理论被广泛应用于分析不同情境、不同行为主体的学习和认知问题,在早期,主要集中在教育和组织管理研究领域。20 世纪 50 年代以后,一批经济学家开始将这种信息加工理论应用到价格研究领域,并使之成为现代行为定价研究的起点。

（二）信息加工过程：消费者行为定价研究的主要内容

早期学者，如 Jacoby(1977)①关注消费者对价格信息的认知过程，认为价格信息通过视觉、听觉等感官被消费者接收，之后会被大脑编码、释义，并被赋予新的含义。还有一些学者关注消费者的价格信息的存储和记忆行为，如 Monroe & Lee(1999)②、Vanhuele 等(2006)③、Dickson & Sawyer (2000)④，他们研究了不同领域和情境下消费者价格信息的记忆和储存行为，发现消费者的价格记忆往往会出现系统性的偏差。比如 Hwai & Yuen (2002)⑤发现如果价格被分割后呈现时，被试者回忆起的价格会比真实的价格低 8%。Vanhuele(2006)等人发现消费者的价格记忆与人们的编码和储存价格的认知加工过程有关。除了这些研究，还有一些学者研究了消费者的价格公平感知(Xia,1991⑥；Maxwell,1999⑦)、价格情绪反应(Prelec & Loewenstein,1998⑧)以及价格支付意愿(Volckner,2006⑨)等。不过，早期学者们的研究主要集中在对价格信息加工过程各个节点孤立的考察，缺乏整体性的视角，鲜有学者将其研究纳入消费者行为定价的整个体系中，这使得相关价格信息研究缺乏系统性。因此，本书依据信息加工理论按照消费者价格信息搜索、价格信息评价、价格信息记忆和价格行为的认知顺序来探

① Jocoby J. Consumer response to price: an attitudinal, information processing perspective[J]. *Moving ahead with attitude research*, 1977.

② Monroe K B, Lee A Y. Remembering versus knowing: Issues in buyers' processing of price information[J]. *Journal of the Academy of Marketing Science*, 1999, 27(2): 207 – 225.

③ Vanhuele M, Laurent G, Dreze X. Consumers' immediate memory for prices[J]. *Journal of Consumer Research*, 2006, 33(2): 163 – 172.

④ Urbany J E, Dickson P R, Sawyer A G. Insights into cross-and within-store price search: Retailer estimates vs. consumer self-reports[J]. *Journal of Retailing*, 2000, 76(2): 243 – 258.

⑤ Hwai Lee Y, Yuen Han C. Partitioned pricing in advertising: Effects on brand and retailer attitudes[J]. *Marketing Letters*, 2002, 13(1): 27 – 40.

⑥ Xia. Perceived price fairness and dual entitlement[J]. *Advances in Consumer Research*, 1991, 18(1):788 – 793.

⑦ Maxwell S, Nye P, Maxwell N. Less pain, same gain: The effects of priming fairness in price negotiations[J]. *Psychology & Marketing*, 1999, 16(7):545 – 562.

⑧ Prelec D & Loewenstein G. The red and the black: Mental accounting of savings and debt [J].*Marketing Science* 1998,17(1):4 – 28.

⑨ Voelckner F. An empirical comparison of methods for measuring consumers' willingness to pay[J]. *Marketing Letters*, 2006, 17(2):137 – 149.

讨消费者行为定价。

　　总的来说，以信息加工理论为代表的认知心理学的发展打开了人类大脑的"黑箱"，借助于计算机等先进工具，人们可以更加便利地对心理过程进行科学探索。对于行为定价的研究者而言，信息加工理论可以帮助我们更全面地了解消费者的价格行为和心理，运用信息加工视角去分析消费者价格行为可以使行为定价的研究体系更加规范、完整，这为后续的相关研究奠定了重要基础。

第二篇

消费者价格信息搜寻

第三章　价格信息搜寻

　　消费者价格信息搜寻是消费者行为定价研究的主要内容之一。随着社会经济以及信息技术的不断发展,消费者购买行为逐渐发生了改变,对商品性价比的追求使得消费者开始主动搜寻信息,特别是价格信息。本章主要对信息搜寻、价格信息搜寻的概念及其相关理论和影响因素进行分析和探讨。

第一节　信息搜寻概述

　　信息搜寻是消费者为解决消费问题而做出相应的行为,是消费者购买行为的第一步,也是消费者做出最终购买决策的基础。消费者购买行为既受到消费者的特征和差异的影响,同时也受到消费者个体的信息需求、情感、认知、体验等因素的影响。

一、信息搜寻的概念

　　信息搜寻的概念首先由斯蒂格勒在 1961 年提出,他认为,由于信息不对称,经济行为主体掌握的是不完全信息,这使得经济行为主体面临着极大的不确定性环境。为了做出最优选择,经济行为主体需要通过搜索相关信息帮助其决策,由于在信息搜寻过程中需要付出一定的成本,只有预期综合收益大于信息搜索成本时,信息搜索行为才能发生,因此,信息搜寻的主要作用在于提高预期收益、降低不确定性、增加用户满意度或改变其已有知识①。

在此之后,学者们从不同的视角阐述了自己的观点。Wilkie(1974)②认为,信息搜寻是指"消费者为获取有关产品、商店的知识所从事活动的总和",借由通过获取某些信息,增进消费者对产品的认识,并进一步帮助消费者做出决策以减少在购物时的不确定性。Engel 等(1982)③则认为,信息搜寻是"消费者有意识地激活记忆里所储存的知识、信息或在周围环境中获得信息的过程"。Marchionini(1995)④把信息搜寻定义为"人们为了改变其知识状态而从事的有决心的活动过程"。Solomon(1996)⑤则将信息搜寻定义为"消费者为了制定合理的决策,而对环境进行观察以获取适当资料的过程"。Wilson(2000)⑥认为,由于个体对需求的认知,信息搜寻行为是个体为满足这种需求而激活其记忆里已存在的或者对周围环境中的信息进行有目的的搜寻过程。

从上述文献分析中可以看出,从消费者角度来看,信息搜寻是消费者为解决其消费问题而做出相应的搜索行为,既包括从自身内部即自己大脑记忆中搜寻或回忆相关信息,也包括从外部环境即外部信息源如广告、口碑、标价等信息源中搜寻各种信息。主要体现了消费者的内部认知过程和与环境的认知与运用过程两个方面。

(一) 消费者的内部认知过程

人类是信息搜寻的主体,为了使自己的搜寻行为更加合理科学,人类往往不是被动地承受环境的压力,而是积极寻求、改变和塑造这些经验,使用

① Lin, Q. C, Lee, J. Consumer Information Search When Making Investment Decisionss[J]. *Financial Services Reviews*, 2004(13): 319-332.

② Wilkie W L, Gardner D M. The Role of Marketing Research in Public Policy Decision Making: How Con Marketing Research aid the Public Policy Maker? [J]. *Journal of Marketing*, 1974, 38(1): 38-47.

③ Engel J F, Blackwell R D. *Consumer behavior*[M]. Dryden press, 1982.

④ Marchionini G.*Information seeking in electronic environments*[M]. Cambridge: Cambridge University Press, 1995

⑤ Judd V C. Consumer behavior: buying, having, and being (3rd ed.)[J]. *Psychology & Marketing*, 1998, 15(1): 111-113.

⑥ Wilson, T. D. Human Information Behaviour[J]. *Informing Science*, 2000, 3(2): 49-56.

心理加工,在自身的认知发展过程中转变信息,这是人的一个心理过程,主要体现在记忆、问题解决、推理、决策、感觉、语言和其他认知形式方面。

从消费者角度来看,信息搜寻更多是消费者的问题解决和意义构建过程。20 世纪 70 年代以来,以 Dervin、Belkin、Taylor 等人为代表的学者相继提出以用户为中心的视角来研究信息搜索行为,其中 Dervin(1976)①提出的"情景—缺口—使用"模型最有代表性。他认为消费者信息搜寻是一个包含消费者内部认知的过程,消费者和信息之间存在着相互依赖的关系,这种相互依赖主要表现在信息是由消费者自己构建并解释的事物,同时信息的意义也是由消费者来决定,只有消费者认为有意义,信息才有意义。由于消费者存在着对商品知识的非常态的认知②,消费者本身又无法精确描述出能够解决这种非常态的真正需求,这时,消费者只有通过采取向信息系统求助的方式,来描述、解析和解决这种非常态。因此,信息搜寻的出发点和归宿点都是消费者对信息的需求和满足,只有满足了消费者有意义的信息需求,用户的信息搜寻行为才得以结束。

(二) 消费者对环境的认知与运用过程

由于信息搜寻依附于一定的环境,因此,研究信息行为必须考虑环境这一因素。Taylor③ 把环境定义为"一系列元素构成的综合体",Ng④ 认为环境主要指搜索环境。信息搜寻行为是搜寻者从环境中寻找未知信息以满足其需求的过程。例如,去商店、市场进行实地参观调研;通过观看广告搜寻相关信息等。

在网络经济时代,作为信息载体的数据库是整个信息搜寻活动的重要

---

① Dervin, B. Strategies for dealing with human information needs: Information or communication? [J]. *Journal of Broadcasting & Electronic Media*, 1976, 20(3): 323 – 333.

② N. J. Belkin, R. N. Oddy, H. M. Brooks. Ask for Information Retrieval: Part I. Background and Theory[J]. *Journal of Documentation*,1982, 38(2). 61 – 71.

③ Taylor, R.S. Information Use Environments[J]. *Progress in Communication Sciences*, 1991,10(217):55

④ Ng, K.B. Toward a theoretical framework for understanding the relationship between situated action and planned action models of behavior in information retrieval contexts: contributions from phenomenology[J]. *Information Processing & Management*, 2002,38(5):613 – 626.

信息源,原则上,任何与互联网连接的数据库资源都可以被用户访问。在这种情况下,虽然信息是以数据的形式被传递,但只有当消费者使用这些信息,同时这些信息按消费者搜寻的方式被进行特征化处理时,才能成为真正的信息(Braza,1988)[①]。

信息之所以被传递,主要在于知识差的存在,知识差是造成信息传递的主要动力,由于信息不对称或者知识缺乏,使得消费者对市场商品不了解,这时,消费者就产生了知识差。为了弥补这种知识差,消费者就会对相关信息产生需求,并通过一定的形式表现出来,比如到特定的网站上搜索,通过查询分类信息或在相关搜寻平台进行检索,经过计算机的多次过滤,这些信息最终能够填补这种知识差。但是在许多情况下,消费者信息搜寻行为的出现并不仅仅是因为知识差的存在,有时消费者的好奇心也会促使消费者进行针对性的信息搜索,比如看到一个好笑的视频或一些引发好奇心的广告等。

二、信息搜寻研究的理论基础

信息搜寻的研究主要基于有信息经济学、认知行为理论和信息加工理论之上。

信息经济学是研究信息的经济现象及其运动变化特征的一门科学。主要是从成本—收益分析的视角来分析消费者的信息搜寻行为,认为消费者在信息搜寻过程中,会对其搜索成本和搜索收益进行比较,当其感知信息搜寻的边际成本大于边际搜寻收益时,就会放弃搜索行为。感知成本和收益成为影响消费者搜寻行为的主要因素。

传统经济学假设市场是一个完全竞争的市场,市场中的主体都拥有完全的信息,在这样的市场中市场主体所做出的决策都是最优决策。对于消费者而言,他们进入的一个市场都是一个选择空间,理论上来讲,在这个空

---

① Braza F, José C S. An analysis of mother-young behaviour of fallow deer during lactation period[J]. *Behavioural Processes*, 1988, 17(2): 93-106.

间中,他可以通过搜寻的方式获得有关商品的全部信息。但是,事实上,没有一个市场可以提供所有的信息,让搜寻者进行比较和选择。比如消费者到商场购买冰箱,他可能只能获得冰箱的外观、效能、价格等基本信息,对于冰箱压缩机的信息可能无法获知,要想获取压缩机的信息必须通过其他市场或空间如网络、生产商等处获取。但当消费者感知搜寻压缩机信息的成本大于期望收益时,他就会放弃这种搜索行为。

因此,消费者信息搜寻的本质是消费者在掌握不完全信息的情况下,为了做出最优决策,不得不进行信息搜寻,只有在信息搜寻的收益大于信息搜索成本或者搜寻行为能够降低决策的不确定性、增加相关知识或者提高其满意度时,消费者的这种信息搜寻行为才能产生。

认知行为理论认为,个人对自我的认识、对世界的看法、个人的信念等人的行为是由个人整体生活形态所塑造的。在这个过程中,人的记忆、问题解决、推理、决策、感觉、语言和其他认知形式扮演着至关重要的角色,它不仅影响人的行为,还影响个人整个生活形态的构成。认知和行为之间是一种相互联结的关系,认知可以改变行为,行为也可以改变认知。比如,"宅女"在家点外卖。这类人可能从小就过着衣来伸手、饭来张口的生活,在她的成长记忆中,极端例子是可能从来就不知道如何做饭,为了解决饥饿问题,就会选择点外卖。当她看到周围的人都在点外卖时,直觉告诉她,这是正常的生活行为,这样会强化其点外卖的行为,最后形成行为固化,长此以往,这样的固化行为就会变成她的一种生活习惯。

行为固化就是思想和行为自发的结合,且没有经过大脑思考或无意识的行为。正因如此,很多错误的想法、不理性的思考、荒谬的信念、零散的认知等,可能不会为个人所察觉。为了改变这种状况,就需要对个人的行为进行调整。通过行为的调整来促使认知和环境的一致,因此,认知行为理论更多强调人的内在认知与外在环境之间的互动。

从消费者的信息搜索行为来看,认知行为理论认为人的内在认知和外在环境之间的互动影响人的信息搜寻行为。基于认知行为理论的信息搜寻研究主要探讨消费者个体认知如何影响信息搜寻过程,将信息搜寻过程视为一个问题解决活动,同时也是一个意义构建过程,其目的在于促使人类的信息搜索行为更加科学、合理,以提高信息利用的效率[①]。这一过程主要由信息搜寻主体(消费者)、信息搜寻客体(信息源、信息内容)、环境(搜寻环境)和信息搜索行为四种要素所构成。

信息加工理论实际上是属于认知心理学的内容。该理论认为,人的记忆包含了三个不同的过程,第一个过程,编码,是将外界信息转化为可被储存在记忆中形式的过程。比如你看到了一场车祸,你可能会努力在脑海里构建一幅有关车祸的情景,这样你就能记住它。对于知觉、表象、想象、记忆、思维等认知活动个体都有相应的信息编码方式。第二个过程,存储,指保留和维持记忆中的信息,为了存储编码后的情景,大脑必然会产生一些生理上的变化,这一过程被称为巩固。比如为了使自己能够遵守交通规则,当你每次开车前想到你构建的车祸情景时,自己就会感到害怕,这样你的大脑就固化了车祸情景。最后一个过程是提取,即出现在记忆中的信息被唤起的过程。记住类似车祸情景这样的事情,人们就需要完成以上所有的三个步骤。因此,记忆是包含对信息的编码、储存和提取的认知过程。[②]

在人的认知过程中,外部事物的相关特征可以通过信息编码的方式转化为具体的形象、语义或命题等形式的信息,然后被储存在大脑中。因此,这些具体形象、语义和命题实际上就是客观事物的特性在人的心理上的一种表现形式,在心理学上,他们被称为外部客体的心理表征。由于这种转化往往是一个过程,人们通常把外部客体以一定的形式表现看作是大脑的信息加工过程。

三、信息搜寻的分类

按照不同的研究目的,信息搜寻可以有多种分类方式,常见的主要有按照搜寻目的和信息源的分类。

---

① 袁红.消费者社会化搜索行为研究[M].武汉:武汉大学出版社,2014.

② (美)塞缪尔·E.伍德(Samuel E.Wood),(美)埃伦·格林·伍德(Ellen Green Wood),(美)丹妮斯·博伊德(Denise Boyd) 著.心理学的世界[M].陈莉译.上海:上海社会科学院出版社,2018.

（一）购前信息搜寻和持续性信息搜寻

任何信息搜寻都反映出消费者的搜索目的，根据搜寻的目的不同，Engel(1995)[1]与 Solomon(1996)[2]将消费者的信息搜寻行为分为购前信息搜寻和持续性信息搜寻。

购前信息搜寻是指消费者为了达到特定的购买目的而进行的信息搜寻活动。而持续性信息搜寻更多地表现为无特定目的的一种信息搜索行为，这种搜索行为的产生可能是因为消费者的个人兴趣，但实际上消费者并没有自己的购买需求。比如夏天到了，消费者可能为降温而购买智能电风扇，由于对智能电风扇的知识不是很了解，这时就会针对性地搜索相关信息，这种信息搜索行为就是一种购前信息搜寻。当他在朋友家看到这款智能电风扇时，因为人机可以对话，就会产生好奇，这时可能会在网上搜索相关信息了解相关知识，这种搜索行为就是持续性信息搜寻。在实际研究中，由于很难通过搜索行为来判断消费者的搜寻目的，比如消费者本来已经做好了购买智能电风扇的打算，由于孩子希望装台空调，在搜索了一段时间之后，他可能会放弃购买智能电风扇。也有可能消费者原本没有购买智能电风扇的意愿，只是出于兴趣对相关信息进行搜寻，但是经过一番搜寻了解后，却产生了购买动机进而实施了购买智能电风扇的行动。这两种搜寻活动非常相似，并不能从消费者的搜寻行为中辨别出两者之间的差异，因此，这种分类并没有太大的意义，只有在了解到消费者的搜寻目的后，对此进行区分才有助于研究。

（二）内部信息搜寻和外部信息搜寻

根据搜寻信息的来源，Wilkie(1994)[3]提出消费者信息搜寻的概念，并把信息搜寻划分为内部信息搜寻和外部信息搜寻。当消费者需要对其购买

---

① Engel J, Blackwell R, Paul. *Consumer behavior*［M］. Dryden Press. 1986.

② Judd V C. Consumer behavior: buying, having, and being (3rd ed.)［J］. *Psychology & Marketing*, 1998, 15(1):111-113.

③ Wilkie W L, Gardner D M. The Role of Marketing Research in Public Policy Decision Making［J］. *Journal of Marketing*, 1994, 38(1): 38-47.

的产品或服务有更多的了解时,他就会寻求大脑帮助,并从大脑的长期记忆中提取相关信息,这样的信息搜寻过程就是内部信息搜寻。当消费者大脑储存的信息无法满足其购买需求时,这时他就会利用外部环境的不同渠道如新闻、广告、口碑、评论等获得相关产品或服务的信息,这种对外部环境相关信息的搜寻过程被称为外部信息搜寻。内部信息搜索主要是基于消费者先前对产品或服务的经验和知识,而外部信息搜索依赖于不涉及个人记忆的所有内容,例如互联网和杂志。一般而言,内部信息搜寻主要依赖于人的大脑记忆信息,外部搜寻的信息是从外部获得。这两者的前提假设是"理性人"假设,在这种假设前提下,为了做出最优购买决策,消费者会不断进行信息搜寻活动,当内部搜寻无法获得其所需的信息或者信息不足时,就会转向外部搜寻,直到搜寻到所需信息。

Wayne S. DeSarbo[①] 认为,消费者一般会依次进行内部信息搜寻和外部信息搜寻,以降低购买所面临的不确定性,从而获取更大的预期收益,如果消费者运用自己的经验以及记忆信息形成购买决策时,消费者一般不再进行外部信息搜寻活动。如品牌忠诚或冲动性购买情况下形成的购买决策一般都是通过内部信息搜寻活动来实现。由于内部信息搜寻主要受消费者个体的影响,具有无意识和不受成本影响的特点,这给内部信息搜寻的研究带来很大的难度,因此现有的研究更多关注外部信息搜寻[②]。

四、信息搜寻的影响因素

消费者的信息搜寻行为因人而异,不同的消费者有不同的搜寻行为,即使同一个消费者也会在不同的情景下表现出不同的搜索行为,因此,消费者的搜寻行为受多种因素的影响,具体而言,可分为两类:一是外部环境因素,包括文化、情景、家庭、朋友等来自消费者自身以外的因素;二是个人因素,

---

① Wayne S. DeSarbo , Jungwhan Choi, A latent structure double hurdle regression model for exploring heterogeneity in consumer search patterns[J]. *Journal of Econometrics*. 1999,89(1-2), 423-455.

② 袁红.消费者社会化搜索行为研究[M].武汉:武汉大学出版社,2014.

主要指个性、知识、动机等来自消费者自身的因素。

按照 Srinivasan(1990)[①]的观点,在对信息搜寻的影响因素研究中,主要有三个研究视角:成本—收益分析视角、心理动机研究视角和知觉信息处理视角。

(1)基于消费者理性的假设,成本—收益分析视角的学者认为,消费者在搜索信息时,会对搜索成本与预期收益进行动态比较,这种比较过程也是消费者搜寻的边际成本和搜寻的边际收益达到动态均衡的过程。当搜寻成本大于预期搜索收益时,消费者就会减少信息搜寻,而当消费者认为搜寻的利益大于搜索成本时,消费者就会增加对信息的搜寻。因此,影响消费者搜索行为的主要因素是:消费者因搜寻所花费的金钱、时间与精力成本以及因搜寻所获得的产品知识、购买经验、感知风险和感知价格差异等收益。

(2)心理动机视角的研究主要聚焦于消费者的搜寻动机。心理动机理论认为,人的所有行为都是由动机驱使的,人们不会毫无动机地去做事情。在消费者信息搜寻的研究领域,心理动机研究的重点在于促使消费者搜寻行为发生的动机因素。消费者的搜寻动机,是指消费者愿意付出努力去搜集和处理信息的欲望,以努力的方向和努力的强度为特征。假设消费者搜索信息的目的是为了获得商品,获得商品欲望的强烈直接影响他对信息搜寻的努力程度,因此,消费者对一种商品信息的欲望和该商品对消费者的重要程度是直接相关的,而影响搜寻动机的因素有许多,如人格特质、购物热情、需求大小、知识与经验、感知收益、感知成本等。

(3)知觉信息处理研究视角则是把研究专注在人类的记忆与知觉信息处理的限制方面,它强调的是消费者信息处理的能力。他们认为,信息搜寻行为的发生不仅取决于搜寻动机,还受到消费者个人是否拥有搜寻行为能力的限制,这种限制主要是消费者知觉信息处理的限制。比如,对于老年人而言,生活的经验告诉他,电风扇都是手动遥控的,对于能够人机对话的智能电风扇一无所知,在这种情况下,他不可能有智能电风扇的搜索行为。为

---

① Moorthy S, Talukdar R D. Consumer Information Search Revisited: Theory and Empirical Analysis[J]. *Journal of Consumer Research*,1997,23(4):263-277.

了促使这种行为的产生,社会就要向老年人传授相关知识,在老年人对智能电风扇有记忆的基础上,再通过影响其知觉的方式引导和促进搜索或购买行为。因此,影响搜索行为的因素主要有:消费者特性、知识与经验、产品特性、信息来源的可接近性等。

另外在如何提高信息搜寻量方面,亨利·阿塞尔(Henry Assael)(2000)[1]提出了影响信息搜寻量提高的八个因素:产品或信息的涉入程度、消费者的感知风险、产品的知识与经验、购买目标、购买决策的时间、商品价格、品牌间产品的差异程度、信息搜寻过程中的成本收益比值。比如,对于智能电风扇,如果消费者想成为市场专家,那么他就会搜索更多的相关信息,对产品或信息就会有更多的涉入;如果智能电风扇价格高、品牌间产品的差异很大、消费者没有相关知识或经验的积累,这时他会因更高的感知风险去搜寻更多的相关信息。

第二节　价格信息搜寻概述

价格信息搜寻是指消费者在特定的市场中,为获得最优价格而进行的信息收集过程。价格信息搜寻行为既存在于传统的消费者市场,也存在于组织市场。

(一) 价格信息搜寻的内涵

在消费者行为定价中,寻找价格信息是最基本的一个环节,为了获得理想价格的商品,消费者首先要进行价格信息搜寻。Stigler 将价格信息搜寻定义为"某消费者要购买某商品时,会询问许多商家以确定最适合的价格,该现象称为价格搜寻"。Urbany(1989)等将价格信息搜寻定义为"消费者为获得较低价格,在竞争的商店中观察和比较价格的行为"。Avery(1996)则认为,为了获得最优价格商品,消费者在购买前会对不同商店间的商品价

---

① (美)亨利·阿塞尔.消费者行为和营销策略[M].机械工业出版社,2000.

格信息进行搜寻比较,也有可能在某一家商店,针对性地对要购买的商品去做不同品牌产品间的价格信息搜寻和比较。因此,价格信息搜寻就是消费者为了寻求某商品的最优价格而进行的价格信息收集活动。Anu C. Haridasan 等(2021)[①]认为,消费者从外部来源搜索信息,以寻求更好的价格。价格信息搜索是消费者在特定的价格范围内寻找商品的过程,当消费者无法找到预期价格范围内的产品时,往往选择平均价格的知名品牌商品。价格对消费者的搜寻行为有着直接影响。

从上述定义中可以看出,价格信息搜寻的概念主要建立在传统的消费者市场之上,组织市场同样也存在着价格搜寻行为。

Homburg 等(2014)[②]将价格信息搜寻的概念引入到组织市场的环境中,基于消费者情境中时间维度搜寻和空间维度搜寻的区别,对组织市场特定的内部价格搜寻和外部价格搜寻概念进行了界定。具体地说,借鉴消费者市场中消费者从多个零售商店购买商品,并比较这些商店内部或商店之间的价格的特点,认为组织市场中一个组织从多个供应商购买商品,并在与供应商签订合同之前也同样比较该供应商内部或供应商之间的价格。因此,与店内搜寻的概念类似,组织内部价格信息搜寻是指在不考虑市场上其他供应商的情况下,在其当前合同供应商的范围内直接搜寻最优价格的信息。外部价格信息搜寻则是指组织在现有供应商之外的供应商之间的价格搜寻行为,这一点与消费者市场中消费者在商店之间的价格搜寻类似,价格的高度重要性增加了外部价格搜寻,当对现有供应商的满意度较高时,购买者就会减少他们的外部搜寻行为。

从上述分析中可以看出,无论是消费者市场还是组织市场,购买者为了获得最优价格,都需要进行价格信息搜寻的工作,价格信息搜寻购买者通过不断地进行价格信息搜寻、收集和比较,以便在一定市场内获得最优价格的商品。

---

① Haridasan A C, Fernando A G, Saju B. A systematic review of consumer information search in online and offline environments[J]. *RAUSP Management Journal*, 2021.

② Homburg C, Allmann J, Klarmann M. Internal and external price search in industrial buying: The moderating role of customer satisfaction[J]. *Journal of Business Research*, 2014, 67(8): 1581-1588.

（二）价格信息搜寻的分类

1. 固定样本价格信息搜寻与连续价格信息搜寻

Stigler(1961)提出了固定样本价格搜寻模型。该模型是指当一个特定的价格波动范围确定时，消费者可以通过访问多个店铺来获取最优价格，从而实现其购买行为。比如某款酸奶的价格在 10—15 元之间，在消费者居住地有 5 家超市，消费者为了获得最低 10 元的酸奶，他就会到这 5 家超市现场了解酸奶的价格，最终选择有 10 元价格酸奶的超市购买酸奶。但如果消费者事先幸运地知道了 10 元酸奶的商店，他就可能不再到其余 4 家超市了解价格。因此，固定样本搜寻策略不能很好地反映消费者实际搜寻情况。

连续搜寻模型由 McCall(1970)[①]提出。他强调在找到最合适的价格之前，消费者的价格搜寻过程会一直进行。该模型假定顾客有一个期望价格，如果发现的商品没有超过期望价格，顾客就会停止搜寻，否则这种搜索行为就会继续。比如消费者想购买一款价格不超过 12 元的酸奶，在其驻地附近有 5 家超市销售这款酸奶，如果消费者拜访第一家超市就找到了 11 元的酸奶，即使另外还有 10 元的超市，他也会终止其搜寻行为。如果他去第一家看到是 13 元的酸奶，由于高于其预期价格，他会继续拜访另外的 4 家超市，直到发现低于 12 元的酸奶，他才会终止搜寻行为。

2. 时间维度搜寻与空间维度搜寻

价格信息搜寻可以分为时间维度搜寻和空间维度搜寻。时间维度搜寻是指消费者通过比较同一商店在不同时间点的产品价格，来获取最优价格商品的行为，这种搜寻行为也被称为店内搜寻。比如一般大型超市对蔬菜会采取早晚不同的定价策略，以便吸引顾客促进销售，消费者在超市中寻找早晚不同价格的蔬菜行为，即为店内搜寻。空间维度搜寻是指消费者通过比较不同零售商之间的产品价格，来获取最优价格商品的行为，这种搜寻行为也被称为店际搜寻。现有的文献显示，早期的研究主要集中在消费者时间维度或空间搜

---

① McCall J. J. Economics of Information and Job Search[J]. *The Quarterly Journal of Economics*. 1970, 84 (1)：113 - 126.

寻维度的搜寻行为方面(如 Putrevu & Ratchford,1997[①]),后来的研究在其基础上整合了这两个维度,引出了消费者价格信息搜寻的两种策略,即附带价格搜寻(在时间和空间维度均较低)和时空价格搜寻(Gauri 等,2008)。时空价格搜寻与消费者的挑剔行为密切相关(Fox & Hoch,2005)。

第三节　价格信息搜寻理论基础

价格信息搜寻的理论基础与信息搜寻的理论基础基本一致,主要有信息经济学理论、认知行为理论和信息交流理论。

一、信息经济学理论

基于成本一收益分析视角,信息经济学理论认为,在信息收集过程中,消费者如果感知到信息搜寻的边际成本大于边际收益时,他就会放弃自己的搜寻行为。消费者在价格信息搜寻时呈现出同样的行为。Ratchford(2013)[②]认为,消费者从价格搜寻行为中得到的边际利益和付出的边际成本的比较决定了他是否会进行价格搜寻,当边际成本大于预期收益时,消费者会停止价格搜寻,然后完成其购买行为。

消费者从价格搜寻行为中能够得到的收益主要是搜寻后的预期成本的节约,这是搜寻收益的来源的来源。按照 Stigler(1951)[③]观点,在任何市场中,由于供需状况与买卖双方的变化,使得商品的价格经常变动,出现了价格价差。买卖双方由于拥有着不完全信息,为了获得最优自己的价格,就需要进行价格搜寻。从卖方来看,不仅买方搜寻价格需要成本,买方向自己进

---

① Sanjay PutrevuBrian T. Ratchford. A model of search behavior with an application to grocery shopping[J]. *Journal of Retailing*,1997,73(4):463 – 486.

② Batchford B T. Price Discrimination by Non-uniform Pricing[J]. *Management Research News*, 2013, 1(1): 7 – 7.

③ Stigler G J. The Division of Labor is Limited by the Extent of the Market[J]. *Journal of Political Economy*, 1951, 59(3):185 – 193.

行报价也要付出成本,当这两种成本大于所能获得的收益时,买方就会停止价格搜寻。对于买方而言,当价格价差越大或商品价格越高时,价格信息搜寻后的预期成本节约也就越高,自己获得的搜寻收益就越大,即搜寻的价值取决于它能为自己节约多少预期费用。随着搜寻次数的增加,消费者所能得到的边际收益呈现递减状态。

消费者搜寻信息的成本主要包括消费者的金钱、时间和精力成本,其中最重要的是时间成本。Avery(1996)[①]认为,由于时间的不可逆性,与金钱和精力相比较而言,消费者的时间成本最为重要。一个忙碌的消费者愿意花在信息搜寻的时间可能就很少,因为对他而言,其搜寻价格的"时间价格"相对较高,导致用来搜寻的时间成本也比其他消费者高,这就促使他们的搜索行为变少。比如,与普通员工相比较,一个企业领导人可能不会为价格亲自去搜寻相关信息,这对他来说,时间成本太高。

Stigler 也认为,搜寻成本主要是考虑搜寻时间的成本,搜寻成本与消费者所要咨询的卖家数量成正比,卖家越多,消费者花费的时间成本就越高。因此,消费者必须在搜寻成本和所能获得的预期报酬之间找到一个平衡点。从经济学角度看,这个平衡点就是消费者边际搜寻成本等于边际搜寻收益时的搜寻点。当二者相等时,消费者的搜寻活动就会停止,这时消费者付出的时间成本为最佳。

上述分析中可以看出,从信息经济学理论的视角来探究消费者的价格信息搜寻,主要基于成本—收益分析的思想,其中收益主要是消费者价格搜寻后的预期成本节约,成本主要指消费者因此付出的金钱、时间和精力成本,其中时间成本是价格信息搜寻研究中最需要关注的内容。

二、心理动机理论

心理学家认为,人的所有行动都是由动机驱使的,动机是激发、引导和

---

① Avery R J. Determinants of Search for Nondurable Goods: An Empirical Assessment of the Economics of Information Theory[J]. *Journal of Consumer Affairs*, 1996, 30(2):390-420.

维持个体进行活动的过程,是加强并引导行为朝向一定目标发展的需求和欲望。在消费者价格信息搜寻的研究中,心理动机理论主要涉及需求层次和影响动机的因素。

(一) 需求层次理论

该理论主要由马斯洛的需求层次理论和 Alderfer 的 ERG 理论构成。ERG 理论由 Clayton P. Alderfer 在 1969 年提出,是在马斯洛需要层次理论的基础上发展起来的,其中 E 是 Existence,指存在;R 是 Relatedness,指关系;G 是 Growth,指成长。ERG 理论是从消费者需求动机出发来解释消费者的价格信息搜寻行为,主要分为三个层次,即存在需要、关系需要和成长需要。存在需要与马斯洛需求层次中的生理需要和安全需要相类似,这是人的最基本需要,也是消费者进行信息搜索的主要动力来源;关系需要与马斯洛需求层次中的归属和尊重需要相对应,是发展人际关系的需要,更多地体现了人是社会人的这个本质;成长需要相当于马斯洛需求层次中的尊重和自我实现需要,是个人实现自我发展和自我完善的最高需求,通过发展个人的潜力和才能得到满足。

与马斯洛的需求层次所强调的还没有实现较低层次需要的人几乎不可能达到自我实现的高层次需求的观点不同,ERG 理论则认为,人类的行为既可以表现为从低层次需求到高层次需求不断满足的过程,同时也表现为从高层次需求到低层次需求退化的过程。换句话说,如果个体在追求满足高层次需求努力中不断遭受挫折,那么他就有可能退而求其次去追求较低层次的需求,即高层次的需求会被较低层次的需求所替代。对于价格信息搜寻的消费者而言,他既有可能为获得最优价格的商品而进行搜寻,也有可能因最优价格不能满足其高层次需求而放弃自己的搜寻行为。

(二) 刺激寻求动机理论

基于生理学原理的驱力降低的动机理论认为,所有的有机生命体都具有某些为了生存而必须满足的生理需要(驱力),这种需要产生了一种内在紧张的状态,并且驱使个人或有机生命体去减少这种状态。比如,夏天长时间没有喝水,人对水的生理需要就导致一种紧张状态,这种状况下,口渴就是一种驱力,人就会被驱使去寻找水来减少这种驱力并且满足自我的生理需要。但在现实生活中,我们也可以看到,一些人尽管长时间不喝水,也没有口渴的感觉,如果和大家一样去找水,其搜寻的动机不是为了满足生理需要,可能更多的是满足生理需求之外的如好奇、愉悦、精神满足等需求,这就是刺激寻求动机理论。刺激寻求动机理论认为,当人的警觉状态和心理与生理活化的状态处于较低水平时,刺激寻求动机如好奇心、探索、操纵对象以及游戏等使得人类和其他动物去寻求刺激。

Urbany(1989)[①]等学者认为,消费者在进行价格搜寻时,不仅能够获得经济收益,还能获得精神上的愉悦和满足等收益。因此,消费者价格搜寻的动机可能是希望通过价格搜寻享受到购物的乐趣,也可能是为了将搜索价格信息过程中获得的信息与亲友共享,成为他们的购物专家,进而获得他们的赞赏和尊重。

三、信息处理理论

信息处理理论则是把研究专注在人类的记忆与知觉信息处理的限制方面,它强调的是消费者信息处理的能力。心理学家认为,信息搜寻行为的发生不仅取决于搜寻动机,还受到消费者个人是否拥有搜寻行为能力的限制,这种限制主要是消费者知觉信息处理的限制。消费者知觉信息处理的过程实质上问题解决的过程,问题解决是认知的终极目标。

不论消费者的动机如何,消费者进行价格搜寻的目的是为了解决其面临的问题。一个问题通常由几个基本成分组成:初始状态(问题开始时的情况)、目标状态(问题的解决方案)、一组必须遵循的规则(限制条件)以及一组必须克服的障碍。西蒙认为,问题解决就是从初始状态逐步发展到目标

---

① Urbany J E, Dickson P R, Wilkie W L. Buyer Uncertainty and Information Search[J]. *Journal of Consumer Research*, 1989, 16(2): 208-215.

状态的过程,借助于计算机技术,通过采取将问题分解成一系列子目标来将初始状态和目标状态之间的距离最小化的方法来解决问题,并提出了一个通用的人类问题解决模型:首先,外部世界中的问题信息转化为内部的心理表征,然后以一种顺序进行的方式将各种心理操作应用于此表征,将其转换为越来越接近目标状态的其他表征,因此,问题解决通常被描述为经过一系列阶段的一个阶梯状进程①。以消费者对智能电风扇价格的搜寻行为为例,问题:夏天到了,需要一台电风扇降温,这台电风扇需要智能遥控,但消费者对智能电风扇的知识一无所知。解决:子目标1,学习搜索知识和智能电风扇知识;子目标2,了解市场中的智能电风扇的相关品牌和价格;子目标3,品牌智能电风扇的特点和价格;子目标4,购买智能电风扇。通过一个个子目标的实现,消费者最终完成了价格信息搜索行为。

第四节 价格信息搜寻的影响因素

价格信息搜寻主要由信息搜寻主体、信息搜寻客体、环境和信息搜索行为四种要素所构成,因此,消费者、信息源和信息内容、搜寻环境等是价格信息搜寻的主要影响因素。这些因素直接制约消费者的价格信息搜寻行为。

一、消费者特征

由于所有的搜寻活动都与搜寻主体密不可分,因此消费者自身的特征成为价格搜索研究的重点。从现有的文献来看,有关消费者特征可以划分为两部分,一是消费者的物理特征,二是消费者的经验特征。

---

① (美)布里奇特·罗宾逊-瑞格勒(Bridget Robinson-Riegler)等著.认知心理学[M].凌春秀译.人民邮电出版社,2020.

（一）消费者的物理特征

消费者的物理特征主要是指消费者的个体特性，主要包括人的心理特征和人口统计特征两个方面。心理特征是指个体在社会活动中表现比较稳定的成分，包括能力、气质和性格，其中性格是核心。性格是指个体在努力与外部世界相适应的过程中表现出来的某种独特的风格，是个体生活方式和行为模式的外在表现形式，借助于观察一个人的性格特征，就可以从整体上对其所处的环境、同伴、对社会以及对生存所持的态度进行了解。比如具有享乐主义性格的人可能更多关注美食，由于他富有想象，对一顿美餐的最佳享受往往是在佳肴端上餐桌之前，这时一个有关性价比的餐饮广告可能促成他的消费。同样，如果他正在享受一顿美餐，他内心的想象力会把其他快乐同时注入他们的真实感觉中，从而把过去的美好记忆和未来的美好憧憬都融入这顿美餐中，那他以前在此餐厅的愉快消费体验加深了他对该餐厅的良好印象。

人口统计特征主要包括人的性别、年龄、收入、所处的社会阶层、文化差异、教育程度和所从事的职业等。年龄较大、受教育程度较低的女性使用较少的线索进行搜寻（Schaninger & Sciglimpaglia，1981），年轻的消费者习惯于网上搜索信息（Burke，2002）。性别和跨文化因素也可能揭示所指来源类型的差异。例如，与英国消费者相比，法国消费者在购买礼物时更喜欢与销售人员交谈（Goodwin 等，1990）。在店内购物时，男性较少采用货比三家的行为，而女性则会更广泛地搜寻（Laroche 等，2000）。一般情况下，女性更关注外表，因此有关外表的产品更容易引起女性消费者的关注，比如一些互联网细分市场如化妆品、服装等，其主要客户群体是女性，她们也会更多地在这些细分市场中进行价格搜索。收入比较高的群体可能较少花费时间在购物平台上进行价格搜索，而收入较低的群体往往是价格搜索的主力军，这也是淘宝平台和拼多多平台诞生的原因之一。

（二）消费者的经验特征

消费者的经验特征主要是指消费者的产品涉入、产品知识和过去的购买经验等。具有丰富产品知识和购买经验的消费者在购买商品时会更多地依靠自己的主观评价，较少受到市场专家等外部因素的影响。

涉入是指"一个人基于其固有需求，价值观和兴趣对对象的感知相关性"[1]，产品涉入则指消费者对产品或服务与自己相关性的感知，主要包括消费者的持久涉入、购买涉入和自我涉入[2]。持久的产品涉入（"产品与自我和/或从产品中获得的享乐快感相关的程度"）会促使消费者寻找更多外部来源，从而进行广泛搜寻。由于产品涉入增加了消费者感知购买中的风险，消费者更喜欢在购买前搜索来自目录、杂志广告、文章、与销售人员或朋友的沟通以及定期的商店访问等各种离线信息来源（Chaudhuri，2000[3]）。他们还可能使用在线和离线资源来收集信息和比较产品（van Rijnsoever 等，2012[4]）。无论消费者涉入水平如何，在线搜索体验在增加搜索活动方面起着重要作用（Mathwick 和 Rigdon，2004[5]）。

购买涉入（个人参与购买活动）也增加了消费者的外部搜索工作。在购买过程中，消费者通过媒体搜索、零售商搜索、人际搜索以及新闻中立来源信息等，来决定自己的购买行为。同样，口碑对消费者购买服务的涉入也有着积极影响（Voyer 和 Ranaweera，2015[6]）。在所有各种涉入类别中，只有自我涉入（产品对个人的自我概念、价值观和自我的重要性）对消费者的总搜索量有负面影响。

知识是"消费者在外部搜索发生之前拥有的产品经验和对产品的熟悉

① Zaichkowsky, J. L.. Measuring the involvement construct[J]. *Journal of Consumer Research*, 1985, 12(3): 341–352.

② Anu C. Haridasan, Angeline Gautami Fernando, B. Saju, A systematic review of consumer information search in online and offline environments[J]. *RAUSP Management Journal*, 2021, 56(2): 234–253.

③ Chaudhuri, A. A macro analysis of the relationship of product involvement and information search: The role of risk[J]. *Journal of Marketing Theory and Practice*, 2000, 8(1): 1–15.

④ van Rijnsoever, F. J., Castaldi, C., & Dijst, M. J. In what sequence are information sources consulted by involved consumers? The case of automobile pre-purchase search[J]. *Journal of Retailing and Consumer Services*, 2012, 19(3): 343–352.

⑤ Mathwick, C., & Rigdon, E. Play, flow, and the online search experience[J]. *Journal of Consumer Research*, 2004, 31(2), 324–332.

⑥ Voyer, P., & Ranaweera, C. The impact of word of mouth on service purchase decisions: Examining risk and the interaction of tie strength and involvement[J]. *Journal of Service Theory and Practice*, 2015, 25(5): 636–656.

程度"（Alba & Hutchinson，1987①）。根据 Srinivasan & Rarchford（2011）②的定义，产品知识是指"当搜寻发生时，存于记忆中的关于品牌或产品相关的知识"。消费者的产品知识对外部搜索有负面影响。例如，对汽车经销商信息和专业知识的了解会导致消费者减少汽车的外部搜索。在日常使用汽车产品过程中所获得的特定有关汽车产品的知识减少了消费者的信息搜索，而仅有常识性的汽车产品知识则增加了消费者的对各种外部来源的信息搜索。消费者会从包括朋友、销售人员、书籍或杂志以及购买新车之前的试驾经验等来源收集信息（Srinivasan & Agrawal，1988③），但是，消费者对产品知识的信心会减少其在线电子产品的信息搜索（Rose & Samouel，2009④）。Moorthy & Ratchford（1997）⑤认为，拥有较多的产品知识可以提高消费者选择和处理信息的能力，较高的产品知识水平可以减少消费者的搜寻时间，提高搜寻效率。

产品知识分为客观产品知识和主观产品知识。客观产品知识指"实际存储在记忆中的产品知识"，主观产品知识指"消费者个人感觉到他们所知道的产品知识"。主观产品知识增加了消费者向经销商征求意见的倾向，而客观产品知识促进消费者增加对产品属性信息的检查。主观产品知识较高的消费者在店内购买葡萄酒之前会使用批评者和出版物信息来源（Barber 等，2009⑥）。消费者的主观产品知识对在线信息搜索同样具有积极影响，因为他们花费大量时间从网站或社交媒体收集信息（Gallant & Arcand，

---

① Alba, J. W., & Hutchinson, J. Dimensions of consumer expertise [J]. *Journal of Consumer Research*, 1987, 13(4): 411-454.

② Srivastava P K, Kayastha A M, Srinivasan. Characterization of gelatin-immobilized pigeonpea urease and preparation of a new urea biosensor. [J]. *Biotechnology & Applied Biochemistry*, 2011, 34(1): 55-62.

③ Srinivasan, N., & Agrawal, J. The relationship between prior knowledge and external search[J]. *Advances in Consumer Research*, 1988,15(1), 27-31.

④ Rose, S., & Samouel, P. (2009). Internal psychological versus external market-driven determinants of the amount of consumer information search amongst online shoppers[J]. *Journal of Marketing Management*, 2009, 25(1/2): 171-190

⑤ Moorthy S, Ratchford B T, Talukdar D. Consumer Information Search Revisited: Theory and Empirical Analysis[J]. *Journal of Consumer Research*, 1997, 23(4): 263-277.

⑥ Barber, N., Dodd, T., & Kolyesnikova, N. Gender differences in information search: Implications for retailing[J]. *Journal of Consumer Marketing*, 2009,26(6): 415-426.

2017①)。Schmidt & Spreng(1996)②认为,由于在实际操作过程中,对客观产品知识很难进行测量,在消费者的信息搜寻研究中,研究人员一般采用主观产品知识来测量消费者的产品知识。

消费者过去的购买经验、产品的使用经验也会对消费者信息搜索行为产生影响。消费者过去的购物经验和产品使用经验增强了消费者对该产品的熟悉程度。熟悉程度有助于消费者对来自不同来源的信息进行评估,这可能会减少消费者对相关信息的搜索(Broilo 等,2016③)。比如,一位消费者在华为旗舰店购买了一部华为手机,使用多年后,当他希望再换一部手机时,往往会首先想到再次到华为旗舰店购买华为手机,主要原因在于他对华为手机的系统和产品质量都有充分了解,不需要对华为手机进行更多的信息搜索。

二、信息源和信息内容

(一) 信息源

消费者的信息来源主要分为商业和非商业的个人信息来源。个人来源一般为建议性的,主要来源于亲朋好友、别人的经验介绍,主要动机是分享和传播而不是交易,对消费者而言,这种信息来源可信度较高,容易被接受。商业来源一般为告知性和说服性,比如产品介绍、广告、宣传等,最终目的是达成交易,这类信息由于来自外部,往往不容易被消费者接受。因此,许多企业就会选择市场专家的形式促进产品的销售。市场专家一般是指对产品、市场和价格等信息熟悉的消费者。这部分消费者兼具商业和个人两类信息来源的特点,消费者对其信息来源具有一定的信任,能够降低消费者的

---

① Gallant I , Arcand M. Consumer characteristics as drivers of online information searches[J]. *Journal of Research in Interactive Marketing*,2017,11(1):56 - 74.

② Sellin, L.C, Mattila, et al. Conformational analysis of a toxic peptide from Trimeresurus wagleri which blocks the nicotinic acetylcholine receptor[J]. *Biophysical Journal*,1996,70(1):3 - 13.

③ Broilo P L, Espartel L B, Basso K. Pre-purchase information search: too many sources to choose[J]. *Journal of Research in Interactive Marketing*, 2016,10(3):193 - 211.

搜索成本、提高消费者的搜寻效率和减少消费者的价格搜寻时间,因此也容易达成交易。比如,我们现在购买耐用品,往往都是通过咨询朋友或看到网上的一些购买攻略后再做出购买行为。

(二) 信息内容

消费者在价格信息搜索时,其搜寻的内容不仅仅是价格信息,还包括产品或服务信息以及产品使用者的评价信息等,其最终目的还是希望获得一个性价比较高的商品或服务。

价格信息是有关商品价格运动的消息、情况、数据和知识的总称。由于影响价格的因素的复杂性和价格及其运动形式本身的多样性,反映市场价格及其变动的消息、情况等价格信息也是多方面的。如市场商品供给与需求的变化、产品生产成本、消费者的价格心理及其变化等都属于价格信息的范畴。消费者通过及时、准确、完整并系统地收集和掌握商品价格信息,并在此基础上加以认真分析和处理,进而做出最优的购买决策。在实际的搜索行为中,消费者更多关注的是商品的价格促销信息包括优惠、打折等信息。

产品或服务信息主要是指产品或服务的质量信息。根据 ISO9000 对质量的定义,质量是一项产品或服务整体的特征或特性,而这种特征或特性使具有满足顾客规定或潜在需求的能力。因此,质量包括四个层次:①适用性,指产品适合使用的特征,包括使用性能、辅助性能和适应性能;②符合规格,即实体产品符合设计要求;③满足顾客的期望,即产品能够满足顾客的需求;④提供高于顾客的价值。消费者对这四个层次质量的认识取决于其对产品性价比、服务质量、厂商声誉、品牌形象、价格、来源地等的主观感知,最后形成产品质量的整体判断。

评价信息是商品购买者对其所购商品的评价,这类评价信息也是消费者价格信息搜索的内容。由于信息的不对称,为了降低购买风险,消费者往往采取从众行为,抱着众人买我也买的心理购买他不太了解的商品,这一点对于网上购物的消费者而言尤为显著。比如,我们对自己没有购买或使用过的商品,往往都是根据网上的好评和差评来做出购买决策,这主要因为消费者发表的交易和商品评价信息都基于自身经验或他人经历,无论正面信息还是负面信息,其真实性都很高,对于有购买意愿的消费者特别是不愿付出太多搜寻成本的消费者有很大的帮助。

三、搜寻环境

社会认知理论认为,人类活动是由个体行为、个体认知及其他个体特征、个体所处的外部环境这三种因素共同决定。但这三种因素之间的相互影响不会同时发生,强度也不尽等同,只有随着时间的推移,各因素之间的双向作用才能逐渐得以发挥。因此,环境对人的认知产生了很重要的作用,已成为消费者价格信息搜寻行为不容忽视的影响因素。价格信息搜寻环境主要包括情景因素和环境因素。

情景因素是指消费者在进行价格信息搜寻时涉及时间、空间或收益成本方面的因素和利用信息源的可能性以及其他心理上或物理上的条件,包括消费者因搜寻所可能花费的金钱成本、时间成本、精力成本以及风险感知和策略选择等。如果为了买一个 10 元钱的商品,哪怕投入 5 分钟去搜寻价格便宜的替代品,对消费者而言可能得不偿失,而对于一笔 50000 元的交易,即使花上 1 天的时间,可能也不为过。因此,消费者的搜寻策略受其感知付出成本和感知风险的影响。感知付出成本和感知风险越大,消费者就会选择更多的搜寻策略,同时也会搜寻更多的信息。为了降低消费者的感知成本和感知风险,企业的定价策略就变得非常重要。

在定价策略方面,近年来研究表明,低价担保和日常低价担保对价格搜寻强度存在影响。低价担保是一种如果消费者在给定的时间内发现市场上其他地方的产品价格更低,零售商则会提供差价(有时甚至是更大的数额)退款的价格策略。日常低价担保是一种价格策略,其特点是在广泛的产品品种上保持稳定的低价,因此不存在某些产品或类别的临时价格折扣。

研究结果表明,这些价格模式只能在一定条件下减少价格搜寻的范围。例如,日常低价担保只减少购买前的价格搜寻,但可以增加购买后的价格搜寻,因为消费者试图通过在其他地方找到更低的价格并要求退款来将交易的价值最大化。低价担保有效性的另一个决定因素是价格差异,即同一产品在不同销售商之间的价格差异。在高价格离散度的情况下,消费者对低价担保等价格信号的依赖更少,并且比在低价格离散度的情况下进行更广泛的价格搜寻。这种效应背后的理论基础是搜寻经济和风险理论。消费者在市场价格变动较大的情况下对日常低价担保做出反应时,可能会预期更高的财务风险,因为他们可能因为没有寻求更低的价格而错过可能的交易。这种价格离散的负面影响可以部分克服,通过日常低价担保的设计可以恢复价格信号的有效性,例如通过提高退款水平等。最后,在搜寻成本较低的情况下,日常低价担保似乎比日常低价担保更有效。这些新发现从很大程度上完善了先前的假设(有些普遍),即接触到日常低价担保会降低消费者的搜寻意图。这个关于低价担保和价格搜寻强度之间关系的新见解对卖家是非常重要的,因为它强调他们需要知道提供低价担保,相当于买家在购买产品或预定之后增加他们的搜寻努力的成本。

关于广泛的价格搜寻的结果,学者和实践者都提出了这样的担忧,即挑选行为确实可以通过独家购买促销的亏本商品来产生负利润率。食品杂货方面的研究结果表明,挑选食品的部分非常小(约占食品杂货消费者的2%),因此,它对零售商盈利能力的影响是微不足道的。此外,从比价网站获得的价格信息可以作为以后购物时的参考价格。例如,价格信息可以影响消费者在线下购物时的价格评估。研究还表明,消费者从比价网站上对零售商的良好评价中推断出,其价格比评价较差的竞争对手的价格更好、更可靠。

Taylor 把环境定义为一系列元素构成的综合体,并认为,消费者信息行为的研究需要从不同的环境中来分析用户所表现出来的信息行为特征。这主要是因为个人承担着特定环境下特定群体的成员的角色,因此,更容易受到环境和群体成员的影响。Specht(1987)认为,环境和群体对其成员有三种主要影响方式:信息性影响、规范性影响和认同性影响。信息性影响主要指群体成员的行为、观念、意见被个体成员作为有用的信息予以参考,进而影响其行为。当消费者对所购产品缺乏了解,无法通过商品外观对产品品质做出判断时,这时群体成员的使用和推荐将被视为非常有用的证据。规范性影响是指由于群体规范的作用而对消费者的行为产生影响。规范是指在一定社会背景下,群体对其所属成员行为的一种期待,它是群体为其成员确定的行为标准。认同性影响是指群体成员对群体价值观的认同,是群体成员对群体价值观和群体规范的内化为个人价值观的表现。如支持环保主义消费理念的消费者在购物时往往拒绝使用一次性购物袋,这就是认同性的影响。决定群体影响力的因素主要有产品或品牌的可见性、产品的必须程度、个人对群体的认同度和忠诚度、产品的生命周期等。当消费者获得的价格信息来源群体时,他可能不会花费太多的时间去搜寻。

四、其他因素

除了上述因素之外,购买频率、市场知识、声誉形象、价格预期及服务质量等也会对消费者价格信息搜寻行为产生一定的影响,其中购买频率是营销研究中较为关注的领域。

购买频率是指消费者在一定时期内购买某种或某类商品的次数。它是度量消费者购买行为的一项指标,一般取决于商品使用频率的高低。通常情况下,由于价格搜寻可以为消费者频繁的购买行为节约成本,因此,商品的购买频率越大,消费者就会有更大的可能进行价格搜寻。实际上,在业界,营销人员的工作中心也是在重点用户和频繁购买者身上,而较少时间花在一般用户和不经常购买的用户身上。具有较多市场知识的消费者会较少进行价格信息搜寻,由于具有良好声誉的或企业形象的产品降低了消费者的感知风险,使得消费者可能不再为价格信息搜寻去付出更多的搜寻成本。网站质量会影响消费者的价格搜索行为。当消费者对一个网站有积极的态度时,他们会在该网站更多地搜索,并倾向于从该网站购买商品(Ho 等,2012b①)。

---

① Ho L A, Kuo T H, Lin B. The mediating effect of website quality on Internet searching behavior[J]. *Computers in Human Behavior*,2012,28(3):840-848.

第三篇

消费者价格信息评估

第四章　参考价格

本章概述

　　由于信息不对称,消费者对商品价格的感知并不会随商品价格的变化而变化。其主要是因为消费者在选择购买商品时,不仅关注商品的当前标价,而且会将当前商品标价与自己内心的商品价格进行比较,然后根据比较进行评价,最后再做出购买决策。消费者自己内心的商品价格就是参考价格。本章将对参考价格的概念、相关理论、影响因素以及参考价格效应进行研究和探索。

第一节　参考价格的相关概念

　　消费者对价格的评价受到参考价格的影响,参考价格是指当消费者在接触到某一产品的信息时,所联想到的任何价格。

一、参考价格的定义

　　在某种程度上,消费者会无意识地记住他们所见到过的所有同类产品的价格。当他们在看到某一件商品时,会将它与所有同类产品比较。在这种情况下,同类产品就有了从低到高的价格区间,而标价最低价的商品就处于同类产品价格区间的最低水平,于是消费者就会得出结论,这款低价的商品质量并不太好,如果他们购买了超过最低价的商品,他们会觉得更舒服,认为自己购买到了性价比更高的产品。

上述的最低价就是参考价格(Reference Price)。它通常是消费者在购买产品的过程中,第一联想到的产品"应该"有的价格,或者说是消费者心中的"标准价格"。消费者会把自己头脑中首先联想到的产品价格与当前产品的实际价格进行比较,以此来判断当前产品的价格是否合理。消费者的参考价格是基于他们当前所看到的价格和上次所见的价格形成的,可以用下面的数学公式进行表示:

$$参考价 = \mu(上次看到的价格) + (1-\mu)(这次看到的价格)$$

其中的 μ 代表以往看到的价格对目前的参考价格的影响程度,一个大的 μ 意味着过去的价格很大程度上决定了消费者对产品的参考价,而一个小的 μ 暗示了目前看到的价格在很大程度上决定了消费者的参考价格。

因此,参考价格在消费者决定是否购买当前商品时,起到了非常重要的参考作用,值得引起厂家的关注。由于厂家具有对产品直接定价的权力,因此参考价格无疑是厂商行为定价理论中一个非常重要的研究领域。

二、参考价格的分类

按照价格信息来源可以把参考价格分为外部参考价格(External Reference Price)和内部参考价格(Internal Reference Price)。

(一) 外部参考价格

外部参考价格是以外部刺激(如零售商的标价、生产商的广告信息、竞争对手的价格信息等)为主形成的可供消费者参考的价格信息,是消费者在购买商品的过程中通过观测而得到的刺激信息,也是消费者在销售现场根据观察到的价格而形成的他们应该为一个产品付多少钱的参考点。即使是同一个消费者对同一种产品也会由于购买时外部环境所传达的信息而设置不同的参考点(Thaler,1985)①。因此,从消费者的购买环境中传递的外部环境信息会影响到消费者为了得到自己想要购买的产品所愿意支付价格的多少。

外部参考价格的主要表现形式:①企业商品的标价;②各种广告展现的产品价格;③消费者口口相传的产品价格;④互联网媒介上传播的产品价格等。

外部参考价格的影响因素:①商品类型,将同类商品放在一起进行销售时,消费者可以轻易比较替代品之间的价格。一般情况下,同类商品中在质量没有差别的情况下,价格低的商品会比价格高的商品有更高的销量;②购买情境,消费者对装潢精美餐厅的高价餐费认为理所当然,而对于装潢普通餐厅的高价菜单往往拒绝;③价格和促销策略,相比于简单的降价,商场进行有计划的打折促销更能刺激顾客的购买,比如双十一大促、二十周年店庆等,商家的这类打折活动会使消费者认为低价格是暂时的,从而刺激其购买。而如果没有时间约束,商家不断重复使用打折促销的方法,这样会降低消费者的外部参考价格,将会使消费者学会继续等待,而不是马上购买;④消费者异质性,低收入消费者对外部参考价格的变化更容易感知,高收入消费者往往不太在意商品的标价;相比较男性消费者,女性消费者对价格的变化往往更加敏感。

对于企业而言外部参考价格是企业引导消费者购买其产品的一个重要工具,也是影响消费者选择购买或者不购买的重要因素。企业在设定外部参考价格时,一般要高于实际价格,以提高消费者的价格认知,进而影响消费者的感知价格。比如,国内服装企业的定价一般都有建议售价或出厂价,而实际销售都是按照 7 折、3 折甚至 1 折的价格进行销售,通过拉大参考价格与实际价格的差异来促进服装的销售。如果外部参考价格与实际价格差异很小,很难影响消费者的购买行为,但如果外部参考价格高出实际价格很多,消费者会认为该价格不合理,甚至对产品的质量产生质疑,最终也会导致消费者放弃购买商品。企业设定外部参考价格时要综合考虑产品的类

---

① Thaler R. Mental Accounting and Consumer Choice[J]. *Marketing Science*, 1985, 4(3): 199-214.

型、购物环境、广告和消费者异质性等因素,只有这样,企业的定价策略才能有效。

(二) 内部参考价格

参考价格假设消费者在做出购买决策时会将商品的当前价格与过去购买的价格预期进行比较(Monroe,1973),消费者的这种主观价格期望被称为内部参考价格(Kalwani 等,1990)或基于消费者记忆的参考价格(Briesch 等,1997)。因此,内部参考价格是指在消费者记忆中已经存在的关于当前商品的价格信息,是消费者在过去购买过程中所接触的类似商品价格基础上形成的,并由此形成他们在新的购买过程中应该为该商品或品牌支付多少钱的参考点。它是消费者对于当前商品价格的一种适应水平,故也称作适应水平价格。内部参考价格可以是单一的价格,也可以是一个价格范围。

内部参考价格的主要表现形式:①消费者曾经购买过的商品的价格,当某一消费者曾以 600 元/双的价格购买一双品牌鞋子时,当他在商场发现该款鞋子现正以 400 元/双的价格销售时,他可能会不假思索做出购买行为,600 元/双的价格这时就表现为内部参考价格;②消费者日常生活中形成的对某商品价格的认识,经常购买 2 元/斤的面粉的消费者很难接受 5 元/斤的面粉,2 元/斤就表现为消费者的内部参考价格。

内部参考价格会受到多种因素的影响,主要表现为三个因素:①消费者以前购买商品距离现在的时间长短,时间越长,消费者记忆越模糊,对消费者影响越小;②商家的促销频率,促销频率越多,越能加深消费者的价格记忆,进而影响消费者的内部参考价格;③商家的促销力度,促销力度对消费者的价格感知产生直接影响,促销力度越大,消费者的记忆就越深刻。

总之,由于消费者内部参考价格的形成经过了外部信息的输入、内部信息整合和整合后的信息以某种形式储存在消费者大脑的过程,因此,消费者整合信息的行为受到时间的影响,即离现在越近的价格,对于消费者的内部参考价格影响越大;与之相反,离现在越远的商品价格对消费者的内部参考价格影响越小。产品的促销频率和促销力度也会对内部参考价格产生影响。促销频率越高,其对内部参考价格的影响越高;促销频率越低,其对内部参考价格的影响越低。促销力度越大的商品,对内部参考价格的影响也越高;促销力度越低的商品,对内部参考价格的影响也越低。

三、参考价格的测量

学者们对参考价格的测量,一般是通过消费者对参考价格的认知来衡量。现有文献显示,学者对参考价格有主要两种观点[1][2],一是基于适应水平理论的观点,认为参考价格是消费者过去已经适应的价格,是消费者心目中的一个价格点;二是基于范围理论,认为参考价格是消费者心目中的最高价和最低价的一个价格区间。在某些情况下,价格区间对参考价格效应的预测效度高于价格点估计,也就是说,当顾客聚焦于价格差异时,范围理论要比适应水平理论更能准确预测消费者的价格判断[3]。但当研究的重点是消费者的行为意图时,适应水平理论比范围理论能够提供更多的诊断信息[4]。

目前,Heson(1994)的适应水平理论被广泛用于解释消费者对商品价格的主观认知。适应水平理论认为人对当前事物的知觉不仅有赖于外部提供的刺激,而且依赖人的内部参考框架,这个内部参考框架是个人通过以前的外部刺激而形成的印象。因此,适应水平理论的重要假设是个体对刺激的判断与个体的内部参考框架有关。这个内部参考框架会形成一个适应水平,当个体受到新刺激时,他往往会把这个刺激与适应水平相比较,从而对刺激做出判断。根据适应水平理论,消费者的价格感知取决于商品实际的价格和消费者个人的参考价格,即适应的价格水平。消费者

---

① Mazumdar T, Raj SP, Sinha I. Reference price research: review and propositions[J]. *Journal of Marketing*, 2005, 69(4): 84 - 102.

② Wang T, Venkatesh R, Chatterjee R. Reservation price as a range: an incentive-compatible measurement approach[J]. *Journal of Marketing Research*, 2007, 44(2): 200 - 213.

③ Cunha M, Shulman JD. Assimilation and contrast in price evaluations[J]. *Journal of Consumer Research*. 2011, 37(5): 822 - 835

④ Suk K, Yoon S, Lichtenstein DR, Song SY. The effect of reference point diagnosticity on attractiveness and intentions ratings[J]. *Journal of Marketing Research*, 2010, 47(5): 983 - 995.

适应了过去的价格刺激,并根据适应水平价格和新价格的比较,来判断商品新价格的刺激,进而做出购买决策。例如,某地断供期间,1斤青菜卖到几十元,人们都说不合理,这是因为在长期的生活实践中,人们心目中已经形成了青菜价格不会高于10元/斤这样的一个参考价格,当实际价格与参考价格之间差距很大时,人们就会得出价格不合理的结论。因此,根据适应水平理论,消费者在过去的购买活动中所接触到商品的价格会留存在记忆中,并逐渐形成了一个内部参考价格,当类似的商品价格信息刺激消费者时,他就会将其与内部参考价格进行比较,以此来评价商品的新价格,消费者是否购买该商品在很大程度上取决于与内部参考价格进行比较的结果。

适应水平理论中的参考价格被认为是一个价格参考点,Janiszewski(1999)对此提出异议,认为消费者的内部参考价格不仅仅是一个价格点,更应该是一个价格范围,这主要是基于Volkmann(1951)的范围理论提出来的。范围理论认为,消费者在过去购买商品的过程中所形成的期望价格在一个区间内变动,对商品价格的评价取决于该商品价格在这个区间中的位置。比如,1盒950毫升的光明牛奶在苏果便利店卖14.9元/盒,而在华润苏果超市卖13.5元/盒,消费者就会对这类牛奶形成一个参考价格区间,当某天消费者看到950毫升的光明牛奶或卫岗牛奶卖20元/盒时,就会认为价格太贵,进而拒绝购买。Parducci(1995)认为,消费者的参考价格不仅受到消费者过去购买价格的影响,还与商品价格出现的频率有关,出现频率越高,对消费者的价格评价影响就越大。比如,上述牛奶案例中,如果消费者看到950毫升的光明牛奶或卫岗牛奶一直卖20元/盒时,他可能会修改他的内部参考价格,同时接受20元/盒的价格。Niedrich(2001)认为,消费者期望价格范围实际上是消费者的一个可接受价格区间,当商品的实际价格位于这个区间时就会被消费者接受,当商品实际价格不在这个区间时,消费者就会用期望价格范围与这个价格区间进行对比,在这种情况下,消费者往往拒绝实际价格。

学者们(Nicolau 2012[①]；Saini et al. 2010[②]；Saini and Thota 2010[③])认为,消费者对参考价格的认知有两种思维方式,相对价格思维和参照价格思维。当消费者把降价和基本价格联系在一起时,表现出的是相对价格思维。具体来说,如果在 20 美元的基础上提供 10 美元的折扣,就会认为这个价格比在 60 美元的基础上提供 10 美元的折扣更有吸引力,因为与基础价格相比,相对价格优势更明显。当消费者把折扣价格与基本价格联系在一起时,并将基本价格与内部参考价格进行比较时,他们就处于参照价格思维模式。假设相应的内部参考价格为 40 美元,根据期望理论,20 美元的折扣为 10 美元,会增加消费者收益,而 60 美元折扣为 10 美元,就会减少消费者损失。这种情况下,损失的减少比收益的增加对消费者的价值贡献更大。因此,按照价格思维模式,消费者会认为 60 美元的折扣更有吸引力(Saini et al. 2010)。当销售价格与参考价格相同时,相对思维占主导地位,当销售价格适度偏离参考价格时,参照思维占主导地位(Nicolau 2012；Saini et al. 2010)。当销售价格极端偏离参考价格时,消费者通常无法做出价格判断。因此,企业在进行定价时,一定要了解消费者的价格思维模式。

尽管不同学者对参考价格的具体测量有不同的观点,现有文献显示,多数学者将参考价格视作消费者进行价格判断时的一个参考点。如 Urbany 等(1988)[④]认为,参考价格是顾客预期的市场平均价格,Kalyanaram(1991)[⑤]等把参考价格解释为顾客最近几次购买商品价格的加权平均,而 Biswas 等(1991)[⑥]

① Nicolau J. Battle royal: zero-price effect vs relative vs referent thinking[J]. *Marketing Letters*,2012,23(3):661 - 669.

② Saini R，Thota SC. The psychological underpinnings of relative thinking in price comparisons[J]. *Journal of Consumer Psychology*,2010,20(2):185 - 192.

③ Saini R, Rao RS, Monga A. Is that deal worth my time? The interactive effect of relative and referent thinking on willingness to seek a bargain[J]. *Journal of Marketing*，2010,74(1):34 - 48.

④ Urbany, J. E., Bearden, W. O., Weilbaker, D. C. The effect of plausible and exaggerated reference prices on consumer perceptions and price search[J]. *Journal of Consumer Research*，1988，15: 95 - 110.

⑤ Kalyanaram, G., Little, J. D. C. An empirical analysis of latitude of price acceptance in consumer package goods[J]. *Journal of Consumer Research*，1994，21: 408 - 418.

⑥ Biswas, A, Blair, E. A. Contextual effects of reference prices in retail advertisements[J]. *Journal of Marketing*，1991，55: 1 - 12.

则把参考价格视为市场最低价格,Lattin 等(1989)①则认为参考价格是消费者的最低可接受价格。Kalyanaram 等(1995)②认为,参考价格是消费者与观察到的商品价格进行比较而形成的一个内心参考点。

四、内部参考价格标准

范围理论认为,消费者在过去购买商品的过程中所形成的期望价格在一个区间内变动,对商品价格的评价取决于该商品价格在这个区间中的位置。内部参考价格标准是消费者对市场上某销售产品所建立的心理价格预期,包含正常价格感知范围、最低价格感知范围、最高价格感知范围、内部参考价格范围与价格接受范围五个部分,具体如下图 4.1所示:

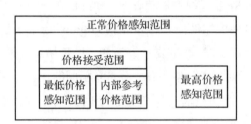

图 4.1　内部参考价格的接受范围

(一) 正常价格感知范围

正常价格感知范围指消费者对某一产品的心理期望价格。当商品的销售价格超过心理期望价格时,消费者就会拒绝购买;如果价格落在这个范围的上缘附近,会被认为是高价,但还可以接受;若价格落在这个范围的下缘附近,即被认为是低价而且合理,商品的性价比较高。

---

①　Lattin, J. M,, Bucklin, R. E. Reference effects of price and promotion on brand choice behavior[J]. *Journal of Marketing Research*, 1989, 26(3):299 - 310.

②　Kalyanaram G,Winer R S. Empirical Generalizations from Reference Price Research[J]. *Marketing Science*, 1995, 14(3-Supplement):161 - 169.

（二）最低价格感知范围

最低价格感知范围是消费者对某商品所感知的最低心理价格区间,是消费者在日常消费过程中所形成的经验判断,一般不易改变。对于企业而言由于内部参考价格会提高消费者对于促销产品价值的感知,如果消费者的最低价格感知范围没有改变,即当消费者的最低价格感知范围仍然处于很低水平时,这时消费者就有可能拒绝企业的价格促销活动,继续寻求更低的价格,以实现自身利益的最大化。这样会使企业的促销行为达不到应有的效果,甚至会减少自身产品的销量。

（三）最高价格感知范围

最高价格感知范围是指消费者对某商品所感知的最高心理价格范围。它也是消费者在日常消费过程中所形成的经验判断。比如我们经常说,这个商品价格最高不会超过 3—4 元,3—4 元就是消费者预计的最高价格范围。对于企业而言,消费者对某商品的最高感知价格越高,企业促销活动对消费者的吸引力越大。因此,企业要通过采取高定价、高质量、突出独特性等方式来提高消费者的最高感知价格,进而在进行产品促销时,能够使消费者感受到更多的获得价值,最终实现消费者对产品的购买。

（四）内部参考价格范围

内部参考价格范围是指消费者以前的消费过程中所购买或观察到的商品价格信息的算术平均数而形成的心理价格区间。比如,在日常的买菜过程中,我们逐渐形成这样的认识青菜的价格大致在 3—5 元/斤,3—5 元/斤就是我们下次买菜时的内部参考价格。消费者在购买某一商品时,经常会将商品的现时价格与内部参考价格范围进行比较,以决定是否购买该商品。如果商品价格的变动范围高于消费者内部参考价格范围,消费者就有可能终止自己的购买行为;反之,如果商品价格的变动范围低于消费者的内部参考价格范围,消费者的购买意愿则会加强,进而做出购买决策。

（五）价格接受范围

价格接受范围，是指消费者最低价格感知范围的最低价与内部参考价格范围的最高价之间的心理价格范围。当商品的市场价格很低，低于最低价格感知范围的最低价时，消费者会认为是该商品的品质过差所导致的，而不会选择购买该商品；如果商品市场价格过高，比内部参考价格的最高价还要高的话，消费者会认为价格不合理而拒绝购买该商品。

从上面分析中可以看出，内部参考价格标准是以价格范围的方式定义，但是消费者也能把价格以平均值的方式存储于记忆中，在这种情况下，内部参考价格标准可以简化为单一价格，而不是价格范围的形式。有研究显示，适度虚高的参考价格对消费者的内部参考价格具有正向影响，如可以增加交易价值，增强消费者购买意愿。因此，许多企业在定价时特别重视适度虚高参考价格所带来的效应，人们在商场中看到的各种商品标有建议零售价实际上就是企业呈现给消费者的参考价格，然后再通过价格打折的方式来降低消费者感知价格。但是，如果这种虚高的参考价格超过某一个水平，就会产生负面影响，导致消费者对该产品或企业产生不信任感。

第二节　参考价格相关理论

参考价格是基于心理学与市场营销学而形成的，因此，参考价格的相关理论也较多地结合了心理学理论和管理学理论，主要包括前景理论、适应水平理论、同化对比理论、范围理论和心理账户理论等。这些理论都从不同的角度对参考价格进行解释。

一、前景理论

在 1854 年，德国经济学家赫尔曼·海因里希·戈森（Hermann Heinrich Gossen）提出边际效用递减定律，成为广为人知的经济学规律之一。它显示消费者每增加消费一个单位的商品,其边际效用随之递减。然而,这个理论对于正负边际效用之间并没有进行区分。1979 年,Kahneman 和 Tversky 提出正负边际效用可能是不对称的,即前景理论(Prospect Theory)。他们用价值函数取代了期望效用函数,如图 4.2。人们在评价一个事物或者做出一个选择的时候,总会下意识地与其他一定的事物进行对比,当对比的参照物不同时,即使相同的事物也会因对比而得出不同的结论。价值函数看重的是基于参考点(坐标轴点)的变化值,也就是所谓的"收益"和"损失"。函数曲线是 S 形的,对"收益"而言是上凸的,对"损失"而言是下凹的,向两端发展时,方向的变化呈现敏感性递减趋势。

概括起来,价值函数有三个显著特征:一是人们基于某种参考点对收益和损失进行评价;二是对大于参考点的收益,决策行为表现为风险规避(曲线为凹的),对低于参考点的损失,决策行为表现为风险追求(曲线为凸的);三是损失规避,即损失比同样程度的收益对价值评价的影响要大,这使得损失的曲线比收益的曲线更陡。

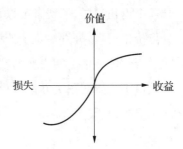

图 4.2　Kahneman 和 Tversky 价值函数

前景理论认为,对于任何相同规模的绝对收益或损失,来自损失的价值差异大于来自收益的相应正的价值,也就是说,人们在面临损失的时候会偏爱风险,在面临收益的时候会规避风险。即人们对于损失的敏感度要高于对收益的敏感度,也就是说在收益和损失相同的情况下,损失给人带来的沮丧程度远远大于收益给人带来的满足程度。比如人们购买福利彩票,抽奖号码为 6 个红码数字(05 12 15 17 18 27)1 个蓝码数字(04)构成的号码,对于抽中这 6 个红码数字的人来讲,收益正值会立即出现戏剧性地增加,因为只要自己的蓝码数字正确的话就可以拿到这次大奖。突然,现场公证人员宣布抽奖无效,因为有两个球没能滚入池里,要重新抽奖。这一消息无疑给有希望的中奖者带来了非常大的损失,因为一笔收益被"拿走了"。实际上,对于"中奖者"而言,在抽奖之前并没有拥有额外的大奖,抽奖之后也没有得到额外的大奖,他没有任何经济上的收益或损失。但在现实中,"中奖者"很可能需要几天甚至更久的时间才能调整好自己的情绪,从而不再纠结于这次失望的经历。

前景理论有助于解释价格现象。比如"现金返还"被企业用于营销策略的一种方式。一个消费者以1万元的价格购买空调,并获得了店家2000元的现金返还。这意味着什么呢? 对消费者而言,1万元的支付产生了显著的附加值,超过了其购买和使用空调所产生的正价值,在"现金返还"策略下,消费者获得了2000元现金形式的额外正值,这样就使空调消费者的感知净价值高于他们支付8000元直接购买空调而没有收到现金返还的情况。与现金返还一样,消费者可以整合价格要素并获得对产品的整体印象,或者分离价格要素,分别对每个价格组成部分做出判断,然后再将它们结合在一起进行整体评估。假设在消费者最大化价值的前提下,消费者将下意识地尝试最小化感知损失并最大化其收益。这也可以解释人们为什么倾向于追涨不追跌,当某个商品涨价时,大家争相抢购,而当该商品降价时,却无购买兴趣。

二、适应水平理论

适应水平理论(Adaption-Level Theory)由美国学者 Helson[①] 于1964年提出。他认为,人们可以通过比较感知刺激与基于先前经验的适应水平来形成感官判断。当人们对产品价格进行判断时,他通常会将在特定时刻感知的价格与内部参考价格(适应水平)进行比较。换句话说,人们会将当前价格与过去对同一产品的感知价格进行比较。适应水平理论的基本假设是消费者根据内部参考价格(适应水平)对外部刺激做出主观判断,其中适应水平是消费者基于现在和以前的消费经历而形成的一种认知。

根据适应水平理论,人们会在当前和过去经验的基础上建立一个适应水平或参考点以便对新的刺激进行比较,进而做出判断。如果消费者对价

---

① Helson H. Current trends and issues in adaptation-level theory[J]. *American Psychologist*, 1964, 19(1): 26 - 38.

格判断并不确定,他们就会寻找参考点或锚点,消费者对价格锚点的寻找过程并不总是有意识的,更多情况下是一个潜意识的活动过程,这就是价格锚定效应。在价格锚定效应下,即使消费者没有购买,也可能将产品纳入其考虑范围内。比如,顾客到商店购买皮鞋,售货员一定会问:"先生,您大概买多少价位的鞋子?""300元左右吧",顾客回答。当售货员带领顾客看了300元左右的鞋子后,发现顾客都不满意,这时她会把顾客带到500元左右的鞋子摆列处,并会介绍这款鞋子无论在质量、款式还是口碑都是最好的,但她会把顾客的注意力引到350—450元的鞋子上,这略高于顾客300元的预算,最终消费者可能会购买这个价位的鞋子。在这里,售货员通过巧妙介绍,为顾客建立了一个500元的价格锚点,改变了顾客300元左右的价格看法,进而提高了消费者较高的价格支付意愿。这种以价格锚定效应方式的定价方法经常为企业使用,最常见就是同一品牌的产品类别按照不同的价格陈列在一起,其中最好销售的、利润最大的往往是中间价位的商品。

三、同化对比理论

同化对比理论(Assimilation Contrast Theory)做出了类似适应水平理论的假设,消费者将新的产品价格刺激与过去同类的价格刺激相比较。根据过去经验,对刺激的判断会有差异。根据该理论,类似于以前经验得出的参考价格的新价格刺激,将被消费者视为比现在的真实情况更相似即同化效应,如果新的价格刺激与消费者记忆中的参考价格差距很大,将被消费者视为比客观情况更异常即对比效应。根据同化对比理论,消费者的这种主观比较也会导致价格锚定效应。目前国内二手车市场比较活跃,人们在进行二手车交易前往往都是通过一些互联网平台了解下二手品牌汽车的价格,在此基础上,再选择买家(卖家)进行沟通交易。比如大众产2015年迈腾汽车,二手车市场价9—12万元之间,对于卖家而言,如果买家报价10万元,与卖家自己所掌握的价格相似,这时就出现了同化效应,这笔交易就可能很容易实现;如果买家报价8万元,将被卖家视为价格异常,出现了对比效应,因实际价格远远低于锚定价格,这笔交易就可能失败。

四、范围理论

范围理论(Range Theory)由学者 Volkmann[①] 在 1951 年提出,与基于参考点的适应水平理论不同,范围理论使用参考范围进行定向。根据该理论,人们根据商品的价格回忆来形成他们商品价格预期的上限和下限,商品价格范围内的相对价值决定了他们如何看待当前商品价格。当商品价格太高或太低时,消费者可能放弃购买。比如,根据过去经验,在夏天,南京市场中的西瓜价格在 1.5—3.5 元/斤,当某商贩以 0.9 元/斤的价格销售西瓜时,消费者可能因较低的价格对西瓜的质量产生怀疑,进而拒绝购买;当西瓜定价 4 元/斤时,消费者可能对商贩的诚信产生怀疑,同样也拒绝购买;商贩只有把价格定在 1.5—3.5 元/斤之间时,消费者才有可能购买他的西瓜。因此,消费者以前所接触或观测到的产品价格将在心中形成一个价格范围,当市场中产品的实际标价处于这个价格范围之内,才有可能对消费者有吸引力,进而影响消费者的购买决策行为。

五、心理账户理论

2017 年诺贝尔经济学奖获得者查德·塞勒(Richard Thaler)在 1985 年提出了心理账户理论,拓展了前景理论。根据该理论,消费者将"收益"和"损失"分别计入不同的心理账户类别中,每个类别账户都有自己的收益和损失的价值曲线,消费者的消费行为和价格敏感度因账户不同而不同。例如,消费者的心理账户可以定义为食物、旅游、兴趣爱好、教育培训等。比如,德国人在购买汽车时,许多人会多花一些费用为驾驶者购买一个舒适的座位,而在购买办公用品时则花费很少的钱。在消费者的购买活动中,消费者存在一个双重比较过程而获得两种类型的价值:获得价值与交易价值。

---

① Volkmann J. Scales of Judgment and Their Implications for Social Psychology. In SocialPsychology at the Crossroads[J]. *Harper*, *New-York*.1951:273 - 296.

获得价值是指消费者对商品的估价与售价间的关系,即消费者评估所获得商品的价值扣除因获得该商品而失去的机会成本的之后的净价值。比如消费者想购买一部价格8000元的华为高端手机,假设之前他使用的是苹果手机,消费者的获得价值就是华为手机的销售价减去8000元的评估价以及因放弃苹果手机而失去的苹果以旧换新、消费者学习华为手机操作等产生的机会成本的差额,而交易价值则是指参考价格与商品售价间的差额,当参考价格高于售价时消费者会获得收益,反之则会感受到损失,参考价格会通过消费者感知收益(损失)的幅度来影响消费者的决策行为。从消费者角度来看,为获得某件商品所付出的金额是一笔损失,而低于参考价格支出则是一笔收益(如因折扣所减少的支出)。假设消费者购买书籍,书店提供了两种付款方式:60美元现金支付和65美元信用卡支付。从感知收益来看,消费者可以把5美元的差价作为现金付款的折扣或因信用卡付款的罚款,这样,他可能把支付60美元的现金看作获得5美元的收益。从感知损失来看,消费者可能把65美元的信用卡支付视为5美元的损失,而用现金支付则避免了这一损失。如果消费者是风险厌恶者,他们会避免损失5美元。

　　企业可以通过影响消费者的心理账户,让顾客把企业利润较高的产品记录到更有利的账户类别中。如果产品被消费者放入一个只有低价才能购买的账户,企业就很难以高价销售。比如,一只杯子放在超市里只能被低价购买账户的消费者低价购买,而放在定位高端的高级商店中就可能被高价购买账户的消费者高价购买。在这里,企业通过不同的渠道设计直接影响了消费者的心理账户。

第三节　参考价格的影响因素

　　基于消费者参考价格的前景理论、适应水平理论、同化对比理论、范围理论,可归纳出消费者参考价格影响因素主要包括产品过去价格、相对价格与购买环境等。

一、产品的过去价格(Recalled Prices)

对过去价格的回忆会影响消费者的参考价格的形成。消费者会基于过去的消费经历形成一个价格适应水平或参考点并以此为基础来认识和比较新购买产品的价格,进而做出是否购买的决策。在这里,产品的过去价格包含两方面含义:一方面是指消费者最近一次支付的价格,另一方面是指消费者在以前消费过程中储存在记忆中的价格,最近一次支付的价格要比消费者过去记忆中的价格更能影响消费者的购买行为。消费者的购买体验对参考价格的形成起着很大的作用。如果消费者按照一定的价格购买过某种产品,那么这种记忆价格比他们看到过的价格对形成参考价格有更大的影响,因为这种购物体验价格更容易被消费者回忆起来。

因此,企业在制定营销策略时,对于消费者经常购买的商品价格,应该采取频繁涨价但是每次的幅度都不大的方法,这样会比单次大幅提高这类商品的价格效果更好,因为每次提价后,消费者都会不自觉地提高产品的参考价格,这就为企业的下次涨价奠定了基础,同样的原因,对于消费者不经常购买的商品如耐用品,不应经常涨价。消费者长期记忆中的产品的历史价格对参考价格也有一定的影响。比如老年人普遍对今天的物价不满,因为在他们的脑海中都是有关过去低价格的记忆。对于这类消费者,由于个人记忆力的差异,营销人员不要期望为一种产品找到一个参考价格,而应该尽力去理解和影响消费者参考价格的分布范围①。

二、产品的现有价格(Current Prices)

产品的现有价格是一种客观的价格表现形式,它不受消费者主观意识的影响,体现了两种或多种产品之间的价格比例关系。消费者在购买产品

① Thomas T. Nagle & Reed K. Holden 著.定价策略与技巧[M].赵平,杜晖,潘欣译.清华大学出版社,1999.

时很容易获取其他同类商品的价格信息,在此基础之上,消费者再根据自己的内部参考价格进行综合判断,进而在具有相同功能效用且质量相近的产品中选择价格较低的进行购买。产品的现有价格对参考价格的影响主要表现为三个方面:产品线定价、建议零售价和价格排序。

产品线定价对参考价格的影响主要体现在销售人员可以通过影响现有产品的价格来影响消费者的参考价格。比如在产品线上加入一种高价的产品,使产品线向上延伸,这样就可以提高消费者的参考价格,使得产品线上其他产品显得较为便宜,从而改善了消费者对产品系列中较低价格产品的看法,刺激他们对低价产品的消费,因此,在产品线上加入一种高价产品,并不是想通过大量销售这种产品,而是希望用这种产品提高消费者对产品线上的其他参考价格,从而增加较低价产品的销量。如果低价产品无法给企业带来更多的利润,企业也可以通过缩减低端产品线的方式影响消费者的参考价格,促使消费者消费中高端产品。

建议销售价是业界较为常用的一种定价方式。营销人员可以向消费者说明厂商建议的销售价,或者告诉消费者原来的价格(原来 800 元,现在 400 元),或者告诉消费者别的厂家同类产品的价格(别的厂家 800 元,我们的价格 700 元)等方法告知消费者企业产品的实际价格。有研究发现,带有建议销售价的广告与不带建议销售价的广告相比,对购买耐用品的消费者的购买决策影响更大,尤其是对产品知识了解较少的购买者,因为他们经常会根据专家的意见判断产品的质量从而做出购买决定。[1] 也有研究显示,即使夸大广告中的参考价格,如果企业向顾客提供建议性参考价格,那么这种做法将加强他们对产品带来的价值或是成本节约的认可。[2]

顾客看到的价格顺序也会显著影响顾客的参考价格。研究表明,价格呈现的顺序会影响顾客的产品选择和可接受的价格。一般来说,与产品价格呈上升顺序(从最低到最高)相比,当产品价格呈下降顺序时(从最高到最

---

① Gerald E. Smith, Lawrence H. Wortzel. Prior knowledge and the effect of suggested frames of reference in advertising[J]. *Psychology & Marketing*, 1997,14(2):121-143.

② Urbany Joel E, William O Bearden, Dan C Weilbaker. The Effect of Plausible and Exaggerated Reference Price on Consumer Perceptions and Price Search[J]. *Journal of Consumer Research*, 1988,15:95-110.

低),顾客选择的报价最高①。价格排序是指对于一组商品价格,消费者最先看到的那种产品的价格对参考价格的影响最大。比如,我们到一些风景区旅游,导游经常会把旅客带到当地特产专卖店购买特产,游客在入口处看到的商品往往是排列看起来相当豪华,价格很高的商品。大多数游客似乎对这些商品很感兴趣,不过只有少数人从货架上拿起来看,而当游客随后偶然看到价格较低的商品时,他们的兴趣就会增强。在某种程度上,游客也许会无意识地记住他们所见到过的所有同类产品的价格,当他们再看到某一件商品时,会拿它和所有同类产品作比较。在这种情况下,高价格商品的标价就成了游客的参考价格,而如果直接购买最高价商品,他们会有"不值"的感觉,又会认为价格最低的商品品质不太好,这时他们往往选择中间价格的商品,这样才会感觉更舒服,因为他们自认为买到了更优质的商品。

同样,人们在餐厅选择白酒时,大部分人会最终选择中等价位的白酒,客人很少会购买最昂贵和最便宜的白酒。当消费者对产品功能和价格了解越少,消费者越倾向于选择中间价格,因为这样选择商品可以降低消费者获得劣质商品的风险,同样也可降低超支的风险,同时也避免了过多的搜寻成本。

三、购买环境(Purchase Context)

购买环境主要体现在两个方面,一是商品展现的场所,二是消费者所购买商品的预期使用场所。从商品展现的场所来看,商场的选址、设计、内部环境及外部环境等都是影响顾客购买行为的关键因素。相对于超市,消费者可能愿意为便利店中的商品支付更多。独特的商场门店设计将吸引更多的消费者进入商场来选购产品;商场舒适的内部环境会让消费者在购物的同时拥有良好的心情,从而增加他们对商场中产品价格的感知,即提升其内在的参考价格;门店四周的商业氛围、便利的交通设施条件都会影响顾客对

---

① ABitta A J D, Monroe K B. The influence of adaptation levels on subjective price perceptions[J]. *ACR North American Advances*, 1974.

该商场中产品参考价格的评估。相反,嘈杂的、脏乱的环境则会降低消费者对产品的购买意愿。另外,推销人员的态度、意见和向顾客给出的合理价格等也会影响消费者的参考价格。因此,对于厂商来说,不仅需要提高自身产品的质量等硬件,还需要改善消费者购买环境。

从消费者所购买商品的预期使用场所来看,由于有时顾客的目的在于考虑到自己将来可能会遇到的风险和不确定性,为有效地利用有限的经济资源,使其发挥最大效用,消费者会根据其所预测的环境来确定购买商品,这就使得,即使物理属性完全相同的产品,预测的环境不同,其购买意愿与愿意支付的价格也不同。比如,在旅游区购买饮料。如果早先在超市购买了饮料,消费者可以从家里带饮料去旅游区,他也可以在去旅游区的路上购买饮料,也可以选择在旅游区里面的餐厅进行消费。上述不同的三种情况,消费者实际购买的饮料是一致的,但所支付的饮料价格是不一样的。这主要是因为随着预期环境的变化,消费者的支付意愿和利益诉求发生了变化,导致参考价格也发生了变化。因此,对厂商而言,可以根据竞争因素和消费者行为给相同或相似的商品在不同环境中设置不同的价格。

第四节　参考价格效应

通常情况下,消费者根据上一次的购买价格会形成下次购买时所愿意支付的价格预期。这种过去价格影响当前价格感知的行为被称为参考价格效应。参考价格效应是市场营销中的一个很重要的现象。

消费者在选购一件商品时,不仅要看该商品当前的价格,还要把它与自己的心理参考价格相比较,然后再对现价商品进行评估,做出购买与否的决策。一般情况下,商品的现行价格与顾客的参考价格存在差距,这种差距对消费者的购买决策产生很大的影响。如果商品的实际价格低于消费者的参考价格,消费者感知到较低的商品价格,就会获得心理上的超额收益,进而做出购买;反之,如果产品的实际价格高于消费者的参考价格,消费者就会感知到较高的商品价格,心理上感知较高的损失,进而降低他们的购买意向,甚至放弃购买(见图 4.3)。这种消费者参考价格对于消费者购买决策的影响就是所谓的参考价格效应。

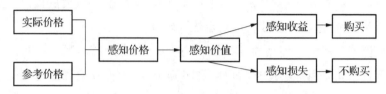

图 4.3　基于参考价格效应的消费者价格模型

企业的定价策略受到消费者参考价格效应的影响。特别是在互联网社会的今天,信息的透明度越来越高,消费者很容易了解到企业产品价格。大量的实证研究也证明,消费者在购买产品时会将当前价格与参考价格进行比较(Winer,1986[①];Kalyanaram & Little,1994[②])。当产品价格高于参考价格时,消费者感知到损失,从而抑制了产品需求;反之,如果产品价格低于参考价格,消费者感知到收益,需求得到了促进。因此,企业需要权衡增加需求的收益与设定低价的损失,或者说是减少需求的损失与设定高价的收益。对于追求利润最大化的企业来说,在充分了解产品价格如何影响消费者行为的基础上制定定价策略至关重要。

Kalyanaram 和 Winer(1995)[③]研究发现,消费者的购买决策受到参考价格的影响。参考价格效应对企业定价策略有显著影响。以前与参考价格效应的相关研究已经涉及了多个领域,包括促销策略(Greenleaf,1995[④];Winer,1986[⑤])、品牌选择决策(Lattin & Bucklin,1989[⑥])、需求曲线

① Winer, Russell S. A Reference Price Model of Brand Choice for Frequently Purchased Products[J]. *Journal of Consumer Research*.1986(13):250-256.

② Kalyanaram, G., Little, J. D. C. An empirical analysis of latitude of price acceptance in consumer package goods [J]. *Journal of Consumer Research*, 1994, 21: 408-418.

③ Kalyanaram G,Winer R S. Empirical Generalizations from Reference Price Research[J]. *Marketing Science*, 1995, 14(3-Supplement):161-169.

④ Greenleaf E A. The impact of reference price effects on the profitability of price promotions[J]. *Marketing science*, 1995, 14(1): 82-104.

⑤ Winer, Russell S. A Reference Price Model of Brand Choice for Frequently Purchased Products[J]. *Journal of Consumer Research*.1986(13):250-256.

⑥ Lattin, J. M., Bucklin, R. E. Reference effects of price and promotion on brand choice behavior[J]. *Journal of Marketing Research*, 1989, 26(3): 299-310.

(Putler,1992)[1]和产品质量政策(Kopalle & Winer,1996[2])。Kopalle 等(1996)的研究证明,参考价格效应对定价策略有显著影响,在大多数情况下,最优定价策略要么是高价格的定价策略,要么是固定价格的定价策略。Popescu 和 Wu(2007)的研究认为,在参考价格效应存在的情况下,消费者的行为需求参数对定价策略有显著影响。

由参考价格效应引起的挑战是企业对于价格促销和折扣策略的运用。在降价促销期间,现有商品价格比过去低,导致参考价格会比消费者自己看到的价格要高。因此,降价促销期间,消费者会增加购买,导致企业销量不成比例地增加,降价促销之后,商品价格比上次交易过程看到的要高,导致在非促销期间的参考价格较高,减少了消费者的购买,从而不成比例地抑制了销售。这种情况会给企业一个错觉,即必须通过降价才能提高企业利润。当出现这种情况时,企业应该意识到自己已经陷入过度依靠降价来吸引顾客的困境之中,这时就要选择其他的定价策略。

企业在制定自己的定价策略时,应当从顾客的角度出发,在了解到消费者参考价格的基础上,尽量缩小企业产品定价与消费者参考价格之间的差异,根据顾客的感知价值确定合适的目标价格。在这种情况下,企业的定价策略才有可能奏效。

---

① Putler, D. S. 1992. Incorporating Reference Price Effects into a Theory of Consumer Choice[J]. *Marketing Science*. 11(3): 287 – 309.
② PK Kopalle, RS Winer. A dynamic model of reference price and expected quality[J]. *Marketing Letters*, 1996.

第五章 价格公平

本章概述

    消费者主观感知到的价格公平对消费者的购买决策行为有重大影响。本章主要对价格公平的概念、价格公平相关理论、价格公平的影响因素以及价格公平对企业和消费者的影响进行探讨,以期对价格公平的相关研究领域做全面概述,从而为企业的定价实践提供理论指导。

第一节 价格公平的概念

    在任何交易中,消费者希望自己被公平对待,当消费者发现自己支付的价格和其他购买者的价格不一样时,通常会感觉自己受到了不公平的对待。

一、价格公平的定义

    Bolton 等(2003)[1]认为,价格公平(Price Fairness)是指消费者对其购买该商品或服务的过程或结果的公平性、合理性或可接受性的主观评估。Xia 等(2003)[2]将价格公平定义为消费者对卖方价格与另一卖方价格之间

---

    ① Bolton, Lisa E., Luk Warlop and Joseph W. Alba. Consumer perceptions of price (un) fairness[J]. *Journal of Consumer Research*, 2003, 29 (4): 474-491.

    ② Xia, L., Monroe, K.B. and Cox, J. L The price is unfair! A conceptual framework of price fairness Perceptions[J]. *Journal of Marketing*, 2004, 68(4): 1-15.

的差异（或价格一致）是否合理、可接受或公正的主观评估。Campbell
(2007)[1]则认为,价格公平是指消费者对价格的正确性、公平性和合法性的
主观感知。根据上述定义,价格公平被认为是一个认知概念[2],是消费者的
一种主观心理活动过程,本质上是消费者在自身感知范围内,对不同企业的
产品或服务的价格进行主观比较过程,是消费者的一个主观心理过程。在
这个过程中,消费者对价格的认知和情感对价格公平的感知产生影响,当认
知加工资源受到约束时,它们对价格公平的感知影响会更大[3]。因此,消费
者对价格公平的感知既要遵循人类感知的一般规律,又受到生理条件、知
识、能力和经验等方面的影响。

从企业角度来看,价格公平是指企业给商品定的价格应该是生产成本、
发布和分配产品所花费的时间以及产品需求量之间的完美平衡[4]。在现实
生活中,尽管很少有顾客质疑价格,但为了维系与顾客的长期关系,企业应
该提供一个合理的价格,并向顾客传递价格公平的信息,以消除顾客的
疑虑。

二、价格公平评估

对于消费者如何评估价格公平,学者们也进行了探讨,在 Maxwell
(2008b) 和 Rutte & Messick's (1995) 研究的基础上,Outi Somervuori
(2014)[5]提出了价格公平的概念模型(如图 5.1),用于研究消费者的价格
公平。

① Campbell MC. "Says who?!" How the source of price information and affect influence perceived price (un)fairness[J]. *Journal of Marketing Research*,2007,44(2):261-271.
② Nicole Koschate-Fischer, Katharina Wüllner, New developments in behavioral pricing research[J]. *Journal of Business Economics*, (2017) 87:809-875.
③ Campbell MC. "Says who?!" How the source of price information and affect influence perceived price (un)fairness[J]. *Journal of Marketing Research*.2007,44(2):261-271.
④ 利·考德威尔著.价格游戏[M].钱峰译。浙江大学出版社,2013.
⑤ Outi Somervuori.Profiling behavioral pricing research in marketing. *Journal of Product & Brand Management*,2014,23(6):462-474.

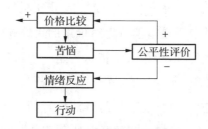

图 5.1 价格公平的概念模型

资料来源：Maxwell(2008b)、Rutte and Messick(1995)

消费者并不总是关心价格公平。该模型表明，负面评价的结果也会触发消费者的公平判断。Xia 等人（2014）[①]认为，公平和不公平可能仅仅是概念上的不同表述。因此，模型的第一阶段是结果评估，消费者对价格有中性的、肯定的以及否定的三种评价结果。在一个特定定价环境中，消费者将商家建议销售价与自己的参考价格进行比较，当消费者对价格比较结果持负面看法时，他们会感到苦恼，并会强化他的公平想法，认为这个定价特别不公平。而当价格评价结果是中性或肯定时，消费者却往往忽视自己的公平想法。

消费者的苦恼程度取决于评估价格与参考价格之间的差异大小（Rutte and Messick, 1995[②]）以及购物环境（Maxwell and Comer, 2010[③]; Xia L, Monroe KB, 2010[④]）。消费者的评估价格有社会评估价格和个人评估价格。社会评估价格是社会成员对企业产品定价的接受程度，他对消费者个人的评估价格有一定的影响。Maxwell(2002)认为，消费者对社会评估价格的认知决定了消费者的评估价格。从消费者角度来看，社会评估价格意味着社会群体的认知价格公平，个人感知价格公平与社会认知价格公平有差异时，就会影响消费者苦恼的程度（Maxwell and Comer, 2010）。个人和社会

---

① Xia L, Monroe KB, Cox JL. The price is unfair! A conceptual framework of price fairness perceptions[J]. *Journal of Marketing*, 2004, 68(4): 1 - 15.

② Rutte, C. G. and Messick, D. M. An integrated model of perceived unfairness in organizations[J]. *Social Justice Research*, 1995, 8(3): 239 - 261.

③ Maxwell, S. and Comer, L. The two components of a fair price: social and personal[J]. *Journal of Product & Brand Management*, 2010, 19(5): 375 - 380.

④ Xia L, Monroe KB. Is a good deal always fair? Examining the concepts of transaction value and price fairness[J]. *Journal of Economic Psychology*, 2010, 31(6): 884 - 894.

公平决定了一个价格按照自己的标准和社会的标准来看是否公平。就个人而言,公平的价格是指低价足以满足消费者的期望。就社会而言,公平价格是指对每个人都是一样的,不会给销售者不合理的利润,也不会利用消费者的需求。与对社会不公平的反应相比,个人不公平造成的苦恼似乎相对温和(Maxwell & Comer,2010)。

公平评估阶段确定了被违反的规则或标准以及对结果负责的部分(Rutte and Messick,1995)。Bechwati 等人(2009 年)[1]确定了消费者感知价格不公平的三种情况:

(1)当消费者感到公司正在获得过多的利润;

(2)当消费者不了解定价结构;

(3)当消费者感到公司的行为是不道德的。

价格不公平的感知更有可能发生在感知相似但支付不同价格的买家之间(Xia et al.,2004)。当价格上涨幅度较低时,这种感觉就会出现在忠实客户中(Martin et al.,2009[2])。此外,当消费者将价格差异归因于质量差异时,他们认为价格差异是最公平的(Bolton et al.,2003[3])。并且,物理存储特征影响公平性评价(Babin et al.,2003[4])。价格评估通常是消费者的主观感知,是由消费者主导的。因此,当存在价格不公平时,通常被认为造成不公平情况的一方是卖方(Xia et al.,2004)。

根据该模型,公平性评估过程可能会带来结果是公平的结论,从而对结果评价产生积极的影响。如果实际价格高于参考价格,但在评估过程中,消费者认为是公平的,这种情况下,消费者也不会因为实际价格高于参考价格而感知不公平。例如,实际价格高于参考价格的原因是由于无法避免的成

① Bechwati, N.N., Sisodia, R.S. and Sheth, J.N. Developing a model of antecedents to consumers' perceptions and evaluations of price unfairness[J]. *Journal of Business Research*, 2009, 62(8): 761-767.

② Martin, W.C., Ponder, N. and Lueg, J.E. Price fairness perceptions and customer loyalty in a retail context[J]. *Journal of Business Research*, 2009,62(6): 588-593.

③ Bolton, L.E., Warlop, L. and Alba, J.W. Consumer perceptions of price (un)fairness[J]. *Journal of Consumer Research*, 2003,29(4):474-491.

④ Babin, B.J., Hardesty, D.M. and Suter, T.A. Color and shopping intentions: the intervening effect of price fairness and perceived affect[J]. *Journal of Business Research*, 2003,56(7):541-551.

本增加(如税收增加)引起,这时消费者会接受产品的高价(Kahneman 等,1986[①])。然而,只有因部分成本增加所导致的高价才被消费者接受。人们认为,与由于外部因素引起的费用增加而导致的高价相比,由管理决策带来的费用增加所导致的高价会使消费者感到更加不公平(Vaidyanathan & Aggarwal,2003[②])。

公平过程也可能导致价格不公平的结论,并且导致消极的情绪反应。Maxwell(2008a [③])认为,神经经济学的研究表明,人们对感知到的不公平价格会呈现出情绪化,并且每个人的情绪化反应都是不同的。消极的情绪,如失望,愤怒和憎恨可能导致不行动、自我保护或报复(Xia et al.,2004)。对感知价格不公平的不作为反应对人们的意图没有显著影响。当人们感到失望或愤怒时,他们可能会抱怨,要求退款或散布负面的口碑来保护自己。相比之下,强烈的负面情绪可能导致攻击性行为,甚至可能会产生联系媒体或对卖方提起诉讼等附加行为。

第二节　价格公平相关理论

价格公平相关理论涉及较多,本节重点探讨公平理论、双重权力理论和社会比较理论。

一、公平理论

公平理论是在分配公平理论(Distribution Fairness Theory)的基础上发展而来,分配公平理论 1965 年由 Adams 首先提出,该理论是研究人的知

---

① Kahneman, D., Knetsch, J. L. and Thaler, R. H. Fairness and the assumptions of economics[J]. *Journal of Business*,1986,59(4):285－300.

② Vaidyanathan, R. and Aggarwal, P. Who is the fairest of them all? An attributional approach to price fairness perceptions[J]. *Journal of Business Research*.2003, 56(6):453－463.

③ Maxwell, S. Fair price: research outside marketing[J]. *Journal of Product & Brand Management*. 2008a,17(7):497－503.

觉与动机和行为关系的一种激励理论。它认为员工的激励程度来源于员工自身获得的薪酬和与被参考对象的报酬比较。这种主观比较结果直接影响员工对企业工资报酬分配合理性和公平性的感知,进而影响员工的工作积极性。根据期望理论,参与一项制定活动的动机主要由以下几点决定:①期望,更多的努力能使行为表现提高的个人信仰;②手段,完成某件事会被关注或得到奖励的个人信念;③心理效价,一个人对被关注或被奖励的珍惜程度。从消费者角度来看,消费者往往根据企业成本、竞争价格来判断企业对产品和服务收取的价格是否公平。即消费者在购买某商品时,往往将他们所给予的(即支付或牺牲的)与公司所获得的利益进行比较,比较的结果会得出价格公平或不公平的感知,这种公平感知会与自己的期望、手段和心理效价进行比较,进而做出是否购买的决策和是否进行购买的行为。

　　根据双重过程观点,人类思考有两种思考模式,一是启发式模式,二是分析模式。启发式模式属于无意识思考,它没有经过太多的深思熟虑,即自动的。它依赖于人的情感和本能,以人的先前经验和信念为基础,当时间或信息的限制损害了一个人做出最佳判断或能力时,大脑就会采用这种思考模式,当商品的现价与消费者根据先前经验所形成的参考价格进行对比后,就会立即感知出价格公平与否,这是人的启发式模式作用的结果。分析模式是一种有意识思考,它需要大量的即时记忆能力,在这种思考模式下,人经过深思熟虑、可控且合乎逻辑推理后得出自己的判断,这个判断是一个相对缓慢的过程。由于价格的决策是一个过程,消费者对价格公平的感知也受到决策过程的影响,在这个过程中,程序公平是最容易被消费者短期即时记忆下来,因此程序公平对消费者价格公平的判断以及购买决策有着直接影响。Gilliland[1] 在 1993 年提出了程序公平的概念,他认为当所有相关个体在决策过程中都发挥出各自的作用时,这样的程序才是比较公平的,主要表现为交易中的强势一方对于弱势一方所采用的交易手段以及交易过程的公平性。比如,在商品的定价过程中,如果拥有定价权的强势一方能够让被

---

[1]　Gilliland S W. The perceived fairness of selection systems: An organizational justice perspective[J]. Academy of Management Review, 1993, 18(4):694-734.

动接受定价的一方充分参与到定价过程中,并以双方共同接受的价格进行交易,这说明该交易价格既准确地反映出前者对于后者的真实态度,也是弱势一方购买意愿的真实表现。因此,在价格决策过程中,决策主体如果对所作的决策进行解释或者让消费者参与到价格制定过程中,就会提高消费者对决策的感知公平程度。

二、双重权力理论

双重权力理论(Dual Entitlement Theory)由 Kahneman 在 1986 年提出,他认为,消费者对企业定价是否公平的感知基于两种信念:企业有权在综合成本的基础上获得合理的利润,而消费者也有权根据历史参考价格来决定可接受的价格范围。当企业为了增加利润而随意变动价格时,消费者有权拒绝这一价格。双重权利理论从社会规范的角度考虑公平问题,社会规范明确公司有权获得参考利益,而消费者有权获得参考价格。价格随着成本的增加而增加,但不会随着成本的减少而减少。因此,当企业为了增加利润而提高价格时,消费者认为价格是不公平的,而当价格提高是由于成本增加时,或者当企业在成本下降的情况下仍然保持价格时,消费者认为价格是公平的。

企业在价格决策中需要考虑消费者对价格公平的感知,了解消费者对商品价格的评价。如果消费者的购买决策是依据他们对商品价格公平的判断而做出的,企业需要通过合理的方式向消费者展示自己定价策略的公平性,否则消费者可能会寻找其他替代品,进而失去这部分消费者。因此,在正常情况下,企业一般不会随意提高商品价格,因为提高价格会损害企业声誉和削弱企业长期利益最大化的能力。

对于消费者而言,消费者会发现自己处于动态市场中,动态市场的特点是价格不断变化。他们时常为同一产品支付不同的价格,甚至是同一家企业同一产品的不同价格。这种现象的存在直接影响了消费者对某一产品的忠诚度,也使得他们更加关注价格的公平,因此,如何给消费者树立一个良好的价格公平形象,对企业将是一个很大的挑战。

三、社会比较理论

社会比较理论（Social Comparison Theory）认为人只有在社会中通过与他人进行比较，才能真正认识自己和他人，进而对自己做出正确的评价。通过社会比较可以帮助人们正确认识自己，激发人们的行为动机。在比较时，人们往往把自己与客观的信息和标准进行对比，如果客观信息难以获得或标准不清晰，人们也会与他人进行比较，以保持稳定和准确的自我评价，维护自尊和自我价值。在与他人的比较过程中，个体往往选择类似的他人作为比较对象，用以确认自己与他人相类似的属性，这样有助于获得更准确的自我评价。这种社会比较既是人刻意的或自发的、有意识的或潜意识的，也是人的隐性的或显性的比较，个体的社会比较倾向则可能因人而异。

个体的这种比较表现为两种形式：向上社会比较和向下社会比较。向上社会比较是指与某些方面表现更好的人进行的社会比较。向上比较既可能促进个体表现，也可能削弱个体表现。比如，在一些外资企业，员工间往往不允许互相打听彼此的工资，假设同一小组的一位员工知道了本组中表现突出的员工工资超过自己的工资后，他可能会因自己的低工资拒绝改变自己当前的表现，也有可能为获得同一的工资报酬而加倍努力，进而尝试改变现在自己的状况。向下比较是指与表现差的人进行社会比较。与向上社会比较相似，向下比较也可以提升个体表现或削弱个体表现。在面对不利情形中个体更倾向于向下比较，即与不如自己的人比较，以提高自我评价。当消费者感受到价格不公平时，比起与"得到好处"的消费者比较，更倾向于与不如自己的人比较，以此来削弱自己的价格不公平感。例如，在不确定性促销的情况下，没有获得价格折扣的消费者不会与获得价格折扣的消费者比较，而是倾向于将自己与同样未获得价格折扣的消费者进行比较，以此来削弱自己的不公平感。

第三节　价格公平的影响因素

由于价格公平是消费者的主观感知,消费者对价格公平性判断一方面受价格比较的情境影响,另一方面也取决于消费者所拥有的商品知识和以往经验等因素的影响。本节主要从交易相似性、参照对象的选择、价格归因、买卖关系、商家沟通、价格促销和社会准则等方面探讨影响价格公平的因素。

一、交易相似性

社会比较理论认为,人们通过社会比较进行自我评价,借以确认自己的属性。个人的这种比较不仅在于确认自己的属性,而且还包含着主体的积极愿望,即希望得到肯定性情感的满足。企业在销售产品之前,往往按照个性、经济条件、教育背景、年龄等进行市场细分,细分后的群体市场往往具有相同的社会属性,这使得消费者之间具有可比性。当消费者之间存在着显著的相似性时,这些相似性会诱导人们有选择性地接近能够说明双方相似性的信息,导致同化效应的产生。比如,游戏社区中玩家的游戏攻略分享,产生了玩家之间的同化效应。当消费者之间存在明显不同时,出于不同目的,消费者会有选择地搜集那些能够说明双方不同的信息,产生比较效应。比如,购物平台的购后评论,由于购物的目的不同,使得平台购物者对商品的看法不同,同一商品有多种评论。品牌忠诚的消费者可能给出好评,普通消费者可能因对商品某个方面不满而给出差评,但这两种不同的评论对后续购买者的影响不大。因此,这种比较效应能够缓解消费者因价格差异所引起的不公平感知。Xia 等(1991)的研究认为,若交易间存在价格差异,交易相似程度越高,消费者感知到的价格不公平程度越高,而当交易间存在显著差异时,人们会倾向于收集证明交易不同的信息,如果此时的交易相似程度较高,消费者难以获得信息来证明交易不同,则会产生更强烈的不公平感。

二、消费者权利

消费者在对价格的公平性进行评估时,有两种比较方式,即自我比较和他人比较。自我比较指的是消费者与自己过去购买同类商品支付的价格进行比较,他人比较是指与其他消费者购买同类商品支付的价格进行比较。这两种比较都会使消费者产生价格差异感知,而消费者的权力状态决定了其对各种价格差异的敏感度。

消费者的权利来源于社会权利理论,社会权力是指社会关系中的某个成员所具有的影响其他成员行为、思想和感受的能力。不论这种能力是否实际表现出来,其本身的存在就能够克服其他成员的抗拒,并使其他成员做出改变。比如,学校里顽皮不愿意学习的学生,因有感于老师苦口婆心地劝说和引导,而突然觉悟,认真学习。在这里,老师就具有某种社会权力。在对社会权力的研究中,学者们认为社会权力表现为两种权力状态:高权力状态和低权力状态。处于高权力状态的人往往自以为自己重要,感觉自己更有资格,在人际关系比较中表现出更大的敏感性,更多采取与他人比较的方式来判断自己的权利。因为与自我比较相比,他人比较与权利感的关系更强(Major & Testa 1989)。在这种情况下,任何外部因素使得其他消费者表现出高权力状态时,高权力的消费者会感到自我重要性受到严重威胁。例如,在可比较交易中他人支付更低的价格。同样一台电脑,甲花费 5000 元购买,高权力的人花费 5500 元购买,花费 5500 元购买电脑的消费者会认为自己的重要性受到消费者甲的严重挑战。相比之下,处于低权力状态的人往往更依赖他人而不是自己,因为他们认为自己没有能力影响他人,故他们接受集体取向,避免与他人攀比,否则,他们可能会认为自己不受欢迎,进而威胁到自己心理状态的稳定。与高权力消费者相比,低权力消费者更依赖于自我比较。

将这一理论与价格公平联系起来可以发现,高权力消费者将相对于另一客户的价格劣势与较低权力消费者的价格不公平联系在一起,而低权力消费者发现其所购商品与另一顾客相比存在更大的价格劣势时,会有更强的价格不公平感(Jin et al. 2014[①])。高权力消费者会由于自己的价格劣势和低权力消费者的价格不公平感而产生不满情绪。此外,当消费者心情良好时,价格差异对价格公平的负面影响就不会那么明显(Heussler et al. 2009[②];Huber et al. 2011[③])。但消费者的良好情绪只能较少地降低价格差异所带来的消费者不公平感(Huber 等,2011)。因此,对于实行差别定价的企业而言,当企业实施差别定价时,一定要考虑到商品的价格差异是否会引起消费者的不公平感,否则会给企业带来很大的负面影响,网络营销中的经典案例"亚马逊公司对 DVD 的差别定价实验"已经很好地证明了这一点。

三、价格归因

海德(Fritz Heider)的归因理论认为,人有理解环境和控制环境的两种动机需求,为了满足这两种需求,人们必须对他人的行为进行归因,通过归因预测他人的行为。导致他人行为产生的原因有两种:一是由人的情绪、态度、人格、能力等形成的内因;二是由外部压力、天气、情境等形成的外因。个体倾向于使用内部归因解释别人的行为,使用外部归因来解释自己的行为。比如,自己的工作没做好,往往归处于时间短,缺少人手等外部因素,别人工作没做好,我们往往将原因归结为此人态度不端正、能力不够等内部因素。

根据海德的归因理论,消费者对商品价格形成有理解的需求,消费者对价格形成原因的理解即为价格归因。如果商品价格的提高是由于自然灾害、原材料涨价、宏观政策等原因,消费者往往接受商品的提价,不会对提价产生不公平感。如果商品价格的提高是由于企业管理制度不健全、采购成本高、生产浪费、员工责任心不强等内部原因,消费者会认为商品提价不合

① Jin L, He Y, Zhang Y. How power states influence consumers' perceptions of price unfairness[J]. *Journal of Consum Research*.2014,40(5):818-833.

② Heussler T, Huber F, Meyer F, Vollhardt K, Ahlert D. Moderating effects of emotion on the perceived fairness of price increases[J]. *Advances in Consumer Research*. 2009,36:332-338.

③ Huber F, Meyer F, Vollhardt K, Heußler. Die Bedeutung von Emotionen fuer die wahrgenommene Fairness bei Preiserhoehungen[J]. *Z Betriebswirtsch Forsch*,2011,63(4):404-426.

理,会对企业的提价产生不公平感,并拒绝接受商品的提价。

消费者对价格不公平的感知来源于两种途径:一是商品现价与自己的内部参考价的比较后,商品现价高于内部参考价;二是商品现价与市场价格的比较,商品现价高于市场价。在一个完全自由竞争的市场中,商品现价高于市场价的情况很少出现,因此,企业降低消费者价格不公平感的核心工作是使商品现价与消费者的内部参考价合理匹配。由于个体倾向使用内部归因解释别人的行为,消费者对企业的提价很少会考虑企业涨价的外部因素,在这种情况下,企业对商品的涨价一定要做出合理解释,以减少消费者的内部归因,增大消费者的外部归因,使商品的现价与消费者的内部参考价达成平衡。

四、价格促销

美国营销协会将价格促销定义为:广而告之关于产品或服务的价格信息而刺激购买的促销活动,一般通过降低销售价格、兑现优惠券、现金返还、购物券返还等形式向顾客让利。价格促销能够实现短期内的营业额快速增长,但同时也可能会使已购买的消费者产生价格不公平感。

学者熊玉娟(2017)[①]将价格促销分为确定性促销和不确定性促销。确定性促销指价格优惠是确定的。同样,不确定性促销指消费者能够获得的价格优惠是随机的、不确定的。常见的确定性促销能够有效提高当次购买,但是会导致已购买的消费者产生价格不公平感。当促销方式由确定性促销转变为不确定性促销时,已购买消费者的不公平感将会被削弱。具体来说,一方面,当确定性促销(如:立减200元)和不确定性促销(如:5%的概率立减200元)的促销幅度相同时,顾客面对不确定性促销方式时的价格不公平感要低于确定性促销方式。因为对于顾客来说,不确定性的促销类似于中奖,因为比起确定性的促销,不确定性促销受概率限制,并非每一位顾客都能享受到这样的促销,因此导致了降价幅度降低。降价幅度降低就会导致

---

① 熊玉娟,吕巍,金振宇.购后促销的不确定性对价格不公平感的影响[J].管理现代化,2017, 37(02):90-96.

价格不公平感降低。另一方面,将自身购买价格和他人购买价格进行比较时,不确定性促销会使大部分的消费者群体因运气欠佳而无法获得折扣。根据社会比较理论,在不利情形中,人们更喜欢与不如自己的人比较。因此,没有享受到价格折扣的顾客,更有可能将自己与同样没有享受到价格折扣的消费者群体进行比较,以寻求心理安慰,这种社会比较在一定程度上弱化了消费者因错过价格促销而引发的不公平感。因此,确定性的价格促销会导致顾客产生价格不公平感,当价格促销由确定性转为不确定性时,将会降低已购买商品的消费者不公平感。

价格促销的时间和幅度都影响着消费者的价格公平感知。价格促销时间距离消费者上一次购买距离越近,消费者的价格不公平感知越强烈;价格促销的幅度越大,消费者的价格不公平感知也越强烈。Haws & Bearden (2006)[1]发现,消费者购买产品后,价格促销时间和促销力度对消费者的价格公平感知的影响主要表现在,价格促销力度与价格促销时间具有显著的交互作用。价格促销力度越大,且价格促销时间距离消费者上次的购买时间越近,消费者对价格的不公平感知就越明显。

五、社会准则

社会准则是被一个特定群体的成员所期望的行为和态度的标准。社会准则反映了一个群体的共同意见,是群体意志的表现。由于每个社会个体都有归属的需求,当感觉自己与社会格格不入时,就会通过遵守社会准则来融入某一社群以获得归属感。因此,个体要想被群体接纳,就必须掌握和遵守这种社会标准,并自觉地用来约束自身的社会行为,以适应社会人际交往活动,这样才能为群体所接纳。因此,社会准则是个体社会行为选择的工具。比如,某个足球队的球迷为了被该球队的其他球迷接纳,往往会学唱球队的队歌、穿与其他球迷一样的服装、甚至喝同一品牌的啤酒。

---

① Haws K L, Bearden W. Dynamic Pricing and Consumer Fairness Perceptions[J]. *Journal of Consumer Research*, 2006,33(03):304-311.

　　商品交换中的社会准则是交易双方所期望的行为和态度的标准,是了解买卖双方的行为规则,这是预期交易行为的不成文指南(Xia 等,2004)。同样,对于定价,也有其明确的社会准则,比如:接受基于成本的价格上涨(Kahneman 等,1986),接受基于解释的价格上涨(Xia 等人,2004)和接受季节性价格促销(Mulhern & Padgett,1995)等,企业在定价过程中应遵循这些准则。其中有一种定价社会准则是同一个零售商必须以相同的价格向所有消费者销售商品,但对于不同的独立零售商而言,却不是一项规范性的义务(Darke & Dahl,2003;Grewal 等,2004)。因此,公平性定价是最为重要的一个社会准则。从消费者角度来看,消费者在对价格公平进行判断时,往往考虑到企业商品的定价方式、定价标准和商品价格能否被其他社会成员所接受(Maxwell,1999)。比如,疫情期间以随行就市的定价方式代替传统的固定定价方式,导致商品价格很高,这样就会使平时的忠诚客户产生不公平感。但如果所有的忠诚用户都接受了这个价格,该消费者的不公平感会转变为公平感,最后接受该价格。因此,消费者也会根据社会准则来调整自己的价格公平感知。

　　从企业来看,实施差别定价可能会给企业带来较大的利润,研究表明,同类商品或服务向消费者收取不同的价格对企业利润有积极的影响(Barone & Roy 2010;Homburg & Droll,2008;Johnson 等,2013;Sonnier,2014)。但由于这种差异化定价违反了社会准则,不论是与企业正常的价格差异策略相比,还是企业与竞争对手之间的价格差异策略相比,消费者都会对企业针对不同购买者的这种差异定价行为产生强烈的不公平感(Ashworth & McShane,2012)。为了降低消费者的不公平感,企业可以采取两种方式,一是通过降低消费者的参考交易的相似性来降低。例如,当使用不同的定价策略(如现金折扣与免费促销)时,参考交易中的价格差异就会变得不明显(Weisstein 等,2013)。二是让消费者参与到企业价格决策过程中,以群体意志来影响消费者。比如,现在一些知名企业都有自己的品牌社区,企业可以利用这样的社区进行价格测试,最终制定出的价格就会被全体社区成员接受,即使个别会员有异议,也不会产生价格不公平感。

第四节　价格公平的影响

价格公平的影响主要体现在两个方面,一是对消费者的影响,二是对企业的影响。从对消费者的影响来看,主要体现在价格公平(或不公平)对消费者的情绪、态度和行为的影响;从对企业的影响来看主要体现在对顾客购买意愿、顾客满意度、口碑和企业收入的影响。

一、价格公平对消费者的影响

Bagozzi 等(1999)认为,情绪是人的一种心理准备状态,这种状态源于人对事件或想法的认知评估,更多是无意识发生的。情绪是一个可辨认的感觉状态,我们感觉到它的时候就可以辨认出它,伴随着人的生理过程,通过手势、姿势、面部特征等身体语言方式表达出来,并有可能导致识别或处理情绪的特定动作。这取决于其性质和对拥有它的人的意义。因此,情绪由三部分构成:生理、认知和行为。生理成分伴随着情绪的心理唤醒,认知成分是我们感知或理解一个刺激或情况,明确我们感觉的情绪方式,情绪的行为成分是其外部表现。这三个成分的出现是相互依赖,对情绪的理解和解释要考虑这三个成分的依赖性。

学术界试图通过识别一系列基本情绪来解释人的感觉状态,但对于多少基本情绪能够反映人的感觉状况或情绪的本质是什么等问题,并没有达成普遍共识。例如,营销人员最常用的三种情感类型分别是 Izard(1977)的十种基本情感分类、Plutchik's(1980)八种基本情感类别以及 Mehrabian & Russell's(1974)的快乐——唤醒——支配反应维度。而 Shaver 等(1987)则提出六个基本情感维度:爱、喜悦、惊讶、愤怒、悲伤和恐惧,认为其他特定情绪可以归类为这六种情绪之一,而这六种基本情绪可以进一步分为积极情绪(爱、喜悦和惊讶)和消极情绪(愤怒、悲伤和恐惧)。

价格公平是消费者对卖方的价格与相对于买方的价格之间的差异(或

缺乏差异)是否合理、是否可接受或是否合理的主观评价以及由此引起的情绪反应(Xia 等,2004)。研究表明,不公平的价格感知会导致消费者不满(Oliver & Swan,1989a),这是一种与愤怒有关的负面情绪反应。Xia 等(2004)的研究认为,价格不公平感会伴随着消费者的各种负面情绪,可能使消费者产生失望、愤怒等的情绪(Austin 等,1980)。一般来说,消费者不喜欢被欺骗的感觉。如果消费者认为自己受到了不公平的对待,他们的积极情绪将会减少,负面影响(如愤怒和恐惧)将可能出现(Oliver & Swan,1989a;Woodruff 等,1987)。

Lii 和 Sy(2009)认为,公平价格导致消费者满意,这种满意与消费者的积极情绪有关,它引起消费者惊奇和喜悦的情绪产生。O'Neill & Lambert(2001)认为,消费者的惊奇和喜悦情绪影响着消费者对价格信息的反应和价格信息的运用,消费者感知的价格公平经常伴随着较多的积极情绪和较少的消极情绪。

Bagozzi 等(1999)认为,人们所表现出来的不同积极或消极情绪与其特定的行为反应相关。Maxwell(2002)的研究证明,公平感会影响消费者对商家的态度进而影响其购买意愿。不公平感会影响消费者的满意度、购买意愿和抱怨(Huppertz,1978)。由于抱怨的顾客往往更注重双方关系,通过投诉可以达到双向沟通,因此,积极的情绪并不会降低因抱怨而被消费者投诉的可能性(Lii & Sy,2009)。Dawson 等(1990)的研究发现,瞬间的情绪会影响消费者的满意度和未来的购物意向。当消费者在交易中察觉到价格不公平时,他们会感到失望和不安,并可能选择投诉、传播负面口碑或终止交易(Xia 等,2004)。此外,当消费者因此愤怒时,他们更有可能放弃自己的重购意愿而转向公司的直接竞争对手(Bechwati & Morrin,2003)。因此,只有当消费者有积极的情绪时,他们才更有可能有积极的口碑、较高的重购意愿、较少的投诉以及较低的转向其他卖家的倾向。

从上述的分析中可以看出,消费者购买行为的产生取决于消费者满意或不满意的情绪反应,而这种情绪来源于消费者在购物体验中所感知的价格公平。当消费者认为价格公平时,即使公司使用差别定价策略,他们也会有惊奇、喜悦和满足等积极情绪。当消费者察觉到价格不公平时,他们会对企业的差别定价策略产生负面情绪,如愤怒、失望和恐惧。消费者的正面和负面情绪对价格公平感知与行为反应之间的关系起着调节作用。消费者的情绪会对消费者购买行为有显著影响。

二、价格公平对企业的影响

价格公平对消费者购买意愿、客户满意度和口碑以及销量和收入等都有显著的影响。现有文献显示,价格公平对消费者的购买意愿、客户满意度和口碑具有积极的影响(Fassnacht & Mahadevan 2010[①])。此外,价格公平与销量和收入也有显著的相关关系。Anderson & Simester (2008)[②]通过实地调研发现,个体价格差异导致的价格不公平会显著降低公司的销量和收入。

因为价格公平是衡量顾客价格满意度的一个方面,是消费者主观评估价格导致的一种特殊类型的客户满意度(Diller,2000[③];Steiner 等,2014[④]),所以价格公平与客户保留率相关,并且它们是一种非线性的关系。神经影像学的证据可以帮助解释为什么消费者拒绝不公平的出价。如在一款激励相关的游戏中,研究发现,拒绝不公平的建议与大脑右前岛的激活有关,这是一个与负面情绪(如厌恶或愤怒)相关的脑区(Tabibnia 等,2008[⑤];Takagishi 等,2009[⑥])。当一个报价在经济上是可取的,但由于某种原因变

① Fassnacht M, Mahadevan J. Grundlagen der Preisfairness—Bestandsaufnahme und Ansaetze fuer zukuenftige Forschung[J]. *Betriebswirtsch*. 2010,60(4):295 – 326.

② Anderson ET, Simester DI. Does demand fall when customers perceive that prices are unfair? The case of premium pricing for large sizes[J]. *Marketing Science*. 2008,27(3):492 – 500.

③ Diller H. Preiszufriedenheit bei Dienstleistungen: Konzeptionalisierung und explorative empirische Befunde[J]. *Die Betriebswirtschaft*, 2000,60(5):570 – 587.

④ Steiner WJ, Siems FU, Weber A, Guhl D. How customer satisfaction with respect to price and quality affects customer retention: an integrated approach considering nonlinear effects[J]. *Journal of Business Economics*, 2014,84(6):879 – 912.

⑤ Tabibnia G, Satpute AB, Lieberman MD. The sunny side of fairness: preference for fairness activates reward circuitry (and disregarding unfairness activates self-control circuitry)[J]. *Psychological Science*,2008,19(4):339 – 347.

⑥ Takagishi H, Takahashi T, Toyomura A, Takashino N, Koizumi M, Yamagishi T. Neural correlates of the rejection of unfair offers in the impunity game[J]. *Neuroendocrinology Letters*,2009, 30(4):496 – 500.

得不公平（例如，因为另一个人受到歧视，收到一个不太优惠的报价）时，消费者对不公平的负面情绪反应与放弃商品效用的认知产生冲突，他们就会拒绝这个报价。在这个游戏案例中，大脑活动的神经模式表明，消费者在接受不公平报价时，会显著降低负面情绪水平（Tabibnia 等，2008），但并不是所有的消费者都接受企业的不公平价格行为。Wang & Krishna（2012）[①]的研究表明，在目标顾客定价的情景下，消费者对采取不公平定价企业的产品可能会停止购买，比如，企业差别对待新老客户，向新顾客收取的费用价格低于老顾客的价格，老顾客就有可能拒绝购买该企业的产品。

三、价格公平的管理

消费者对价格公平的认知是可以被管理的。如果一家企业需要通过经常调整价格来了解供求状况，或者需要通过调整价格以对价格敏感度不同的消费者进行细分，它会将价格精心设定在可能的最高水平上。当市场不景气，需要运用打折促销手段促进产品销售时，原来的产品高定价就增强了企业的打折能力，同时在需求强劲的情况下，较高的定价也避免了企业因不得不提价而遭到消费者的抵制行为。类似地，由于消费者认同企业不能做亏本买卖，企业把提价归因于成本上升时，消费者认为这是公平的，这也是企业最好的应对策略[②]。具体而言，企业可以从以下几方面对价格公平进行管理：

（一）影响消费者的参考价格

参考价格对销量的影响被称为参考价格效应，消费者做出购买决策之前，对产品会有自己的一个心理估价（参考价格），然后将心理估价与产品的实际价格进行对比，如果心理估价大于产品实际价格，那么消费者会做出购

---

① Wang Y, Krishna A. Enticing for me but unfair to her: can targeted pricing evoke socially conscious behavior? [J]. Journal of Consumer Psychology, 2012, 22(3): 433 - 442.

② （美）汤姆·纳格，约瑟夫·查莱著. 定价战略与战术 [M]. 龚强，陈兆丰译. 华夏出版社，2019: 10.

买决策;如果产品实际价格高于心理估价,消费者可能会放弃购买该产品。当心理估价大于产品实际价格时,消费者不会产生价格不公平感,但当产品实际价格高于心理估价时,消费者会产生强烈的价格不公平感。因此,从企业的角度来看,对消费者的参考价格施加影响,提升消费者的参考价格,能够避免消费者产生价格不公平感,甚至能够带来产品销量的提升。

研究表明,广告的投入量、产品的质量、服务水平以及购物环境等因素会影响消费者对产品的心理估价(Mazumdaret,2005[①])。企业对持续的增加广告投入,会对消费者参考价格产生正面的影响,进而刺激销量,带来企业利润的增加(周尔凤,2018)[②]。因此,企业可以通过适当增加广告的投入量、提升产品质量、提高服务水平、为消费者营造良好的购物环境等方面对消费者内心的心理估价施加影响,提高消费者的参考价格,避免消费者产生价格不公平感,进而提升产品销量。

(二) 与消费者充分沟通

与消费者进行价格沟通,不仅要沟通价格本身的信息,而且还要影响顾客的感知和评价,使之认为所购买的产品或服务物有所值。具体而言,企业可以采取以下的几种沟通方式:

1. 价目表

价目表是企业最常用的价格沟通媒介,主要有总价目录、净价目录和内部参考目录。总价目录列示的是最终消费者的价格(厂商指导价),零售商、中间商从总价中获得折扣。实际上,这种沟通形式主要是通过总价目录上列示的价格给顾客形成一个参考价格,然后以低于这种价格销售,以获得定价优势。

净价目录表中的价格是指生产商销售产品的价格。中间商和经销商可以自由制定自己的销售价格,实质上,对生产商而言,这种形式下价格沟通

---

① Mazumdar T, Raj S P, Indrajit S. Reference price research: review and propositions[J]. *Journal of Marketing*, 2005, (69): 84 - 102.
② 周尔凤,张廷龙,倪蕾,方丹,方昶.竞争中的参考价格效应及承诺[J].中国管理科学,2018,26(08):75 - 85.

对象不再是终端消费者,也可以说,对终端消费者没有起到沟通的作用。

内部参考目录是仅供内部使用的价目表,不直接面向消费者,允许企业员工针对不同顾客的购买意愿进行提价或降价,它使得企业降价的回旋余地更大。对于一些品牌产品而言,采取内部价目表形式与顾客进行价格沟通,有助于维护品牌形象。

2. 价格保证

价格保证是指当消费者以更低的价格从另一家经销商处发现相同的产品,企业承诺向消费者支付差价或接受消费者的产品退货或者企业对商品的未来某一价格做出保证。在实践中,一般有两类企业采取价格保证,一是大型超市,出于竞争的目的,一般会采取价格保证,其目的是向消费者传递一个信息,即本超市的商品是同行中最低的;二是奢侈品经销商,为了维持高价增值的产品形象,会向消费者做出价格保证,比如劳力士手表,承诺消费者购买的手表每年不低于原价的一定比例增值。

3. 价格广告

价格广告是指企业在广告时把与价格相关的信息放在产品或企业信息的前面,以突出产品价格形象,如沃尔玛的“省钱、生活更美好”的广告。当稳定的广告信息与实际价格保持一致时,长时间的坚持就可以有效地树立良好的价格形象。当企业对现行商品进行涨价或降价时,企业也要运用广告的形式对消费者进行解释,没有广告支持的价格上涨会对销量产生很强的负面影响,价格上涨辅之以强调产品质量的广告就可以降低这种负面影响。

当企业以上述的方式将价格信息明确地展示给消费者时,消费者对于价格不公平的认识将会降低。例如,当企业宣称即将推出新一代产品时,对消费者而言,意味着产品的质量更好和价格更高。在这种情况下,一旦因商品价格上涨而产生认知矛盾时,消费者很有可能寻找相关的广告信息来进行自我解释,这样就会降低消费者的价格不公平感。

(三) 价格控制

价格控制就是企业以明确和可衡量的方式制定计划和价格目标,并对该计划和价格目标的实施进行检查,以发现问题、找出原因并制定相应的对策。价格控制对于企业内部价格沟通尤为重要,为了与消费者更好地沟通,企业应确保营销人员及时掌握最新的价格信息,当企业产品种类很多并且进行频繁的价格调整时,很难实现这一要求。因此,企业要制定合理的计划和价格目标,同时告知营销人员产品价格的组成、价格变化背后的理由以及潜在的定价过程,向他们提供所需的信息,以帮助他们向消费者更好地进行营销。

通过价格控制,一方面可以避免不同产品或不同促销计划产生的不同价格可能给消费者带来的价格不公平感知;另一方面,良好的企业内部价格沟通也可以使企业和顾客建立一种良好的信任关系,对企业信任的顾客则有较低的价格不公平感。比如,由于消费者对企业的信任,当产品价格上涨时,消费者很少质疑企业的涨价动机,往往认为涨价正常。

第六章　价格—质量关系

在日常生活中,人们常说"一分价钱一分货",即付出高价格,就能得到高质量的产品,价格与质量正相关,价格是质量的指示器。价格与质量的关系在消费者行为定价的研究中至关重要。本章在介绍了价格、质量定义的基础上,将质量分为客观质量和感知质量,进而探讨价格与二者的关系以及影响因素。

第一节　价格—质量关系的相关概念

价格既可以作为一种被观测到的交易现象,也可以定义为"不同商品的交换比例"。质量包括客观质量和感知质量,客观质量一般指产品的实际质量,而感知质量反映的是消费者对商品质量的感受和主观评价。价格往往被消费者作为评判商品质量好坏的依据。

一、价格

从经济学的角度,价格一般被认为是为达到某种期望而牺牲一定数量的货币量。也就是说,价格是商品与货币交换时单位商品量需要的货币数量。在传统的经济学理论中,价格是所有经济活动的标志,其与交易数量构成了交易契约中的主体。同时,价格制度是经济制度的主要内容,它是围绕这些关系和行为而建立起来的。对价格作用的研究有很多不同的角度:在古典经济学中,产品价格是影响消费者预算约束的重要因素之一;在新古典经济学中,市场价格使需求和供给达到均衡;在心理学中,价格是向消费者提供与产品相关信息的信号;在行为经济学中,价格向消费者展示了进行一项交易所需承担的财务支出,即代表了购买一件商品时所必须放弃的金钱数量。面对不同质量和品质的产品,消费者的支付意愿是多少,这取决于他们的收入水平和产品需求。

消费者对每个产品会产生两个价格:①产品的历史价格(正常的或公平的价格);②产品的实际价格。正常的或公平的价格与实际价格形成对比,无论何时它们都是不同的,并且只有当它们不同时,消费者才会对该产品价格是便宜还是昂贵进行判断。

从这一点来看,价格无疑是市场中最重要的信息之一,其主要的作用有两种:其一,从经济学的角度来看,价格是一种资源分配的方式。由于资源的稀缺性,每个人所持有的货币量是有限的,价格是消费者购物所牺牲的货币,消费者在既定的预算约束下,需要通过合理的资源分配以实现效用的最大化。其二,从信息经济学的角度来看,价格传递着关于产品质量的相关信息。消费者既把价格看作是一种牺牲,又把它看作是质量的象征。

二、质量

(一) 客观质量

Riesz(1978)[1]定义客观质量为"基于设计、耐久性、性能和安全等特性的无偏测量"。Zeithaml(1988)[2]把客观质量定义为优势(Superiority)和卓越(Excellence)。Somervuori(2014)[3]认为客观质量是指对一些预先确定的理想标准或标准(例如公布的质量等级)的可测量和可证实的卓越。一般来

---

① Riesz P C. Price versus quality in the marketplace, 1961 – 1975[J]. *Journal of Retailing*, 1978, 54(4): 15 – 28.

② Zeithaml V A. Consumer perceptions of price, quality, and value: a means-end model and synthesis of evidence[J]. *Journal of marketing*, 1988, 52(3): 2 – 22.

③ Somervuori O. Profiling behavioral pricing research in marketing[J]. *Journal of Product & Brand Management*, 2014.

说，我们在交易过程中说到的质量如何，指的就是客观质量。在消费者行为定价研究领域中，客观质量强调的是商品的实际质量，明确区别于感知质量这一概念。

（二）感知质量

感知质量是价格—质量关系研究中非常重要的一个概念，学者对此也进行了探讨。感知质量是"对产品卓越的评价判断"（Steenkamp，1990[①]；Jacoby，1972[②]）。Zeithmal（1988）[③]通过把客观质量定义为优越性或卓越，延伸出感知质量的定义，即消费者对一种产品总体卓越或优越性的判断。感知质量是：①与客观或实际质量不同；②较高级别的抽象而不是产品的特定属性；③在某些情况下类似于消费者态度的整体评估，以及（4）通常在消费者的联想范围内做出的判断。Holbrook 和 Corfman（1985）[④]认为，感知质量是：①一种评价性的偏好或判断；②一种产品与消费者间的互动结果，质量判断是特定的消费者针对特定的产品而形成的，因而一项产品的感知质量在不同消费者间会有所不同；③消费者的相对经验概念，受消费者先前产品经验的影响。Garvin（1987）[⑤]认为感知质量是以产品的使用者为基础来定义的，即感知质量是消费者对产品整体优越性作出的判断。毕雪梅（2004）[⑥]认为所谓顾客感知质量是指顾客按自己对产品的使用目的和需求状况，综合分析市场上各种经由正式或非正式途径获得的相关信息，对一种产品或服务所做的抽象的主观评价。感知质量还可以解释为一种个人价值判断，是消费者出于个人或环境要求，对相关质量属性的一些暗示信息，经

① Steenkamp J B E M. Conceptual model of the quality perception process[J]. *Journal of Business research*，1990，21(4)：309－333.

② Olson J C，Jacoby J. Cue utilization in the quality perception process[J]. *ACR Special Volumes*，1972.

③ Zeithaml V A. Consumer Perceptions of Price，Quality，and Value：Means-End Model and Synthesis of Evidence[J]. *Journal of Marketing*，1988，52(3)：2－22.

④ Holbrook M B，Corfman K P. Quality and value in the consumption experience：Phaedrus rides again[J]. *Perceived quality*，1985，31(2)：31－57.

⑤ Garvin DA. Competing on the Eight Dimensions of Quality[J]. *Harvard Business Review*，1987，65(11/12)：101－109.

⑥ 毕雪梅. 顾客感知质量研究[J]. 华中农业大学学报，2004，53(3)：42－45.

过自觉或不自觉的分析后做出的消费合适程度的判断。

综上所述,感知质量强调的是顾客对产品客观质量的感受和主观评价,是一个相对的概念。这一概念的界定决定了感知质量具有以下几个特征:①主观性,它是对顾客来说的,因为顾客感知的质量来自顾客的感受。顾客主要是通过感官的感受以及通过对所了解的信息的分析和判断来评价产品的质量;②抽象性,由于顾客获得的信息大多没有具体量化的数据,因此顾客通常只能笼统、抽象地评价产品的质量;③非全面性,尽管顾客也试图对产品的各种质量特性进行全面判断,但实际上,绝大多数顾客只根据部分典型的指标或自认为重要的指标评价产品的整体质量;④相对性,感知质量是一个相对性的概念,一个产品的感知质量可能会受其他竞争者的影响,其他替代产品方案的数目也同样会影响某特定产品的方案的评价程序,并且质量判断在个别消费者之间可能因先前的使用经验、教育水准、认知风险而不同。此外,感知质量还会受情景变量的影响,如购买产品的使用目标、具体环境、时间压力、社会背景等环境因素。

(三) 客观质量与感知质量的联系

客观质量与感知质量既有区别,也存在着联系。Dodds & Monroe(1991)[①]、Jacoby & Olson(1985)以及 Zeithaml(1988)等学者都强调客观质量与感知质量的区别,认为客观质量指产品的真实质量,是用于描述产品的品质是否优良;而感知质量是消费者主观感知到的质量水平,因人而异。Holbrook & Corfman(1985)认为,客观质量涉及事物或事件的客观方面或特征,而感知质量涉及人们对客体的主观反应,因此是一种高度相对论的现象。Aaker(2012)[②]认为感知质量与客观质量存在差异的原因主要有三个:①消费者先前的购买经验;②厂商与消费者对质量构成重要性的认知不同;③消费者与厂商的信息不对称和不完整。毕雪梅(2004)比较了感知质量与实际质量,发现在顾客购买过程的两个阶段(顾客购买产品前和顾客购买产

---

① Dodds, W. B., Monroe, K. B., Grewal, D. Effects of price, brand, and store information on buyers' product evaluations[J]. *Journal of Marketing Research*, 1991, 28(3): 307-319.

② Aaker D A. *Building strong brands*[M]. Simon and Schuster, 2012.

品后)存在不同的关系。在购买行为发生前,顾客为了了解所要选择的产品,通过各种渠道获得与产品有关的信息资料,此时在顾客心里所感知的质量占主导地位,并且在一定程度上影响了顾客的购买决策;在购买行为发生后,实际的产品质量占主导地位,顾客通过实际使用产品,将实际的质量与感知的质量进行比较,由此决定以后是否对这个产品产生重复购买。客观质量与感知质量的区别与联系总结如下表 6.1 所示。

表 6.1 客观质量与感知质量的区别与联系

比较项目	客观质量	感知质量
判断标准	是否达到企业预定的质量标准	是否达到顾客的质量预期
测量方法和手段	用专门的仪器测量	主观的分析和判断
偶然和人为因素	小	大
测量结果	可重复验证,不因人而异	因人而异
感知质量＞实际质量	刺激了顾客的购买欲望,增加重复购买	
感知质量＝实际质量	顾客反映一般,可能重复购买也可能放弃	
感知质量＜实际质量	顾客感到失望,降低重复购买甚至放弃	
客观质量提高,感知质量不变	顾客感到惊喜,购买重复性增加	
客观质量提高,感知质量提高	还会有重复购买行为	
客观质量下降,感知质量不变	顾客感到失望,重复性购买大大降低	
客观质量下降,感知质量下降	顾客感到一般,但可能还会选择购买	
客观质量不变,感知质量不变	顾客还会同往常一样发生购买行为	

三、价格—质量关系

价格—质量关系的研究可以追溯到 1944 年,Scitovszky(1944)[①]提出人们可以通过价格来判断质量,并认为这种行为是理性的。人们基于价格对产品进行分类,这种行为可能会增强人们的信念,即价格是一个有意义的变

---

① Scitovszky T. Some consequences of the habit of judging quality by price[J]. *The Review of Economic Studies*,1944,12(2):100-105.

量,它可以预测其他的品牌特征,其中包括质量,这可能会进一步提高价格对质量的判断力。他通过观察其朋友及家人的购买行为后指出,消费者通常以价格来判断质量,因此卖家可以使用价格作为产品质量的一个指标。同时还指出,基于价格的质量判断并非非理性行为,而只是表示一种信念,即市场上的价格是由竞争性供求力的相互作用决定的。也就是说,这些供求力量将导致竞争产品在价格规模上的"自然"排序,因此价格和产品质量之间具有很强的正向关系。

价格被认为是产品质量判断的标准,这在一些学者的研究中得到了证实。Leavitt(1954)[①]指出,消费者往往将产品价格作为商品质量判断的一个标准。Johnson 等(1988)[②]认为,消费者是否认为价格是衡量产品质量的依据,取决于以下因素:其他质量线索的可获得性、产品的价格变化性、产品的质量变化性、消费者的价格敏感程度以及消费者在一组产品中判断价格变化的能力。Kuetz & Clow(1998)[③]认为,如果缺少充足的代表产品质量的信息线索时,消费者通常认为价格在一定程度上代表了产品的质量信息,在没有其他信息的情况下,质量和价格判断之间呈现正向关系。

价格与质量的关系影响着人类社会生活的方方面面,正确处理好二者的关系,对于政策制定者、价格管理者、关注市场效率的经济学家、关注消费者行为研究的学者、关注公民总体福利提升的公共政策制定者都具有重要意义。

第二节　价格—质量关系与测量

价格—质量关系主要包含价格—客观质量、价格—主观质量两个方面,

---

① Leavitt H J. A note on some experimental findings about the meanings of price[J]. *The Journal of Business*, 1954, 27(3):205-210.

② Johnson R L, Kellaris J J. An exploratory study of price/perceived-quality relationships among consumer services[J]. *ACR North American Advances*, 1988.

③ Kuetz D. L. and Clow. K. E. *Services Marketing*[M]. New York, John Willey & Sons, 1998.

许多学者认为价格与客观质量关系成正相关关系,但是二者关系会随产品类别有所不同,价格对感知质量也有正向影响作用。

1. 价格—质量关系

在价格—质量关系的研究中,价格指的是商品的客观价格,即商家对商品的标价,而质量则分为客观质量(实际质量)和顾客感知质量。学者们对于价格与质量之间的关系并没有完全形成共识。客观质量与价格之间似乎存在着积极的关系(Tellis & Wernerfelt,1987)[1],感知质量与价格之间也存在着积极的关系(Monroe & Dodds,1988[2];Völckner & Hofmann,2007[3])。

(一) 价格—客观质量关系

价格—客观质量关系是指商品的实际质量与商品的实际价格之间的关系。学者们主要探讨实际质量更好(差)的商品是否比低质量商品更昂贵(便宜)。一般来说,价格—客观质量之间关系往往呈现一种是正向的关系,但二者关系的强度相对较弱(Tellis & Wernerfelt,1987)。

下面的一些研究也证明了该观点:在一些研究中证明了部分产品的价格和质量间存在很高的关联性,但从总的产品类别来看,整体关联度很低,甚至在一些情况下价格和质量呈负相关(Geistfeld 1982[4];Gerstner 1985[5];Morris 和 Bronson 1969[6];Oxenfeidt 1950[7];Riesz 1978,1979[8])。其中,最

[1]　Tellis G J, Wernerfelt B. Competitive price and quality under asymmetric information[J]. *Marketing science*, 1987, 6(3): 240 - 253.

[2]　Monroe K B, Dodds W B. A research program for establishing the validity of the price-quality relationship[J]. *Journal of the Academy of Marketing Science*, 1988, 16(1): 151 - 168.

[3]　Völckner F, Hofmann J. The price-perceived quality relationship: A meta-analytic review and assessment of its determinants[J]. *Marketing letters*, 2007, 18(3): 181 - 196.

[4]　Geistfeld L V. The Price-Quality Relationship—Revisited [J]. *Journal of Consumer Affairs*, 1982, 16(2): 334 - 346.

[5]　Gerstner E. Do higher prices signal higher quality? [J]. *Journal of marketing research*, 1985, 22(2): 209 - 215.

[6]　Morris R T, Bronson C S. The chaos of competition indicated by Consumer Reports[J]. *Journal of marketing*, 1969, 33(3): 26 - 34.

[7]　Oxenfeldt A R. Consumer knowledge: Its measurement and extent[J]. *The review of economics and statistics*, 1950: 300 - 314.

[8]　Riesz P C. Price-quality correlations for packaged food products[J]. *Journal of consumer affairs*, 1979, 13(2): 236 - 247.

典型的是 Sproles(1977)[①]的研究,他将产品价格与产品通过《消费者报告》和《消费者研究杂志》获得的质量评级联系起来,探讨二者的关系。研究发现,尽管在 135 个产品类别中,有 51％的价格与目标产品质量之间存在正相关关系,但在 35％的产品中没有相关关系,甚至在剩余的 14％的产品中存在负相关关系。同样,Riesz(1979)研究发现,在《消费者报告》中所报告的 1961 年至 1975 年间 685 个产品类别中,其价格与客观质量之间的相关性系数是 0.26,而 679 个包装食品类产品的相关系数则是 0.09,其价格和质量相关性系数的范围为 0.88～－0.65。Geistfeld(1982)发现市场之间和商店之间的价格客观质量关系存在一定差异。Gerstner(1985)对 59 个非耐用品和 86 个耐用产品的价格和客观质量的关系进行研究,发现非耐用产品的平均相关性仅为 0.01,其范围为 0.73～－1.00,而耐用产品的平均相关性为0.19,范围为 0.66～－0.73,并得出结论,这种关系似乎是针对特定产品的,并且通常较弱。Oxenfeldt(1950)发现价格和客观质量的平均相关性为0.25,这项研究对象包括耐用产品、服装和食品在内的 35 个产品类别的样本,价格和客观质量的相关性范围为 0.82～－0.81。Morris 和 Bronson(1969)发现价格和客观质量的平均相关系数为 0.29,这项研究的对象主要是由耐用产品构成的 48 种产品类别,价格和客观质量的相关性范围为 0.96～－0.66。

由于消费者行为定价主要是从消费者心理的视角来研究产品定价问题,本书对涉及的价格—客观质量关系仅做简略介绍,重点探讨价格—感知质量关系。

(二) 价格—感知质量关系

相对于价格—客观质量关系,人们更加重视价格—感知质量关系的研究,探讨二者的关系将更有助于了解消费者的购买行为。

对于消费者而言,产品价格除了意味着消费者为了获得该产品而必须实际支出的货币外,还对消费者起到一定的心理暗示作用并影响其购买决

---

① Sproles G B. New evidence on price and product quality[J]. *Journal of consumer affairs*, 1977, 11(1): 63－77.

策。消费者在购物时往往进行货比三家,通过对比选择出自己中意的产品,由于产品价格本身以数字的形式呈现,对消费者而言更易获取和更易于比较。因此,消费者通常会更多地运用价格来判断选择和购买产品。Rao & Monroe(1988)[①]、Rao & Sieben(1992)[②]、Richardson(1994)[③]、Brucks 等(2000)[④]与 Miyazaki(2005)[⑤]等学者认为价格是一种外部信号,是反映感知质量的良好指标。目前的主流观点是,价格会正向地影响消费者的感知质量,Völckner & Hofmann(2007)通过梳理学者在 1989 至 2006 年间有关价格—感知质量研究的文献发现,价格和感知质量之间的平均相关系数为 0.273,认为高价格是高质量的信号。其背后的原因在于,价格是完全竞争市场下供给和需求互相作用的结果,所以消费者会认为高质量的产品通常比低质量的产品所需要投入的生产成本更高,而且竞争的压力也限制了厂商对于低质量产品制定高价的投机机会,因而价格和产品质量之间存在着正向的关系。

但也有一些学者(Friedman,1967[⑥];Swan,1974[⑦])的研究结果显示,价格与感知质量之间的整体相关性很低,并且认为,这种关系是非线性的(Peterson,1970[⑧];Peterson & Jolibert,1976[⑨]),不同的消费者之间呈现出

① Rao A R, Monroe K B. The effect of price, brand name, and store name on buyers' perceptions of product quality: An integrative review[J]. *Journal of marketing Research*, 1989, 26(3): 351 - 357.

② Rao A R, Sieben W A. The Effect of Prior Knowledge on Price Acceptability and the Type of Information Examined[J]. *Journal of Consumer Research*, 1992, 19(2): 256 - 270.

③ Richardson, P. S., Dick, A. S., & Jain, A. K. Extrinsic and intrinsic cue effects on perceptions of store brand quality[J]. *The Journal of Marketing*, 1994, 58(4): 28 - 36.

④ Brucks M, Zeithaml V A, Naylor G. Price and brand name as indicators of quality dimensions for consumer durables[J]. *Journal of the academy of marketing science*, 2000, 28(3): 359 - 374.

⑤ Miyazaki A D, Grewal D, Goodstein R C. The effect of multiple extrinsic cues on quality perceptions: A matter of consistency[J]. *Journal of consumer research*, 2005, 32(1): 146 - 153.

⑥ Friedman L. Psychological Pricing in the Food Industry[M]. University of Pennsylvania Press, 2016: 187 - 201.

⑦ Swan J E. Price-Product Performance Competition between Retailer and Manufacturer Brands[J]. *Journal of Marketing*, 1974, 38(3): 52 - 59.

⑧ Peterson R A. The price-perceived quality relationship: Experimental evidence[J]. *Journal of Marketing Research*, 1970, 7(4): 525 - 528.

⑨ Peterson R A, Jolibert A J. A cross-national investigation of price and brand as determinants of perceived product quality[J]. *Journal of Applied Psychology*, 1976, 61(4): 533.

很大的差异(Shapiro,1973),价格被作为评判产品质量的标准随消费者不同而发生变化(Gardner,1971)[①]。同时,评价标准也会受到其他因素的影响,Olson(1972)[②]认为,当出现其他产品质量线索时,例如品牌名称(Gardner,1971)或商店形象(Stafford & Enis,1969[③]),价格作为质量符号对消费者感知质量的影响较小。除此以外,还有学者(Bonner & Nelson,1985;Parassuraman 等,1985)认为,消费者在对产品质量评判时,价格是最不重要的一个考虑因素。由此可以看出,学界对价格与感知质量之间的关系并没有形成一致意见。

2. 价格—质量关系的测量

在对价格与质量关系的探讨中,学界主要采用了调查问卷的方法,通过设计问卷量表来获取价格、客观质量、感知质量以及消费者对价格—感知质量关系的主观感知等变量的数据,然后运用统计分析的方法对数据进行分析处理,进而得出相关研究结论,因此,对研究量表的科学测量是价格—质量关系研究的重要内容之一。

(1) 价格—客观质量关系的测量

如前文所述,客观质量是指产品的实际质量,指产品的设计、耐久性、性能和安全性等质量特性,客观质量的测量常常是根据相关产品的质量评级,再通过调查市场上这一类产品不同品牌的价格,将获得的产品价格信息与质量评级进行对比,通过对相关数据进行分析,得出价格与客观质量之间的关系。

现有文献显示,在对价格与客观质量关系进行测量时,大部分学者选择了消费者联盟(Consumer union,CU)主办的《消费者报告》期刊中所发表的产品价格和产品质量标准。其主要原因在于:首先,CU 是一个独立的机构,不以任何方式与任何公司集团结盟,因此它是衡量产品质量一个相对客

---

① Gardner D M. Is there a generalized price-quality relationship? [J]. *Journal of Marketing Research*, 1971, 8(2): 241 - 243.

② Olson J C, Jacoby J. Cue utilization in the quality perception process[J]. *ACR Special Volumes*, 1972.

③ Stafford J E, Enis B M. The price-quality relationship: An extension[J]. *Journal of Marketing Research*, 1969, 6(4): 456 - 458.

观公正的来源。其次,CU 运用一套科学的方法来分析质量,这种方法在世界范围内均属于先进水平。此外,已有研究用此标准来分析价格与质量之间的相关性。这些研究提供了一个荟萃分析方法,荟萃分析法优于单次研究方法,研究效果更好。

CU 的质量等级衡量标准是由 CU 的专家在考虑了产品在多个维度上的表现后得出,而且只有在品牌有明确排名顺序的情况下才能得出。他们对产品进行测试并进行有序的质量评估,例如很好、好、差等。价格衡量标准是 CU 对产品品牌在美国销售的平均价格的估计,该平均值是根据 CU 对选定市场的价格(已付或报价)的调查、用户对其支付价格的报告或者制造商列出的价格计算得出。

质量等级的确定方法,随不同国家消费者联盟制定的标准不同而不同,下面以荷兰为例介绍质量等级的确定方法。荷兰消费者联盟使用 9 分制的质量评分标准:差,差/中,中,中/中等,中,中/好,好,好/非常好,非常好。但是,在大多数产品测试中,使用的类别少于 9 种。质量排名基于以下步骤:

(1) 产品类别的划分。如果产品类别存在较大差异,则将品牌分为更统一的类别,并为每个类别执行以下步骤。

(2) 识别相关的产品属性。出于必要,产品测试偏向于客观可测量的属性,通常不考虑风格和设计等因素。另一方面,感官属性在食品类别中是非常重要的,例如味道(Steenkamp,1987)[1]。如果主观属性对消费者来说至关重要,但不能客观地衡量,那么就不对产品进行测试。

(3) 产品属性测量方法的选择。测试机构和制造商普遍使用标准技术进行选择(Oxenfeldt,1950)。另外,在感官属性很重要的地方使用专家小组。

(4) 赋予产品属性权重。产品属性权重由专家小组分配。然而,权重的选择在很大程度上受到属性对"平均"消费者的重要性的影响。

---

① Steenkamp J. Perceived Quality of Food Products and its Relationship to Consumer Preferences:Theory and Measurement[J]. Journal of Food Quality,1986,9(6):373-373.

（5）产品质量排名。总体质量等级是按属性等级的加权叠加组合计算的。总体质量等级转换为九分排名等级量表。这些排名顺序评估会在《消费量表》中报告。

品牌价格按照以下方法确定：

（1）《消费量表》采用实际交易价格；

（2）分别为每个品牌标识了主要零售商，并且由荷兰消费者联盟的专家估计了每个零售商在每个品牌上的市场份额；

（3）荷兰消费者联盟的许多成员报告了当地市场及其各自零售商的实际交易价格；

（4）《消费量表》公布的品牌价格是不同零售商根据其在有关品牌的市场份额加权计算所得出的平均价格。

（二）价格—感知质量关系的测量

对测量价格—感知质量关系的测量，也采取了问卷调查的方式，由于有多种因素影响价格—感知质量关系，因此除了测量价格和感知质量之间的关系外，还会涉及其他相关变量的测量。常见的变量及测量如下：

（1）产品价格水平的感知：常见的问卷题项如：对于这个产品，您最可能支付的价格（若采取李克特7点量表：7＝强烈同意，1＝强烈不同意）

（2）产品的重要性：常见的问卷题项如："这个产品对我很重要"，您对这一观点的认可程度（若采取李克特7点量表：7＝强烈同意，1＝强烈不同意）

（3）消费者关于产品的知识：①对于自身产品质量评估能力的感知。常见的问卷题项如："这类产品的质量很难评价"，您对这一观点的认可程度（若采取李克特7点量表：7＝强烈同意，1＝强烈不同意）；②产品购买经验。常见的问卷题项如：您是否购买过这类产品（是／否）。

（4）感知质量。目前学术界关于感知质量的测量各抒己见，并未达成一致，但都是根据感知质量的不同维度进行衡量，常见的是基于功能性维度进行测量，还有一些在功能性维度的基础上加入了声望、形象等情感性维度。

Parasuraman 等(1985)[①]发现四种不同消费服务行业的感知质量具有一致的维度。这些抽象的维度包括可靠性、同理心、责任感、响应能力和有形性。Lovelock(2011)[②]将服务的感知质量分为五个维度,分别为:①有形性(指环境、设施、提供服务者仪表等影响视觉的因素);②反应性(指提供服务的迅捷性以及提供服务者的礼貌和意愿);③可靠性(指承诺服务的能力);④保证性(指提供服务者的知识和专业技能,获得顾客信任的程度);⑤同理心(指提供服务者对于顾客个人的关心程度)。

同样,Bonner 和 Nelson(1985)发现,产品的感官信号例如丰富/饱满的味道、自然的味道、新鲜的味道、良好的香气和令人垂涎的外观,都是感知质量的更高层次的抽象维度。Brucks & Zeithaml(1987)[③]概括了耐用品的六个抽象的感知质量维度:易用性、功能性、性能、耐用性、可维护性和信誉。

Garvin(1984)[④]将感知质量分为八个维度:①产品绩效,指产品的基本功能。如电视机的画面清晰程度、色彩鲜艳程度、明暗对比度、声音输出等;②产品特性,指与基础功能相匹配的产品所具备的特殊功能。比如电视机是否支持除视频和音频之外的接口,是否支持网络电视等功能;③一致性,指产品设计或使用的特性符合原先设计规格的程度,可以是功能、性能的一致性、色系的一致性和产品操控的一致性;④耐用性,指产品能提供顾客使用的次数,可以用时间的累积来加以衡量;⑤可靠性,指产品在各种环境条件下性能表现的一致性;⑥可服务性,包含有形和无形的服务。有形服务包括销售地点交通的便利性、产品目录是否清晰且可获得等,无形服务包括现场销售人员的销售技巧、购物环境的舒适度等;⑦美观性,指产品外形给人的感官印象;⑧品牌形象,指顾客认知中公司产品是否具有良好的品牌形象和声誉。

Brucks 和 Zeithaml(1987)概括了耐用品的六个抽象的感知质量维度:

① Parasuraman A, Zeithaml V A, Berry L L. A conceptual model of service quality and its implications for future research[J]. *Journal of marketing*,1985,49(4):41-50.

② Lovelock, Christopher, Wirtz, Jochen. Services Marketing: People, Technology, Strategy (5th ed.)[J]. *World Scientific Books*,2011,18(5):922-924.

③ Brucks M, Zeithaml V A. Price as an indicator of quality dimensions[C]. Association For Consumer Research Annual Meeting,Boston. 1987.

④ D A Garvin. What does "Product Quality" really mean? [J]. *Harvard University Fall*,1984,26(1):25-43.

易用性、功能性、性能、耐用性、可维护性和信誉。Brucks(2000)等提出六项可广泛运用于不同产品的感知质量维度,分别是:①易用性,指该商品对于消费者来说使用是否方便,产品说明是否清晰易得;②多功能性,与产品相关功能的数量有关,也包括功能是否先进;③耐用性,指消费者正常使用下产品的有效使用时间;④服务性,指顾客在购买相关产品后能否轻易地使用相关服务,包括相关服务的品质;⑤性能,指产品是否能够执行其功能的程度;⑥声望,指拥有或使用该产品能为消费者带来的社会地位或心理满足感。

第三节　价格—质量关系的影响因素

价格与客观质量和感知质量之间均存在一定的相关性,但这种相关性受到产品类别、市场、时间、价格水平等诸多因素的影响。

一、影响价格—客观质量关系的因素

就大多数产品而言,产品价格和客观质量是正相关关系,且相关性随时间而变化。当通货膨胀率较高时,相关性较低。不同产品之间的价格与其客观质量相关性也存在差异,例如耐用品的相关性高于非耐用品。此外,产品的价格和质量之间的相关性与该产品的价格变化程度正相关。对价格—客观质量关系产生影响的因素具体如下:

(1) 时间因素。为了评估价格—质量关系的时间稳定性,Steenkamp(1988)[①]分析了荷兰消费者联盟公开出版的期刊(Consumentengids)所报道的 1977—1986 年十年间数据,这些数据都是由荷兰政府资助的独立测试机构和其他实验机构来完成,包含对消费者进行产品测试和消费者感兴趣的其他信息等内容。通过计算每年 Spearman 的 rho 和 Kendall 的 tau 平均

---

① Steenkamp J B E M. The relationship between price and quality in the marketplace[J]. *De Economist*, 1988, 136(4): 491-507.

值发现,1980—1982 年间 Spearman 的 rho 平均值和 Kendall 的 tau 平均值都较低,说明 1980—1982 年期间的产品价格与质量之间相关性较低。此结果的一种解释可能是,与 1977—1979 年间相比,1980—1982 年期间有较高的通货膨胀,当通货膨胀率较高时,消费者对产品价格以及价格与客观质量之间关系缺少真正的了解。Riesz(1978)对此提出,这种对消费者不利的价格变化情况特别容易发生,可能导致产品的价格—客观质量关系减弱。通货膨胀的市场中,低质量产品的生产者不可能以低于市场价的方式销售产品,同时也没有动机在产品质量上欺骗消费者,进而以高价出售低质量的产品(Klein and Leffler,1981)[1]。在通货膨胀时期,高质量产品生产者也有可能降低产品质量,在保证价格稳定的情况下获取更多的市场份额。这些都会导致价格—客观质量关系的相关性较低。

(2) 产品类别。产品的类别(耐用品和非耐用品)是影响价格—客观质量关系的另一个重要因素,研究发现耐用品的价格与客观质量的相关性普遍高于非耐用品的价格与客观质量的相关性。

Oxenfeldt(1950)[2]和 Friedman(1967)[3]都注意到不同产品类别的价格和客观衡量的产品质量之间存在着差异。在 Oxenfeldt(1950)的研究中,非耐用品比耐用品更有可能在价格和客观质量之间呈现反比关系。Friedman(1967)的研究对象主要是非耐用品,他认为,价格—客观质量关系在不同非耐用品类别如食品、清洁用品和其他保健用品之间存在着差异,食品、清洁用品和其他保健用品产品的价格—客观质量关系比服装产品的价格—客观质量关系要弱。

出现上述结果的原因可能与不同类别产品的特性有关,耐用品主要是指使用时间较长的物品,如电视机、冰箱、机械设备等,其单位价值一般较高,消费者购买频率较低;非耐用品也称易耗品,指使用时间较短或者是一

---

① Klein B, Leffler K B. The role of market forces in assuring contractual performance[J]. *Journal of political Economy*, 1981, 89(4): 615 - 641.

② Oxenfeldt A R. Consumer knowledge: Its measurement and extent[J]. *The review of economics and statistics*, 1950: 300 - 314.

③ Friedman M P. Quality and price considerations in rational consumer decision making[J]. *The Journal of Consumer Affairs*, 1967: 13 - 23.

次性消费的物品,如食品、纸巾、牙膏等,其单位价值一般较低,消费者往往重复大量购买。因此,购买频率、广告和促销手段等对非耐用品与耐用品有不同影响,使得耐用品和非耐用品的价格质量关系有显著差异。

耐用品的价格与质量的相关关系比非耐用品更强的另一个原因是,耐用品价值较高,从长期来看,耐用品的维护成本远远高于非耐用品的维护成本,消费者在购买前会更多地搜索相关信息,以更好地了解它们,这样就会降低后期的使用成本(Tellis & Wernerfelt,1987)。因此,消费者在购买耐用品时,更有可能受益于对产品质量的了解,与非耐用品市场相比,耐用品市场中的产品价格和质量相对比较稳定,导致耐用产品的价格和质量之间有更强的关系(Salop & Stiglitz,1977)[①]。

(3)品牌因素。一般来说,所有在使用过程中没有消耗的产品都被认为是耐用品。耐用品相对非耐用品更注重品牌的塑造,产品定价受到品牌和质量两个因素的影响,使得耐用品实际质量与价格的相关性相对较低;而非耐用品由于单位价值较低,消费者对产品价格敏感度高,转换成本也较低,使得非耐用品的定价与其实际质量的相关性较高。

品牌数量对品牌产品的价格—客观质量关系有一定的影响。Jacoby(1974)[②]等人的研究发现,随着现有品牌数量的增加,信息超载的可能性也会增加,而信息超载会导致随意和错误的消费者决策的增加,这种考虑不周的决策可能会导致产品市场价格与质量的关系减弱。此外,当竞争品牌数量较少时,市场可能形成共谋性寡头垄断,共谋性寡头垄断会减少竞争,这会导致产品价格—质量关系的弱化。

(4)市场因素。Tellis & Wernerfelt(1987)的研究发现,不同市场间的产品价格—质量的相关性存在很大差异,在一些市场甚至存在着负相关性关系,价格和质量之间的相关性随着市场中理性消费者数量的增加而增强。在某种程度上,由于 CU 的平均价格反映的是列表价格而不是实际支付的

---

① Salop S, Stiglitz J. Bargains and ripoffs: A model of monopolistically competitive price dispersion[J]. *The Review of Economic Studies*, 1977, 44(3): 493-510.

② Jacoby J, Speller D E, Berning C K. Brand choice behavior as a function of information load: Replication and extension[J]. *Journal of consumer research*, 1974, 1(1): 33-42.

价格,实际支付价格一般是扣除折扣后的价格,使得 CU 的平均价格由于未计算折扣而有所偏高。从独立的国家范围来看,由于所有品牌都有折扣,这种现象不会影响国家层面估计的价格—客观质量系数。但从单个地区来看,比如我国沿海地区的实际产品价格可能会低于全国平均价格,国家层面估计的产品价格与客观质量的相关性系数的绝对值会高于价格变化较大的沿海地区市场。

二、影响价格—感知质量关系的因素

价格—感知质量关系受到多种因素的制约,有客观因素的影响,更多是主观因素的影响。

(1)个体差异和产品类别。Rao & Monroe(1989)认为价格—感知质量之间并不总是存在着正相关关系,它与测量方法、被测产品以及未被控制的被试个体差异有关。价格对感知质量的影响在个体和被测产品上的差异很大(Peterson & Wilson,1985;Zeithaml,1988),在消费者个体方面,购买产品时,消费者是否具有"价格质量模式"(Peterson & Wilson,1985;Rao & Monroe,I989;Shapiro,1973)、愿意花费的搜寻时间(Gardner,1970)、购买感知风险(Lambert,1970;Monroe 和 Krishnan,1985[①];Peterson & Wilson,1985;Shapiro,1973)以及产品的购买频率等;在被测产品方面,产品类别的价格水平(Gardner,1970;Leavitt,1954;Monroe & Krishnan,1985)或者是产品等级和产品类别的价格范围(Monroe & Krishnan,1985;Peterson & Wilson,1985)等。不同产品类别具有不同的预测质量,它调节了价格—感知质量的关系。De Langhe 等(2014)的研究发现,在以往消费经验中,消费者总是把低价格的产品与低质量相匹配,那么当他再次消费时,会倾向于高估高价格产品的质量;而当消费者把高价格的产品与高质量相匹配时,则会倾向于低估低价格产品的质量。

---

① Monroe K B, Krishnan R. The effect of price on subjective product evaluations [J]. *Perceived Quality*, 1985,1(1):209-232.

Monroe & Krishnan(1985)认为,有关价格—感知质量研究并未解决消费者何时使用价格推断质量的问题。影响使用价格作为质量指标的因素可分为三类:信息因素、单个因素和产品类别因素。①信息被视为影响价格—感知质量关系的第一类因素。当消费者容易获得有关产品质量的内在线索时,例如当品牌名称提供了公司声誉的证据时,或者当广告水平传达了公司对品牌的优势时,消费者更喜欢使用这些线索而不是使用价格来推断质量;②个体差异可以解释价格作为质量信号使用的变化。一是消费者的价格意识,即不知道产品价格的消费者无法使用价格来推断质量。二是消费者判断产品之间质量差异的能力(Lambert,1972)。如果没有足够的产品知识(或兴趣)了解产品质量的变化(French,Williams & Chance,1973①),则消费者会使用价格和其他外部线索来推断质量;③产品类别也会影响使用价格。在某些产品类别中,消费者更多依赖价格作为质量的信号。一是由于产品类别之间价格—客观质量关系的差异(例如,日本汽车的低价不会削弱该类别中公认的质量观念),二是由于产品类别中的价格变化。对消费者而言,在产品价格差异不大的包装商品类别中,消费者可能不会将较高的质量归因于产品;在预期质量差异很小的类别(如食盐)中,价格仅表示成本,而在预期质量差异较大的类别中(如罐头或洗衣机),价格则作为质量的指标。

(2)价格水平。产品的价格水平对价格感知质量有正向影响(Gierl & Stiegelmayr,2010②;Gneezy 等,2014③)。稳定的高价格能够增强消费者对奢侈品牌产品高质量的感知(Fassnacht 等,2013④;Hornig 等,2013⑤)。在

① French, N. D., J. J. Williams, and W. A. Chance, A Shopping Experiment on Price-Quality Relationships[J]. *Journal of Retailing*, 1973,48 (Spring), 3 – 16.

② Gierl H, Stiegelmayr K. Preis und Qualität als Dimensionen von Kompromissoptionen[J]. *Zeitschrift für Betriebswirtschaft*, 2010, 80(5): 495 – 531.

③ Gneezy A, Gneezy U, Lauga D O. A reference-dependent model of the price-quality heuristic[J]. *Journal of Marketing Research*, 2014, 51(2): 153 – 164.

④ Fassnacht M, El Husseini S. EDLP versus Hi-Lo pricing strategies in retailing—a state of the art article[J]. *Journal of Business Economics*, 2013, 83(3): 259 – 289.

⑤ Hornig T, Fischer M, Schollmeyer T. The role of culture for pricing luxury fashion brands[J]. *Marketing ZFP-Journal of Research and Management*, 2013, 35(2): 118 – 130.

一项神经科学功能磁共振成像研究中，Plassmann 等（2008）[①]对在特定的葡萄酒产品类别中，为什么消费者能将高价格与高质量联系在一起的神经机制进行了研究。通过改变同款葡萄酒的价格，并分析内侧眼窝前额皮质（负责编码消费过程中体验到的愉悦程度）的活动，他们发现葡萄酒的价格越高，被试体验到的愉悦感越强，即价格越高，被试者感知到的葡萄酒口感越好。高价格水平会导致消费者对产品质量产生高期望（Gneezy 等，2014）。如果产品的实际质量符合消费者的预期质量水平，那么消费者正向的价格—质量关系就会持续存在。如果消费者对产品质量的预期没有达到，便会使消费者产生被欺骗感，此时高价格水平就会导致负向的价格—质量关系。

就价格水平而言，折扣会使消费者对产品质量产生怀疑（Darke & Chung 2005[②]；Erdem 等，2008[③]），Shiv 等（2005a）[④]认为，折扣也会影响消费者对产品的实际感知质量，并以打折和全价能量饮料进行对比实验，结果显示，喝打折能量饮料的人的表现明显比喝全价饮料的人更差，这种现象被称之为价格促销的安慰剂效应。一项关于打折止痛药的临床研究证实了这种效应，服用打折止痛药的患者感知的疼痛缓解程度低于服用全价止痛药的患者（Waber 等，2008[⑤]）。Shiv 等（2005a）证实了一个普遍的现象，即促销的价格会导致较低的质量预期（Völckner & Hofmann，2007）。

（3）产品知识。产品知识对消费者的价格—感知质量产生一定的影响。当消费者拥有较多产品知识时，就很少使用价格作为质量判断的标准，当他们没有产品相关知识时，就会把价格作为质量判断的标准。Rao & Monroe（1988）以及 Rao & Sieben（1992）的研究发现，消费者对产品的相关

① Plassmann H，O'doherty J，Shiv B，et al. Marketing actions can modulate neural representations of experienced pleasantness[J]. *Proceedings of the national academy of sciences*，2008，105(3)：1050-1054.

② Darke P R，Chung C M Y. Effects of pricing and promotion on consumer perceptions：it depends on how you frame it[J]. *Journal of Retailing*，2005，81(1)：35-47.

③ Erdem T，Keane M P，Sun B. A dynamic model of brand choice when price and advertising signal product quality[J]. *Marketing Science*，2008，27(6)：1111-1125..

④ Shiv B，Carmon Z，Ariely D. Placebo effects of marketing actions：Consumers may get what they pay for[J]. *Journal of Marketing Research*，2005，42(4)：383-393.

⑤ Waber R L，Shiv B，Carmon Z，et al. Commercial features of placebo and therapeutic[J]. *Jama*，2008，299(9)：1016-1017.

知识能有效调节价格与质量的关系。他们的研究中发现,如果将顾客对产品的知识分为高中低三个层次,对于高水平知识和低水平知识,价格对感知质量的影响较大;而中等水平知识的消费者,对于质量的感知受价格影响较小。Henry(2000)的研究发现,消费者在评估产品质量时,其自身拥有的产品经验也会削弱价格对质量的影响。

(4) 价格合理性。消费者对于不同的商品都有一个内部参考价格,并基于此形成一个价格区间,在此区间内,消费者认为价格是合理的(Monroe & Petroshius,1981)。如果超过这个区间,无论是价格过高或过低,消费者都会认为这个价格是不合理的,此时价格作为质量判断的依据则不明显。因而,当价格不在合理区间内时,价格与质量关系将不明显。

(5) 产品信息或线索的可获得性及其数量。Kuetz & Clow(1998)[①]认为在缺乏可以获得的线索或者信息的情况下,消费者通常根据价格作为衡量产品质量和做出购买决策的依据,在没有其他信息的情况下,质量和价格判断之间就会呈现显著的相关性。Nagle & Holden(1995)认为,价格与感知质量关系的相关性是否显著还受消费者所获得的信号数量影响。消费者将价格与质量关系联系起来的一个基本条件是他们掌握的有关产品信息的数量(Rao,1986)。在价格作为单一质量信号的情况下,两者之间的关系最为显著;在多信号的情况下,尤其存在与价格指向方向相反的信号时,价格与感知质量的关系将被削弱。Olson(1977)认为,当价格是唯一可用的信息时,消费者会使用价格来推断质量。当价格与其他(通常是内在的)线索结合在一起时,就会降低价格推断质量的作用。此外,市场上高声誉的品牌可以减轻价格作为质量指标的效用。当品牌不熟悉时,价格则更容易被消费者用作产品质量的指标(Smith & Broome,1966;Stokes,1985)。

(6) 产品信息了解程度。通常情况下,消费者仅部分了解产品信息,Salop & Stiglitz(1977)等学者认为,如果市场上有众多拥有完全产品信息

---

① Kurtz D L, Clow K E. A model for evaluating service quality [J]. *The Journal of Marketing Management*, 1991, 1(fall): 51-60.

的消费者,掌握不完全产品信息的消费者就会把价格作为质量指标。拥有完全产品信息的消费者会"约束"其他消费者,这样价格差异就会反映出真正的质量差异。通过这种方式,掌握不完全产品信息的消费者可以间接受益于他人的产品信息。如果市场上仅有很少的完全拥有产品信息的消费者,并且消费者又很难判断产品的质量时,企业就有可能降低产品质量。这就会直接影响价格和质量之间的正相关关系,甚至出现相反的结果。在消费者掌握产品质量信息的情况下,价格和质量就会呈现正相关的趋势(Monroe & Dodds,1988)。

此外,消费者对产品或服务的熟悉程度可以调节其他质量信息的效果(Monroe,2003)。随着消费者对产品越来越熟悉,他们更有可能使用内在因素而不是价格或其他外在因素作为产品质量的指标。然而,高度熟悉产品的消费者(例如专家)是否使用价格或产品的内在因素来判断质量,取决于他们所掌握的评价产品质量好或坏指标(Monroe,2003)的价格知识。Olson(1972)认为,当价格是唯一可用的提示符号时,消费者便会使用价格来推断质量;当价格与其他内在因素结合在一起时,价格对消费者感知质量影响将会变弱。

(7) 文化因素。文化背景也会影响消费者的价格推断质量。尤其是来自具有强相互依赖性的自我解释文化背景的消费者,他们更倾向于将价格与质量联系起来,因为这类消费者比具有独立自我解释的人更倾向于采用群体的思维方式(Lalwani & Shavitt,2013)[①]。比如,在我国,由于面子、圈子等文化主导生活,人们更多以价格来判断产品质量,普遍存在着以价格推断产品质量的现象;在德国,由于自由、独立等主流文化的影响,普通消费者则较少购买高价格的产品。这就造成了一个奇怪的现象,同样型号的中国造产品,国外售价远远低于国内售价,这使得两国间同类产品的价格质量关系产生了差异。

---

① Lalwani A K, Shavitt S. You get what you pay for? Self-construal influences price-quality judgments[J]. *Journal of Consumer Research*, 2013, 40(2): 255 - 267.

第四节　价格—质量关系的理论基础

现有文献显示,解释水平理论被用于解释价格与感知质量之间的关系(Trope & Liberman,2010[1];Bornemann & Homburg,2011[2];Yan & Sengupta,2011[3])。作为一种重要的社会认知理论,解释水平理论关注个体对目标对象的心理表征,认为个体对目标对象的选择、评价和行为决策等不同反应取决于其对目标对象的心理表征,而心理表征具有层次性,层次性主要表现为抽象化程度的不同(Trope & Liberman,2010)。抽象化程度高即为高解释水平,抽象化程度低即为低解释水平。高解释水平是抽象的、去背景化的、本质的、上位的、关注与目标相关的核心价值;低解释水平是具体的、背景化的、表面的、下位的、关注目标的边缘性特征(Freitas 等 2001;Liberman & Trope,1998[4];Nussbaum 等,2003[5])。高解释水平会促使个体考虑目标结果及其价值,关注可获得性,即解决我能得到什么的问题;低解释水平会促使个体考虑完成目标的方式及其便利性,关注可行性,即解决我要如何得到它的问题(Fujita 等,2008[6])。研究发现,在考虑价格—质量关系的情况下,解释水平决定了消费者是将产品价格解释为货币支出还是质量暗示。因此,解释水平理论有助于识别价格—质量关系。

---

① Trope Y, Liberman N (2010) Construal-level theory of psychological distance[J]. *Psychol Rev* 117(2): 440 - 463.

② Bornemann T, Homburg C (2011) Psychological distance and the dual role of price[J]. Consum Res 38(3): 490 - 504.

③ Yan D, Sengupta J (2011) Effects of construal level on the price-quality relationship[J]. Consum Res 38(2): 376 - 389.

④ Liberman N, Trope Y. The role of feasibility and desirability considerations in near and distant future decisions: A test of temporal construal theory[J]. Journal of Personality and Social Psychology, 1998, 75(1): 5.

⑤ Nussbaum S, Trope Y, Liberman N. Creeping dispositionism: the temporal dynamics of behavior prediction[J]. Journal of Personality and Social Psychology, 2003, 84(3): 485.

⑥ Fujita K, Eyal T, Chaiken S, et al. Influencing attitudes toward near and distant objects[J]. Journal of Experimental Social Psychology, 2008, 44(3): 562 - 572.

　　解释水平理论的核心决定因素是心理距离,心理距离反映了个人对于某事或某物的时间、空间、社会距离和发生概率的判断,其衡量指标也即前述的四项(Trope 等,2007①)。该理论是由时间解释理论发展而来的,即当感知事件发生的时间较远时,个体倾向于使用抽象的、去背景化的、本质的、上位的表征来解释事件,即启动高解释水平;而当感知事件发生的时间较近时则恰恰相反(Liberman & Trope,1998)。学者们在研究中发现,不仅空间距离与社会距离,发生概率对个体和事件的解释与时间距离的情况相似(Fujita 等,2006;Bar-Anan 等,2006②;Trope 等,2007)。与此同时,心理距离与解释水平是相互作用的,心理距离的远近影响解释水平的高低,而解释水平的高低又影响心理距离的远近(Liberman & Förster,2009③;Henderson 等,2011④)。当心理距离高时,人们会基于高解释水平(抽象表征)来评估物体和情境。当心理距离较低时,解释在较低水平(具体表征)的基础上形成(Trope & Liberman,2010)。

　　根据解释水平理论,一些学者的研究表明,当社会距离和时间距离较远时,消费者更可能依据价格推断质量(Bornemann & Homburg,2011⑤;Völckner,2006⑥;Yan & Sengupta,2011⑦)。当消费者评估产品需要参考他人的意见时,就会产生较高的社会距离(Bornemann & Homburg,2011),比如当为朋友购买产品(Völckner,2006)时,消费者会更多征求其他人的意

---

① Trope Y, Liberman N, Wakslak C. Construal levels and psychological distance: Effects on representation, prediction, evaluation, and behavior[J]. *Journal of Consumer Psychology*, 2007, 17(2): 83 – 95.

② Bar-Anan Y, Liberman N, Trope Y. The association between psychological distance and construal level: evidence from an implicit association test [J]. *Journal of Experimental Psychology*: General, 2006, 135(4): 609.

③ Liberman N, Förster J. The effect of psychological distance on perceptual level of construal[J]. *Cognitive Science*, 2009, 33(7): 1330 – 1341.

④ Henderson M D, Wakslak C J, Fujita K, et al. Construal level theory and spatial distance[J]. *Social Psychology*, 2011.

⑤ Bornemann T, Homburg C. Psychological distance and the dual role of price[J]. *Journal of Consumer Research*, 2011, 38(3): 490 – 504.

⑥ Voelckner F. An empirical comparison of methods for measuring consumers' willingness to pay[J]. *Marketing Letters*, 2006, 17(2): 137 – 149.

⑦ Yan D, Sengupta J. Effects of construal level on the price-quality relationship[J]. *Journal of Consumer Research*, 2011, 38(2): 376 – 389.

见,这时消费者就对购买的产品产生了较高的社会距离,为了买到称心的产品,通常会根据价格推断质量。就时间距离而言,当购买产品是为了立即使用而不是为了将来的使用时,价格作为货币支出就会在消费者心目中占有更大的权重,这时就会忽视产品质量。相比之下,对于未来的购买,消费者通常会更加注重质量,这时消费者会将价格解读为质量暗示(Bornemann & Homburg,2011;Yan & Sengupta,2011)。

第七章　感知交易价值

本章概述

　　感知交易价值是消费者对某一交易的"损失"和"收益"的评价,消费者在购买商品时往往会将实际价格与参考价值进行比较并对差距做出评价,感知交易价值越高,就会觉得不买该商品造成的损失越大,从而理性地选择购买以避免后悔。本章首先对感知交易价值的概念及测量量表进行介绍,然后针对感知交易价值的主要影响因素、价格促销措施以及相关理论进行探讨,最后介绍提高消费者感知交易价值的方法。

第一节　感知交易价值的概念

　　感知交易价值是基于交易费用的基础上发展起来的,是消费者对某一交易的"损失"和"收益"的评价,也可以说是顾客在未购买某商品时对该商品实际价格与参考价格之间差距的评价。消费者感知到的交易价值越高,就会觉得不买该商品造成的损失越大,于是会理性地选择购买,从而避免后悔。

一、感知交易价值

　　感知价值是行为定价研究领域中一个非常重要的概念,Monroe(1979)[①]

①　Monroe K B. *Instructor's Manual to Accompany Pricing*:*Making Profitable Decisions*[M]. McGraw-Hill,1979.

将其定义为感知质量和感知损失之间的权衡。Zeithaml(1988)将感知价值定义为"获得产品的收益和为获得产品而做出的牺牲之间的差异"。Dodds和Monroe(1985)[①]认为,感知价值受感知产品质量的正向影响和感知金钱损失的负向影响,企业可以通过价格广告、建议零售价和提高参考价格的方式提高感知价值(Biswas 等,1993[②])。

感知交易价值源于感知价值概念的细化,Monroe 和 Chapman(1987)[③]认为,感知价值可以分为两个方面:感知购买价值和感知交易价值。感知购买价值是指消费者从购买的产品或服务中获得的收益或利益相对于购买产品时的损失的一种主观感知平衡。感知交易价值是消费者对以某一价格达成的交易(或价格优惠)所获得的满足或愉悦的心理评估,涉及消费者对以该价格进行交易的心理满意度或愉悦感的评估,它可以对消费者的购买决策造成影响。Lichtenstein 等(1990)[④]则认为,消费者的感知交易效用(价值)是产品的实际购买价格和个人的内部参考价格之间的差异。

简而言之,购买价值是"消费者剩余",交易价值是购买的增量效用(Urbany 等,1997)[⑤],两者共同构成了感知价值,对消费者购买行为产生影响。例如,如果消费者正在考虑购买一辆汽车,那么他感兴趣的产品功能质量如发动机功率、车载系统、安全性和驾驶舒适性等就会对购买价值产生影响,如果他认为这些产品功能质量与他为汽车支付的价格相匹配,那么就会对汽车的购买价值有一个积极的评价。如果他在节日或促销期间以便宜(低于标准售价)的价格购买了这辆车,那么获得较低价格的乐趣将有助于提高该消费者的感知交易价值。由于任何一笔交易都可能使人享有购物乐

① Dodds W B, Monroe K B. The effect of brand and price information on subjective product evaluations[J]. *ACR North American Advances*, 1985.

② Fraccastero K, Burton S, Biswas A. Effective use of advertisements promoting sale prices[J]. *Journal of Consumer Marketing*, 1993.

③ Monroe K B, Chapman J D. Framing effects on buyers' subjective product evaluations[J]. *ACR North American Advances*, 1987.

④ Lichtenstein D R, Netemeyer R G, Burton S. Distinguishing coupon proneness from value consciousness: An acquisition－transaction utility theory perspective[J]. *Journal of marketing*, 1990, 54(3): 54－67.

⑤ Urbany J E, Bearden W O, Kaicker A, et al. Transaction utility effects when quality is uncertain[J]. *Journal of the Academy of Marketing Science*, 1997, 25(1): 45－55.

趣,或与产生因产品价格和内部参考价格之间的差额而导致的不满情绪
(Lichtenstein 等,1990),因此,交易价值和购买价值的作用往往是重叠的。

　　由于感知交易价值是消费者从交易中感知到的心理上的满足或快乐,
是消费者对某一交易"损失"和"收益"的评价,消费者感知到的交易价值越
高,就会觉得不买该产品会造成的损失越大,便理性地选择购买,以避免后
悔。当人们从营销的视角进行分析时,往往用广告、感知产品质量(Grewal
等,1998)[1]、先前购买经验、商店环境和产品类别中的关键焦点线索
(Mazumdar 等,1998)等因素进行解释。这些因素都可以影响消费者的感
知交易价值,从而对消费者的购买行为造成影响。

二、感知交易价值的衡量

(一) 感知价值的衡量

　　对感知价值的认知有两种观点,一是感知价值的功利主义观点,二是感
知价值的行为主义观点。不同的观点带来感知价值的不同衡量方法。

　　感知价值的功利主义观点来自人的一种心理建构。该心理建构描述了
人的一个共同的直觉:"……财富的任何增加,无论多么显著,总是会导致效
用的增加,效用的增加则与已经拥有的商品数量成反比"。在这种情况下,
商品或服务的效用则用人的主观货币价值(即价格)来衡量。如 Von
Neumann 和 Morgenstern(2004)[2]认为,价格是服务的价值,因此消费者花
费他们的收入来最大化从服务中获得的"价值"。

　　Jacoby & Olson(1977)[3]指出,任何价格都具有客观的外部属性和主观

---

　　① Grewal D, Monroe K B, Krishnan R. The effects of price-comparison advertising on buyers' perceptions of acquisition value, transaction value, and behavioral intentions[J]. *Journal of marketing*, 1998, 62(2): 46-59.

　　② Von Neumann J, Morgenstern O. *Theory of games and economic behavior*[M]. Theory of games and economic behavior. Princeton university press, 2007.

　　③ Jacoby J, Olson J C. Moving ahead with attitude research[J]. *Consumer response to price: An attitudinal, information processing perspective*, 1977: 73e86.

的内部表征,这两种表征来源于该消费者对价格的感知。Monroe(1990)[①]进一步提出观点,感知价值是消费者对不同的价格结构进行比较的结果,包括广告销售价格、广告参考价格和内部参考价格。Chang & Wildt(1994)[②]将实际价格和参考价格作为感知价格的预测因素,发现实际价格和感知价格之间存在正相关关系,参考价格和感知价格之间存在负相关关系。Naylor & Frank(2001)[③]的研究发现,全包价格(或一揽子价格)能够显著提高首次消费者的感知价值。Parasuraman & Grewal(2000)[④]认为,感知价值可以通过以下四个方面的价值进行衡量:①购买价值,相对于货币成本的收益;②交易价值,从优惠交易价格中获得的乐趣;③使用价值,从使用或消费中获得的效用;④残值,折旧期满或终止使用时的剩余价值。

感知价值的行为主义观点认为感知价值本质上是一种互惠交易或社会互动,由于消费者总是运用获得和损失来解释他们的行为,因此,这种社会互动通常由有形或无形的交易以及获得与损失的交换比率构成,它可以细分为四个维度:低价、需求满足、高质量和顾客购买(Zeithaml,1988)。Mattson(1991)则提出了三个通用的感知价值维度:情感价值、实用价值和逻辑价值。Sheth 等(1991)[⑤]在对消费者选择购买或不购买、在两种产品之间进行选择以及选择哪一个品牌分析的基础上,提出了一种消费价值理论:①功能价值,由产品的功能、实用或物理属性构成的效用。②社会价值,通过与特定的群体、社会阶层和特定文化伦理群体进行关联而感知的效用。③情感价值,通过感觉或情感状态创造或延续而感知的效用。④认知价值,通过唤起好奇心、提供新颖性和/或满足对知识的渴望而感知的效用。⑤条件价值,通过对特定情景下存在的物理或社会意外事件而感知的效用。

① Monroe K B. *Pricing*: *Making profitable decisions*[M]. McGraw-Hill College, 1990.

② Chang T Z, Wildt A R. Price, product information, and purchase intention: An empirical study[J]. *Journal of the Academy of Marketing science*, 1994, 22(1): 16 - 27.

③ Naylor G, Frank K E. The effect of price bundling on consumer perceptions of value[J]. *Journal of Services Marketing*, 2001.

④ Parasuraman A, Grewal D. The impact of technology on the quality-value-loyalty chain: a research agenda[J]. *Journal of the academy of marketing science*, 2000, 28(1): 168 - 174.

⑤ Sheth J N, Newman B I, Gross B L. Why we buy what we buy: A theory of consumption values[J]. Journal of business research, 1991, 22(2): 159 - 170.

以 Sheth 等(1991)的消费价值理论为基础,Sweeney & Soutar(2001)①
开发出测量消费价值的量表,该量表可在品牌层面评估消费者在购买前或
购买后情景下对有形产品价值的感知。与此类似,Petrick(2002)②开发出
用于衡量消费者在购后情景下感知服务价值的量表。从消费者购买行为全
过程的视角出发,Sánchez 等(2006)③开发出由功能价值、情感价值和社会
价值三个维度构成的感知价值量表。而 Holbrook (1994)④从互惠交易的
本质出发,开发出八个维度的感知价值量表,它们分别是:①效率(投入产
出比率或便利性);②卓越(质量),与不必要的担心或可接受的赞赏相关
的感知价值;③政治(成功),将自己消费体验的感知价值作为获取别人认
可的手段;④尊重(声誉),他人对自己身份认可所感知到的价值;⑤玩(有
趣),快乐体验的感知价值;⑥美观(美好);⑦道德(美德),从利他的道德
行为中获得的价值;⑧精神(信仰或狂喜),灵修体验的感知价值。

(二) 感知交易价值的衡量

学者们在对感知交易价值进行测量时并没有一个统一的研究量表,往
往都是基于不同的研究对象,设计出符合该行业或产品特点的感知交易价
值量表。如 Grewal 等(1998)⑤在研究消费者对自行车的感知交易价值时,
使用了如下的测量项目:①这款自行车似乎是特价;②低于我预期的价格;
③低于平均市场价格;④价格低于其他零售商;⑤购买这款自行车是一次很
好的交易;⑥在这个价格下,我会省钱。同时,他还对消费者内部参考价格

---

①　Sweeney J C, Soutar G N. Consumer perceived value: The development of a multiple item scale[J]. *Journal of Retailing*, 2001, 77(2): 203 - 220.

②　Petrick J F. Development of a multi-dimensional scale for measuring the perceived value of a service[J]. *Journal of Leisure Research*, 2002, 34(2): 119 - 134.

③　Sánchez-Fernández R, Iniesta-Bonillo M A. Consumer perception of value: literature review and a new conceptual framework[J]. *The Journal of Consumer Satisfaction, Dissatisfaction and Complaining Behavior*, 2006, 19.

④　Holbrook M B. Ethics in consumer research: An overview and prospectus[J]. *ACR North American Advances*, 1994.

⑤　Grewal D, Krishnan R, Baker J, et al. The effect of store name, brand name and price discounts on consumers' evaluations and purchase intentions[J]. Journal of Retailing, 1998, 74(3): 331 - 352.

进行了测量,使用了如下测量项目:①零售商的正常价格;②平均市场价格;③循环的公平价格。

在 Lichtenstein 等(1990)等对交易价值的解释基础上,参考 Dodds 等(1991)和 Grewal(1998)等的交易价值测量量表,也有学者(张重昭和谢千之,2000①)进行后续研究。总的来看,学者们对感知交易价值的测量基本是在两种情境下发生的。一种情境是使某产品的价格下降,测量消费者对该价格或者交易做出的判断。消费者此时的内部参考价格通常是市场平均价格或者零售商的正常价格,而且可能产生一种节省的愉悦感。另一种情境是消费者在购买产品之后,通过对该产品降价的方式,测量消费者对该产品的价格或者交易的感受。消费者此时的内部参考价格一般是自己的购买价格,由于感觉到损失,自己可能会有不适感。

第二节　影响感知交易价值的主要因素

感知交易价值是顾客对产品的实际价格和参考价格之间差距的评价,也是对某一交易的"损失"和"收益"的评价,它受到多种因素的影响。

一、消费者决策风格

在对消费者行为决策研究的文献显示,消费者在多种选择中做出决定时,特别是在面临购买决策中的冲突时,会寻求理由来证明他们的选择是合理的(Mishra & Mishra,2011②;Okada,2005③)。决策理由是指确定一种选择而不是另一种选择的理由,充分的理由将导致更高的购买意向和消费者

---

① 张重昭,谢千之.产品资讯、参考价格与知觉品质对消费者行为的影响[J].企业管理学报,2000(47):161-190.

② Mishra A, Mishra H. The influence of price discount versus bonus pack on the preference for virtue and vice foods[J]. *Journal of Marketing Research*, 2011, 48(1):196-206.

③ Okada E M. Justification effects on consumer choice of hedonic and utilitarian goods[J]. *Journal of Marketing Research*, 2005, 42(1):43-53.

满意度(Heitmann 等,2007)[①]。由于购买意愿是由消费者感知的获取产品效用和交易效用决定的(Grewal 等,1998)[②],消费者会比较每种产品的效用,并选择能够将其收益最大化的产品(Swofford & Whitney,1987)[③]。换句话说,消费者在多种选择中,购买最大价值的产品可能性最大。但在消费者的选择过程中,不同决策风格的消费者具有不同的选择特点。

消费者的决策风格是指消费者解释自己选择购物方式的心态(Sprotles & Kendall,1986)[④],主要有八种决策风格。消费者对最优质产品的认真和全方位搜索是以"完美主义、高质量意识"的风格来衡量。具有这种决策风格的消费者在购物时通常认真挑选和系统比较,在购买前也会对不同的选择进行比较,这类风格的消费者往往不容易被满足(Sprotles & Kendall,1986)。此外,他们高度参与决策过程,并以目标为导向(Sproles & Sproles,1990)[⑤]。购买昂贵和知名品牌的消费者具有"品牌意识,价格等于质量"的决策风格。这类决策风格的消费者往往以价格来推断产品质量。他们根据广告做出购买决策,通常在百货商店和专卖店购物,因为在这些店里很容易买到高价格的品牌产品(Sprotles & Kendall,1986),这类消费者不需要学习和思考就做出选择(Sproles & Sproles,1990)。"新奇和时尚意识"风格的消费者喜欢新产品,并从发现和尝试新产品中获得快乐。这些人熟悉最新的流行风格,本质上是寻求多样性(Sprotles & Kendall,1986),不担心购买新产品的影响(Sproles & Sproles,1990)。"娱乐和享乐主义购物意识"风格的消费者倾向于通过购物获取愉快体验。这类消费者购物的目

① Heitmann M, Lehmann D R, Herrmann A. Choice goal attainment and decision and consumption satisfaction[J]. *Journal of Marketing Research*, 2007, 44(2): 234-250.

② Grewal D, Krishnan R, Baker J, et al. The effect of store name, brand name and price discounts on consumers' evaluations and purchase intentions[J]. *Journal of Retailing*, 1998, 74(3): 331-352.

③ Swofford J L, Whitney G A. Nonparametric tests of utility maximization and weak separability for consumption, leisure and money[J]. *The Review of Economics and Statistics*, 1987: 458-464.

④ Sprotles G B, Kendall E L. A methodology for profiling consumers' decision-making styles[J]. *Journal of Consumer Affairs*, 1986, 20(2): 267-279.

⑤ Sproles E K, Sproles G B. Consumer decision-making styles as a function of individual learning styles[J]. *Journal of Consumer Affairs*, 1990, 24(1): 134-147.

的是寻求刺激、乐趣和与同龄人的社交体验,他们当前的购物决策很少受到以前购物经验的影响(Sproles & Sproles,1990)。对价格促销和低价高度敏感的消费者,一般表现出"价格意识,物有所值"的风格,具有这种心态的人会对不同品牌的产品价格进行比较(Sprotles & Kendall,1986)。具有"冲动购买"倾向的消费者具有"冲动、粗心"的风格,他们对支出漠不关心,在购买前也不制定购物计划或进行信息搜寻(Sproles & Sproles,1990)。具有"对过度选择感到困惑"风格的消费者往往感知到市场上有过多的品牌和商店可供选择,他们面对着市场上的"信息过载"状况,更多表现出详尽的和以事实为导向的学习风格(Sproles & Sproles,1990)。"习惯性、品牌忠诚"风格的消费者倾向重复选择购买自己喜欢的同一品牌和商店的产品,具有这种心态的消费者会借助于自己的购物体验认真学习,这导致了他们重复购买行为的产生(Sproles & Sproles,1990)。Solka 等(2011)[①]的研究证明,上述八个消费者的决策风格不受人口统计和文化的影响,具有普遍性。由于这些风格解释了个人在购物决策中的"认知"和"情感取向"(Lysonski & Durvasula,2013)[②],因此,它们对消费者的感知交易价值都有一定的影响。

二、认知需求

认知需求(Need for Cognition)一词最早由 Cohen 等(1955)[③]提出,认知需求是一种基于社会认知并且具有个体差异的变量,认知需求是指"参与和享受费力的认知活动倾向的稳定个体差异",是个体致力于并且乐于从事费心的认知活动的倾向(Cacioppo 等,1996)[④]。认知需求这项个人特质已

---

① Solka A, Jackson V P, Lee M Y. The influence of gender and culture on Generation Y consumer decision making styles [J]. *The International Review of Retail, Distribution and Consumer Research*, 2011, 21(4): 391 – 409.

② Lysonski S, Durvasula S. Consumer decision making styles in retailing: evolution of mindsets and psychological impacts[J]. *Journal of Consumer Marketing*, 2013, 30(1): 75 – 87.

③ Cohen A R, Stotland E, Wolfe D M. An experimental investigation of need for cognition[J]. *The Journal of Abnormal and Social Psychology*, 1955, 51(2): 291.

④ Cacioppo J T, Petty R E, Feinstein J A, et al. Dispositional differences in cognitive motivation: The life and times of individuals varying in need for cognition [J]. *Psychological Bulletin*, 1996, 119(2): 197.

经被证明在了解和预测消费者行为上是有价值的,这一概念已被广泛应用在多项领域中,如行为医学、教育、新闻业、消费者行为、信息偏好等。根据个体把思考作为一项活动不同的喜爱程度,现有文献把认知需求分为高认知需求和低认知需求。高认知需求的个体自然地倾向于搜寻、获得、思考并且反映所获得的信息以便理解所处世界的刺激、关系和事件;低认知需求的个体则倾向于不从事费心和复杂的思考,为了了解所处环境,低认知需求的个体更可能依赖较不费心力的环境线索,如认知启发(Njus & Johnson,2008)[1]。

高认知需求者处理信息的方式不同于低认知需求者,高认知需求者较能够解决不一致的信息并调和信息矛盾(Nowlis 等,2002)[2],且高认知需求者更加可能以认知或专注问题的方式来处理问题。高认知需求者更喜欢复杂的任务而不是简单的任务,而低认知需求者更喜欢简单的任务而不是复杂的任务(Cacioppo & Petty,1982)[3]。当被赋予艰巨的任务时,低认知需求者常常表现为"懒",而高认知需求者则勤奋地执行任务(Cacioppo 等,1985)[4]。

企业往往运用广告的方式影响消费者的感知交易价值,消费者对广告信息的参与直接决定了广告的效果和消费者的购买意愿。广告参与也被称为信息响应参与(Message-Response Involvement),是指消费者在接收和处理广告信息时的感兴趣程度。Zaichkowsky(1985)[5]认为,广告参与将导致消费者对广告信息有更多的讨论。Yang & Kuo(2013)[6]的研究表明,消费

① Njus D, Johnson D R. Need for cognition as a predictor of psychosocial identity development[J]. *The Journal of Psychology*, 2008, 142(6): 645 - 655.

② Nowlis S M, Kahn B E, Dhar R. Coping with ambivalence: The effect of removing a neutral option on consumer attitude and preference judgments[J]. *Journal of Consumer Research*, 2002, 29(3): 319 - 334.

③ Cacioppo J T, Petty R E. The need for cognition[J]. *Journal of personality and Social Psychology*, 1982, 42(1): 116.

④ Cacioppo J T, Petty R E, Morris K J. Semantic, evaluative, and self-referent processing: Memory, cognitive effort, and somatovisceral activity[J]. *Psychophysiology*, 1985, 22(4): 371 - 384.

⑤ Zaichkowsky J L. Measuring the involvement construct [J]. *Journal of Consumer Research*, 1985, 12(3): 341 - 352.

⑥ Yang, C. M., Kuo, K. T. The Impact of Music Type in TV Commercial at Different Degrees of Advertising Involvement on Advertising Effect. J. Des. 2013, 18: 25 - 47.

者的广告参与程度对广告的效果有影响。广告参与度不高，意味着消费者对广告或营销活动不感兴趣，并以简单的方式处理广告或忽视广告。因此，消费者的广告参与水平可能极低或极高。Hsu 等（2006）[1]的研究认为，参与度较高的消费者比参与度较低的消费者更愿意购物。因此，企业在设计广告参与方式时要充分考虑到高认知需求和低认知需求消费者，根据他们各自的特点来设计不同的广告参与方式，这样才能真正影响到消费者的感知交易价值。

三、购买时间

购买时间是指消费者在做出购买决定之前可用于收集信息的时间。例如，在计划旅行时，一些消费者会事先联系酒店，购买旅行用品，从而较早地制定出自己的旅游计划（Gretzel，2007）[2]。购买时间越长，消费者就越有可能收集更多相关消费信息。研究表明，具有较短购买时间的消费者往往会进行较少的信息处理（Dhar & Nowlis，1999）[3]，并且更有可能使用启发式方法来简化当前的认知任务（Chaiken & Maheswaran，1994；Kaplan 等，1993[4]），比如直接根据企业提供的价格折扣比例进行决策。此外，拥有较短购买时间的消费者倾向于将有限的时间用于处理与当前决策相关的一般信息，比如所购买产品的质量、价格等，而对所购产品的某些替代品及其可能带来的价值等信息不再进行详细评估（Payne 等，1993）[5]。因此，在有时间限制的情况下做出决策的消费者不仅仅关注产品的一个或某些方面的细

① Hsu T K, Chen C L, Chung H H. The effects of ad appealing, ad message presentation and consumer involvement on restaurant's advertisement purchasing intention[J]. *J. Hosp. Home Econ*, 2006, 3: 269 - 287.

② Gretzel U. Travel information search[J]. *Information Technology and Tourism*, 2007, 9(3/4): 147 - 243.

③ Dhar R, Nowlis S M. The effect of time pressure on consumer choice deferral[J]. Journal of Consumer Research, 1999, 25(4): 369 - 384.

④ Kaplan M F, Wanshula L T, Zanna M P. Time pressure and information integration in social judgment[M]//Time pressure and stress in human judgment and decision making. Springer, Boston, MA, 1993: 255 - 267.

⑤ Payne J W, Payne J W, Bettman J R, et al. *The Adaptive Decision Maker*[M]. Cambridge University Press, 1993.

节,而更加专注于产品的各个方面(例如消费者评级、价格信息和价格促销),以对产品有更全面的了解。此外,在时间压力下,消费者对产品的负面信息往往较少关注(Maule 等,2000)[①]。总而言之,先前的研究表明,当购买时间较短时,消费者倾向于通过依赖有关产品的启发式或一般信息来简化其决策过程。也就是说,当可用于做出决策的时间受到限制时,消费者往往会选择有限的产品信息用于自己的购买决策。

当消费者在利用有限的产品信息进行决策时,他们往往只是根据当前交易的吸引力(如折扣力度大)而不是产品的整体价值做出决策,这种现象被称为效用盲目性(Liu,2013)[②]。当信息处理受到限制时,就会出现这种情况,导致消费者仅根据交易效用(交易的感知价值)而不是总效用(购买产品效用与交易效用)做出购买决策。具体来说,如果交易足够有吸引力,即使总效用较小甚至为负,消费者也会购买产品(Liu,2013)。当消费者的认知资源有限,同时依靠简单的启发式方法做出自己的购买决策时,这种效用盲目性就表现得更为明显。比如,当我们在逛店时,无意中发现限时促销的商品,尽管我们没有购买该商品的计划,但由于折扣力度大,这时也会购买,但当我们把这个打折商品带回家时,发现这个商品并没有购买的必要,但由于价格较便宜,退货意愿较低,这时就会把它束之高阁,导致该商品没有给我们带来任何效用。

四、价格折扣呈现与折扣幅度

价格折扣的呈现(Framing)有两种方式,一是绝对金额折扣(Cents Off),一是相对比例折扣(Percentage Off)。价格促销有助于吸引消费者来选择本企业的产品,而一旦停止价格促销,由于消费者的品牌偏好,消费者可能放弃本企业产品。为了避免价格促销对企业带来长期负面影响,企业

---

① Maule A J, Hockey G R J, Bdzola L. Effects of time-pressure on decision-making under uncertainty: changes in affective state and information processing strategy[J]. *Acta psychologica*, 2000, 104(3): 283 – 301.

② Liu M W. Utility blindness: Why do we fall for deals? [J]. *Journal of Consumer Behaviour*, 2014, 13(1): 42 – 49.

可采用绝对金额折扣和相对比例折扣的方法来呈现价格促销信息。绝对金额折扣就是向消费者直接呈现原价和降价的金额,如原价 199 元,现在降价 50 元,相对比例折扣就是将原价及减低的价格以百分比折扣的方式呈现,如原价 199 元,现在降价 25%。Chen(1998)[1]等认为,零售商对价格促销信息的呈现方式对消费者的感知价值和购买意愿有显著影响。

不同的信息呈现会影响消费者的认知偏好与判断,为了使消费者获得到的利益等于付出的价值,企业可以运用各种手段来传递价格促销信息(Della 等,1981)[2]。如企业可以利用降低实际金额或是降低百分比的方式作为呈现价格促销信息的方式,或是两者并行。无论何种表达方式,都会影响消费者对价格折扣的认知(Grewal 等,1994)[3]。现有研究显示,比例折扣的促销价格呈现方式容易被系统性的低估(DelVecchio,2007)[4],也就是原价乘去折扣比例后的金额会被低估,最后导致实际促销价格被高估。此外,Morwitz 等(1998)[5]利用锚定与调整观点(Anchoring and Adjustment Perspective)对原价和降价进行探讨,结果发现,当降价部分是以折扣比例表示而非以金额表示时,消费者会回忆起较低的价格(也就是他们低估降价部分),最终导致消费者会高估百分比折扣的促销价格。DelVecchio 等(2007)[6]的研究认为,相对于绝对金额降价的促销价格呈现,折扣比例降价的促销价格呈现会导致消费者较高的未来价格预期。

价格促销一直被视为增加销量的有效方法,它可以刺激新消费者去购

① Chen, S. -F. S., Monroe, K. B., & Lou, Y. C. The effects of framing price promotion messages on consumers' perceptions and purchase intentions[J]. *Journal of Retailing*, 1998, 74(3), 353 - 372.

② Della Bitta, A. J., Monroe, K. B., & McGinnis, J. M. Consumer perceptions of comparative price advertisements[J]. *Journal of Marketing Research*, 1981, 18(4), 416 - 427.

③ Grewal, Dhruv, & Marmorstein, H. Market price variation, perceived price variation, and consumers' price search decisions for durable goods[J]. *Journal of consumer research*, 1994, 21(3), 453 - 460.

④ DelVecchio, D., Krishnan, H. S., & Smith, D. C. Cents or percent? The effects of promotion framing on price expectations and choice[J]. *Journal of Marketing*, 2007, 71(3), 158 - 170.

⑤ Morwitz, V. G., Greenleaf, E. A., & Johnson, E. J. Divide and prosper: consumers' reactions to partitioned prices[J]. *Journal of Marketing Research*, 1998, 35(4), 453 - 463.

⑥ DelVecchio D, Krishnan H S, Smith D C. Cents or percent? The effects of promotion framing on price expectations and choice[J]. *Journal of marketing*, 2007, 71(3): 158 - 170.

买不同的品牌或刺激忠诚消费者重复买更多产品,折扣幅度越大,消费者购买意愿就越强。但是过分依赖折扣促销也会影响消费者对商品的未来选择,因为降价可能降低了对该品牌质量的感知(Dodson,1978)[①],促使消费者期待下一次的促销或使得消费者降低对该品牌商品的价格预期。价格预期实际上就是消费者的内部参考价格,即消费者认为某产品应有的价格,价格促销会对消费者的内部参考价格造成影响,改变他们对实际价格的感知,消费者的感知交易价值因此受到影响。采取降价的促销活动会向消费者传递相应的信息,消费者的内部参考价格会据此下调,降价幅度越大对内部参考价格的负面影响就越大。即使降价活动已经停止,消费者也会用活动期间形成的内部参考价格与商品原价进行比较,就会使其感知到更高的商品原价,同时当企业再进行相同幅度的促销时,由于内部参考价格的下降,促销活动对消费者的吸引力也会下降,感知交易价值也随之下降。所以,尽管在促销期间产品的销售额会上升,但如果促销频率和幅度操作不当,会对产品的长期销售造成负面的影响。因此,营销人员在开展促销活动时,应当采取多样化措施尽量避免消费者内部参考价格的下降。如何把握促销深度,则是营销人员必须面对的问题。例如某商品原价 1000 元,降价 20 元,变成 980 元,人们感觉不出这两个价格的显著差异,随着价格降到 900 元时,人们可以察觉到降价,亦即可以察觉到 1000 元。此外,Campbell & Diamond (1990)[②]的研究显示,当价格折扣在 10% 之内,则不能达到消费者的最小可被注意水平。

第三节 价格促销

在日常消费中,价格促销是影响消费者感知交易价值的重要方式,学者

① Dodson, J. A., Tybout, A. M., & Sternthal, B. Impact of deals and deal retraction on brand switching[J]. *Journal of Marketing Research*, 1978,15(1): 72-81.

② Campbell, L., & Diamond, W. D. Framing and sales promotion: the characteristics of a good deal[J]. *Journal of Consumer Marketing*, 1990,7(4): 25-31.

也常常利用价格促销来研究消费者的感知交易价值的变化。如 Compeau & Grewal(1998)[①]认为,以捆绑与非捆绑的形式呈现价格信息,或以其他形式的促销(例如免费试用、普通折扣和返利),都会影响消费者的感知价值和购买意愿。价格促销是一种营销者提供的外部刺激,消费者受到营销刺激后,对刺激进行评价和选择,最终产生购买行为。价格促销可以减少消费者购物花费,使消费者获得享乐型和实用型收益,促进重复购买;价格促销也可以引导消费者的关注点,利用价格信息影响消费者的情感,促使其产生冲动性购买;从商家角度来说,价格促销有利于促进成熟品牌的销售,推出新产品,提升产品知名度,完成销售目标。由于价格促销直接影响消费者的感知交易价值,学者们也常常利用价格促销来研究消费者的感知交易价值的变化。

价格促销是企业以产品或服务的价格信息来刺激消费者购买的促销活动,主要是通过采取降低售价、发放优惠券、现金返还、购物券返还等方式向消费者提供让利。常见的促销形式主要有折扣、优惠券、现金返还、捆绑销售等。

一、折扣

价格折扣(Cents-off Deals)是企业最常用的营销实践,其目标是增加销售额(Kim 等,2009)[②]。在消费者购买决策中,消费者不仅从获得产品中寻求快乐,而且还在寻找好的交易(Dawra 等,2015)[③]。即使产品具有很高的购买效用(Meuhlbacher 等,2011)[④],但消费者在交易过程中获得的额

---

① Compeau L D, Grewal D. Comparative price advertising: an integrative review[J]. *Journal of Public Policy & Marketing*, 1998, 17(2): 257 - 273.

② Kim J E, Kwon Y J. The Effects of Self-Monitoring, Dining Companion, and Restaurant Segment on the Choice of Currency in the Restaurant Industry[J]. *Korean Journal of Hospitality and Tourism*, 2009, 18(5): 41 - 62.

③ Dawra J, Katyal K, Gupta V. "Can you do something about the price?"—Exploring the Indian deal and bargaining-prone customer[J]. *Journal of Consumer Marketing*, 2015.

④ Muehlbacher S, Kirchler E, Kunz A. The impact of transaction utility on consumer decisions: The role of loss aversion and acquisition utility[J]. *Journal of Psychology*, 2011, 219 (4): 217.

外乐趣对其购买决策仍然起着重要作用(积极的交易效用)。有研究显示,面临负购买效用(不良产品)与正交易效用(好交易)的消费者与面临正购买效用(好产品)与负交易效用(坏交易)的消费者具有相同的购买意向(Meuhlbacher 等,2011)。换言之,在一个好的交易条件(如折扣率高)下,即使产品质量不好,消费者也会购买;如果产品质量较好,消费者购买时往往不再讨价还价。因此,价格折扣能够很好地促进企业销售额的增加。

价格折扣是指企业在一定时期内通过降低产品或服务的售价,来达到吸引消费者,抢占市场,促进销量增长的目的。价格折扣信息往往以广告的形式对外展示,以吸引消费者的注意力,激发他们的购买欲望。

折扣的幅度或额度通常以百分比或绝对值表示,不同表示方法有不同的促销效果。例如,在 20 美元的基础价格上降价 10 美元,既可以打 5 折,也可以直接降价 10 美元。一般来说,当折扣信息传达了较高的数值时,人们认为折扣更有吸引力(Rudolph 等,2010)[1]。因此,折现为 50% 的折扣比折现为 10 美元的折扣更具吸引力。这一发现背后的理论基础是"数字启发式",它假定人们根据单位的数量来判断大小,而不考虑单位的大小(Monga & Bagchi,2012[2];Pandelaere 等,2011[3];Pelham 等,1994[4];Wertenbroch 等,2007[5])。Kruger & Vargas(2008)[6]发现,消费者在判断百分比差异时犯了错误,这背后可能也有"数字启发式"的原因。当一辆 1500 美元与 1000 美元的助力车被描述为前者比后者高出 50%,而后者比前者低 33% 时,消费

① Rudolph T, Bauer J C, Steiner W J. Preis-Promotion-Framing—Ein Überblick zum Stand der Forschung[J]. *Zeitschrift für Betriebswirtschaft*, 2010, 80(3): 285 - 327.

② Monga A, Bagchi R. Years, months, and days versus 1, 12, and 365: The influence of units versus numbers[J]. *Journal of Consumer Research*, 2012, 39(1): 185 - 198.

③ Pandelaere M, Briers B, Lembregts C. How to make a 29% increase look bigger: The unit effect in option comparisons[J]. *Journal of Consumer Research*, 2011, 38(2): 308 - 322.

④ Pelham B W, Sumarta T T, Myaskovsky L. The easy path from many to much: The numerosity heuristic[J]. *Cognitive Psychology*, 1994, 26(2): 103 - 133.

⑤ Wertenbroch K, Soman D, Chattopadhyay A. On the perceived value of money: The reference dependence of currency numerosity effects[J]. *Journal of Consumer Research*, 2007, 34(1): 1 - 10.

⑥ Kruger J, Vargas P. Consumer confusion of percent differences[J]. *Journal of Consumer Psychology*, 2008, 18(1): 49 - 61.

者认为两者之间的价差更大。这种感知偏见不仅适用于价格,也适用于一般的数值属性。

折扣幅度对消费者的感知交易价值有显著的影响,如 Bitta & Monroe (1974)[①]的研究发现,不同幅度的促销折扣对消费者的感知交易价值有显著影响。例如,同一件商品,以 8 折还是 3 折销售,消费者的金钱节省意愿有显著差异。Gupta(1993)[②]的研究发现,价格折扣率越高,消费者购买意愿越强烈,其边际效用会逐渐降低,即当折扣率超过某阈值时,折扣幅度过大,反而不利于激发消费者的购买意愿。

二、优惠券与现金返还

优惠券(Coupon)是指企业通过邮寄、派发、在商品包装中附赠或者在广告中附加等方式向顾客赠送一定面值的优惠券,持券人可以凭此优惠券在购买特定商品时减少支付一定额度的费用。优惠券兑换与企业的价格歧视策略相关联,该策略仅向那些愿意搜索和兑换优惠券的人提供降价。企业使用优惠券策略的目的是吸引新客户,以维持现有客户或有选择地仅向对价格敏感和交易敏感的客户提供降价(Chen & Lu,2011)[③]。此外,优惠券有时可以作为向消费者提供折扣的一种方式,避免了因产品降价可能造成对企业品牌形象的损害(Grewal 等,1998)[④]。因此,不论企业还是消费者都表现出对优惠券的强烈偏好(Garretson & Burton,2003[⑤])。现金返还(Rebate)是指消费者在向生产商或者是零售商提供自己的购买证明(通常

---

① Bitta A J D, Monroe K B. The influence of adaptation levels on subjective price perceptions[J]. *ACR North American Advances*, 1974.

② Gupta S. Reflections on "Impact of Sales Promotions on When, What, and How Much to Buy"[J]. *Journal of Marketing Research*, 1993, 30(4): 522-524.

③ Chen M F, Lu T Y. Modeling e-coupon proneness as a mediator in the extended TPB model to predict consumers' usage intentions[J]. *Internet Research*, 2011.

④ Grewal D, Krishnan R, Baker J, et al. The effect of store name, brand name and price discounts on consumers' evaluations and purchase intentions[J]. *Journal of Retailing*, 1998, 74 (3): 331-352.

⑤ Garretson J A, Burton S. Highly coupon and sale prone consumers: benefits beyond price savings[J]. *Journal of Advertising Research*, 2003, 43(2): 162-172.

是商品的购买收据或发票)以后,会接收商家返还的部分支付额。由于优惠券和现金返还都可以使消费者得到利益,因此深受一些价格敏感的消费者喜爱。这种促销形式在欧美国家得到了广泛的运用。

这种促销形式的营销效果受制于多种因素。消费者在社会比较过程中产生的羞耻感或廉价感,以及接受和赎回优惠券或现金返还之间的时间距离,可能会降低优惠券或现金返还的赎回率(如 Argo & Main 2008[①];Ashworth 等,2005[②];Lu & Moorthy,2007[③])。Ashworth 等(2005)认为,消费者可能拒绝使用优惠券,因为他们认为这会给人留下追求廉价或吝啬的负面印象。在某种程度上,消费者希望避免传达这样的印象,当消费者预测使用优惠券很可能传达负面印象时,他们会避免使用。相比之下,当潜在的社会成本降低或经济刺激足够大时,消费者更有可能使用兑换券。由于时间成本也是消费者必须考虑的一个因素(Marmorstein 等,1992[④]),使用赎回优惠券所涉及的时间和精力可能会对其感知产生不利影响(例如较低的价值)并减少其购买意愿(Chapman,1987[⑤])。Folkes 和 Wheat(1995)[⑥]的研究表明,由于涉及未来使用优惠券的时间距离,赎回优惠券可能会导致消费者产生类似于正常价格的价格感知,而不是一种价格折扣感知。此外,消费者倾向于忽视未来折扣的结果,因此,优惠券或现金返还可能不如常规折扣的吸引力大。

---

① Argo J J, Main K J. Stigma by association in coupon redemption: Looking cheap because of others[J]. *Journal of Consumer Research*, 2008, 35(4): 559-572.

② Ashworth L, Darke P R, Schaller M. No one wants to look cheap: Trade-offs between social disincentives and the economic and psychological incentives to redeem coupons[J]. *Journal of Consumer Psychology*, 2005, 15(4): 295-306.

③ Lu Q, Moorthy S. Coupons versus rebates[J]. *Marketing Science*, 2007, 26(1): 67-82.

④ Marmorstein H, Grewal D, Fishe R P H. The value of time spent in price-comparison shopping: Survey and experimental evidence[J]. *Journal of consumer research*, 1992, 19(1): 52-61.

⑤ Chapman J D. The impact of discounts on subjective product evaluations[D]. Virginia Polytechnic Institute and State University, 1987.

⑥ Folkes V, Wheat R D. Consumers' price perceptions of promoted products[J]. *Journal of Retailing*, 1995, 71(3): 317-328.

三、捆绑促销

捆绑促销是价格促销和非价格促销相结合的一种促销形式。例如,购买麦当劳汉堡包和薯条套餐,额外获得一杯饮料。捆绑促销更多地运用在零售和服务行业中,由于这种形式可以为消费者和供应商提供好处,它成为促销的一种重要形式。对供应商来说,捆绑促销可以减少促销、分销和交易成本以及配送成本,同时增加消费者的需求。对消费者而言,捆绑促销既可以获得货币收益,也可以获得非货币利益。Diamond & Campbell(1989)[①]认为,单位产品价格折扣与产品的价格相称,但额外的免费单位产品与产品的价格不相称。因此,价格促销被框定为"减少损失",而额外的免费产品促销被框定为"分隔收益"。根据 Kahneman & Tversky(1979)[②]的前景理论,消费者依据参考点进行决策,与参考点的偏差被评估为损失或收益。由于消费者倾向于厌恶损失,因此在评估时往往是"损失远远大于收益"。就促销而言,这意味着价格促销更有可能被视为损失的减少,非价格促销更有可能被视为分隔收益,因此,非价格促销往往被消费者认为比一次性价格折扣促销获得更多收益,企业往往通过捆绑的方式来突出非价格产品促销。这样,即使折扣的总额保持不变,非价格促销直接影响消费者的感知,促使消费者产生捆绑折扣比单个产品折扣有更高的价值水平的认识(Yadav & Monroe,1993)[③],进而影响消费者的购买意愿。捆绑促销主要包括奖励包和免费促销,常用的形式有买一赠一、加一元多一件、买一赠多、赠量包装或赠送包装等。

捆绑促销的主要特点是通过提供免费产品或服务(例如购买化妆品时免费赠送口红)为客户创造额外的价值,这种提供免费产品或服务的策略称

① Diamond W D, Campbell L. The framing of sales promotions: effects on reference price change[J]. *ACR North American Advances*, 1989.

② Kahneman D, Tversky A. On the interpretation of intuitive probability: A reply to Jonathan Cohen[J]. *Cognition*. 1979,7(4):409-411.

③ Yadav M S, Monroe K B. How buyers perceive savings in a bundle price: An examination of a bundle's transaction value[J]. *Journal of Marketing Research*, 1993, 30(3): 350-358.

为免费促销或高级促销(d'Astous & Jacob,2002)[①]。免费促销不同于购买奖励,用于免费促销的赠品是不同的产品(Chandran & Morwitz,2006)[②],购买奖励的产品一般是同类产品。研究发现,免费促销并没有给企业带来明显的营销效果。这主要是因为一方面消费者的感知交易价值通常低于价格折扣,另一方面,由于免费赠品会引发消费者一种情感反应,即强调价值成分,分散了对价格信息的注意力(Chandran & Morwitz,2006;Darke & Chung,2005;Shampanier 等,2007[③]),从而导致消费者感知到更高的获得价值。后者的心理机制与零价格效应的研究密切相关(Shampanier 等,2007;Nicolau,2012)。零价格效应是指消费者对免费产品的过度反应,意味着消费者宁愿选择免费提供的产品,也不愿选择定价合理的替代品,即使定价合理的替代品在质量上更具吸引力。根据 Shampanier 等(2007)的研究,这可以从两方面进行解释:一是对于消费者而言,一个低成本或者零成本的商品往往会对其产生较强的吸引力,感知价值随之上升,进而影响其购买决策。二是在某些情况下,其他因素可能会导致零价格效应,例如社会规范,因为在交换中没有价格会强调社会规范,这可能会增加免费产品的价值。上述原因可能导致消费者过分重视免费促销的产品,进而使得企业通过免费促销带来其他盈利产品销售增长的愿望落空,从企业整体来看,可能不利于营销绩效的提高。

四、条件促销

价格促销的一种创新形式是对不确定报酬的有条件促销,这种促销的结果取决于外部事件(比如,德国赢得世界杯足球赛冠军[④])或价格彩票(例

---

① d'Astous A, Jacob I. Understanding consumer reactions to premium-based promotional offers[J]. *European Journal of Marketing*, 2002.

② Chandran S, Morwitz V G. The price of "free"-dom: Consumer sensitivity to promotions with negative contextual influences[J]. *Journal of Consumer Research*, 2006, 33(3): 384-392.

③ Shampanier K, Mazar N, Ariely D. Zero as a special price: The true value of free products[J]. *Marketing Science*, 2007, 26(6): 742-757.

④ Ailawadi K L, Gedenk K, Langer T, et al. Consumer response to uncertain promotions: An empirical analysis of conditional rebates[J]. *International Journal of Research in Marketing*, 2014, 31(1): 94-106.

如,十分之一的消费者免费获得购物券①)。也就是说,有条件促销是企业把促销与一些外部因素结合起来的一种促销形式。比如,对于足球队成员,赞助商列出赢一场奖励 10 万,赢两场奖励 100 万;对于球迷而言,赌博公司开出球队赢一场的赔率 1:10,赢两场的比率 1:100,在上述情况下,赞助商和赌博公司的促销就是有条件促销。研究发现,消费者对条件促销的反应具有高度细分的特点。相对于传统折扣,条件促销的有效性取决于消费者对事件发生的主观概率、对事件参与程度和消费者的赌博偏好(Ailawadi 等,2014)。比如,如果消费者认为球队赢球的概率很低,他就可能不参与到赌球的活动中,如果消费者的赌博偏好是希望球队获胜,那么他就可能参与赌球活动中。当消费者聚焦于有条件促销的激励过程而不是激励结果时,事件发生的不确定性会引起消费者兴奋,这种兴奋增加了消费者的参与动机(Shen 等,2015)②。比如德国队球迷会更多关注德国队在世界杯赛场上每次比赛,这种行为就是由于德国队是否获取世界杯冠军的不确定性所引起,获取冠军的不确定引起消费者兴奋,兴奋则更好地激发了球迷的观看动机。输赢价格彩票则唤起了消费者的兴奋并使消费者产生自己有希望能够中彩的感觉,进而表现出积极的购买意愿和购买行为(Gierl & Hüttl-Maack,2014)③。

当我们到超市或商场购物时,会经常看到一些促销商品摆放在收银台附近的位置,实际上这也是商家常用的一种条件促销方式。当顾客购物达到一定金额时,就可以凭借小票以更低的价格购买促销商品,由于顾客会认为自己花费了一定金额才获得优惠,不买就感到很可惜,一般情况下,顾客都会购买。这主要是因为人们往往有这样一种心态,在自己有所失去而别

① Gierl H, Hüttl-Maack V. Why and under which conditions are price lotteries effective at promoting products? [J]. *Marketing:ZFP-Journal of Research and Management*, 2014, 36(3):176 - 186.

② Shen L, Fishbach A, Hsee C K. The motivating-uncertainty effect:Uncertainty increases resource investment in the process of reward pursuit[J]. *Journal of Consumer Research*, 2015, 41(5):1301 - 1315.

③ Gierl H, Hüttl-Maack V. Why and under which conditions are price lotteries effective at promoting products? [J]. *Marketing:ZFP-Journal of Research and Management*, 2014, 36(3):176 - 186.

人失去的更多时会形成很强的心理慰藉；自己有所得而别人得到的更多时很容易沮丧。

第四节　提高感知交易价值的方法

在现实生活中，许多企业通过改变价格折扣描述、折扣幅度和频率等多种方法来提高消费者的感知交易价值，Janiszewski & Cunha(2004)[①]认为，感知交易价值能够通过价格折扣、抽奖、买赠等促销活动来提高。在企业营销实践中，许多企业也往往通过改变价格折扣呈现方式、采取捆绑定价、增加打折频率等方法来提高消费者的感知交易价值，比如"原价1000元购买商品A，再购买商品B时立减200元"，或者"全价1000元购买第一件商品A，购买第二件商品A或商品B打5折（即500元购第二件商品）""购买两件商品打75折"以及"现金返还"等。

一、改变价格折扣呈现方式

如第二节所述，为了避免价格促销对企业带来长期负面影响，企业可采用绝对金额折扣和相对比例折扣的方法来呈现价格促销信息。Chen(1998)[②]等认为，绝对金额折扣（如降价100元）和相对比例折扣（如降价10％）的两种不同价格促销的呈现方式对消费者感知有不同的影响，对于高价格产品，绝对金额折扣表述更有效，比如对于售价10000元的家用空调，买就减1000元的促销要比九折销售更能吸引消费者购买，对于低价格产品，相对比例折扣表述更有效，比如售价3元的食盐，九折销售要比降价0.3元更能吸引消费者。

---

① Janiszewski C, Cunha Jr M. The influence of price discount framing on the evaluation of a product bundle[J]. *Journal of Consumer Research*, 2004, 30(4): 534 - 546.
② Chen S F S, Monroe K B, Lou Y C. The effects of framing price promotion messages on consumers' perceptions and purchase intentions[J]. *Journal of Retailing*, 1998, 74(3): 353 - 372.

Heath 等(1995)[①]认为,当价格折扣幅度比较高时,消费者往往采用简单的、不需要过多思考的启发式决策模式。在这种决策模式下,高折扣比例数值容易使消费者感知到较高的交易价值。比如,某品牌羽绒服反季销售,该羽绒服的指导价为2230元,在唯品会实体店标注唯品价为259元,而在实际促销过程中唯品会采取买两件打五折,该服装的实际成交价仅为130元。对于消费者而言,五折促销是吸引其关注羽绒服的主要诱因,因为高折扣比例不需要大脑思考就可以感知到,也是其感知到的交易价值,羽绒服标签上的259元和2230元的比较是其感知到的购买价值,这也不需要大脑的努力认知,这样的价格折扣呈现使消费者感知到较高的整体商品价值,这也是消费者夏季购买羽绒服的主要动因。考虑到促销商品的促销折扣幅度、促销商品价格等因素,国内有学者认为,对于低价商品,当降价幅度较大时,比例表述比绝对金额表述可以使消费者感知到更大的降价幅度,从而产生更大的感知交易价值。当降价幅度较小时,比例表述和绝对金额的表述对消费者的影响没有显著差异。对于高价商品,无论降价幅度的大小如何,比例表述与绝对金额的两种价格促销呈现方式对于消费者的影响没有显著差异(张黎等,2007)。实际上,若商品价格折扣比较容易计算或促销商品价格本身已经很低时,任何价格折扣的呈现方式对消费者的感知价值和购买意愿都没有显著影响(郝辽钢等,2008)。

因此,企业应该根据商品特点,采取多种价格展现形式。当一种价格展现形式达不到应有的促销效果时,企业应该及时采取其他的价格展现形式。在实际工作中,企业采用捆绑定价的促销方式更多,在这种促销展现形式下,消费者对于捆绑定价产品的感知货币节省比以单件产品价格提供的感知货币节省较大,因而对消费者的吸引力更大。例如,"第二件半价"和"两件75折"的两种价格折扣表述方式,会使消费者产生不同的感知交易价值。相比较而言,尽管"第二件半价"中50%的折扣率高于"两件75折"中25%的折扣率,但由于"第二件半价"的折扣提示,暗示必须用原价购买第一件商

---

① Heath T B, Chatterjee S, France K R. Mental accounting and changes in price: The frame dependence of reference dependence[J]. *Journal of Consumer Research*, 1995, 22(1): 90 - 97.

品,这会降低消费者的购买意愿。因此,当价格促销折扣绝对值相等时,与"第二件半价"相比,"两件75折"的表述容易使消费者感知到更高的交易价值(Guiltinan,1987①)。

二、善用捆绑定价

捆绑定价就是企业将几种不同产品组合,然后收取一个总价格的行为。根据前景理论,消费者支付一份价格可能产生负效用,个人所支付的金额是一笔损失。相反,购买一种商品或享受一个服务代表一种收益,会产生正效用。消费者为捆绑定价支付的一个总价而不是为每个产品支付单独的价格可以降低其支付多个价格所产生的负效用。捆绑定价的形式主要有搭配销售、附加价格捆绑、销售奖金、交叉优惠券和联合捆绑定价等。

搭配销售是指消费者在购买某一主要产品时,以较低价格购买一个或多个同类互补产品或其他产品。比如购买打印机时以低于市场价配售墨盒或者赠送墨盒;牛奶与玻璃杯搭配销售:单瓶卫岗酸奶18元、玻璃杯单价6元,卫岗酸奶和玻璃杯打包按照20元/份销售。

附加价格捆绑是指只有在已经购买了主要产品的情况下,消费者才能购买附加产品。与搭配销售不同的是,消费者在不购买任何附加产品的情况下仍然可以使用主要产品。例如,针对电脑游戏,游戏玩家可以选择购买升级版游戏包,也可以继续玩电脑自带的基本游戏。

销售奖金是指消费者在消费一定金额后将收到固定金额或其总支出的百分比作为奖励。比如店铺全场消费满1000元打8.5折,该形式的显著特点是,消费者获取奖金是取决于其购买商品的数量,更多是由消费总支出决定。在这种形式下,消费者往往不会在意单个商品的价格,而会更多考虑在一定的金额内所获得商品的感知价值的大小。

交叉优惠券是指消费者在购买A产品后会收到购买B产品的优惠券。

---

① Guiltinan J P. The price bundling of services: A normative framework[J]. *Journal of marketing*, 1987, 51(2): 74-85.

比如我们在超市购物时往往会收到购买洗衣粉、洗发水或果汁等商品的优惠券。这实际上价格捆绑的一种隐性形式。

联合捆绑定价是指把包含在折扣的捆绑价格与单个产品的价格一起显示。比如,麦当劳套餐和单品的价格全部展示给顾客,在这种情况下,单品价格实际上就成为套餐价格的比较价格,也是消费者的参考价格,使得消费者对套餐价格产生更多的感知交易价值,进而促进了套餐的销售。

根据 Adams & Yellen(1979)[①]的观点,与以单独的价格进行销售相比,价格捆绑能使企业更多地获取异质顾客的消费者剩余,是企业有效获取潜在利润的一种方法。捆绑定价有多种形式,企业必须根据具体情况进行考虑使用哪种形式会给企业带来更好的结果,但前提是所选择的形式一定要能够给消费者带来更大的感知交易价值。

三、增加价格促销频率

由于价格本身就是独特的销售主张或价值主张,为了吸引消费者,企业往往使用"高低(Hi—Lo)"方法,即定期提供临时低价。在零售业中,这一主张通常表现为"天天低价",对于采取低端价格定位的企业而言,"天天低价"策略尤为经常使用。最典型的企业是大型超市如家乐福、苏果和宜家等。家乐福把部分蔬菜、苏果把部分鸡蛋作为天天低价的对象,宜家则通过长期保持一定的产品种类与相应的产量来锁定供应商的低价,并将部分节省的成本传递给顾客,通过打造大众熟悉的标志性低价产品(如 Billy 货架)来扩大整个产品系列的低价形象。根据 Alba 等(1994)的研究,与价格折扣幅度相比,价格促销频率对消费者的感知交易价值有更显著的影响,"天天低价"的超市比"高低定价"的超市有更高的顾客感知交易价值。

尽管增加价格促销频率能够短期带来销量的显著增长,但频繁的价格促销也会使消费者容易认为该产品在降价促销。所谓的"优惠价格"实际就

---

① Adams W J, Yellen J L. Commodity bundling and the burden of monopoly[J]. The Quarterly Journal of Economics, 1976: 475 - 498.

是该产品的正常定价,有可能导致价格促销不仅没有提高消费者的感知交易价值,还会使消费者对企业的诚信产生怀疑,进而影响企业的整体形象。因此,价格促销频率的确定应当以企业产品的价格定位为基准。根据Simon(2022)①的观点,企业的价格定位可以分为奢侈品价格定位、高端品价格定位、中端产品价格定位、低端价格定位和超低端价格定位。奢侈品价格定位意味着企业以持续的极高价格提供极致的质量或服务,为了保护品牌的声誉、稀有和最优质的形象、产品或服务应该保持稳定的极高价格。由于价格本身就是奢侈品质量和独家性的重要指标,会形成虚荣效应(Snob Effect)或凡勃仑效应(Veblen Effect)导致的价格相应函数,在某些价格区间内具有正斜率,也就是说,价格上涨会带来更高销量。因此,奢侈品更适合涨价促销,但为了支持涨价带来的极高的价格水平,企业通常会限制产量,并把信息提前传递给市场,以增强人们对稀缺性和持久价值的印象,最终提升消费者的感知交易价值。最典型的例子就是劳力士手表,每款新手表都在老款手表价格的基础上按照一定的比例提高价格进行销售,从而保持劳力士高端奢侈品的形象。高端品价格定位意味着产品或服务的价格明显且持续高于市场平均水平,对于高端品价格定位而言,消费者感兴趣的是供应商的质量、能力或独特性,主要表现企业的产品功能属性出类拔萃,在情感、象征和道德属性也有出色的表现,因此价格往往不是消费者关注的重点。另一方面,对企业而言,相对较高价格是高端产品不可或缺的特征,这时价格就不能成为打折、特价或类似价格策略的工具而经常变动,要保持价格稳定,以保护好现有品牌。但在激烈的竞争市场中,由于短期降价能导致销量的大幅上升,这诱惑了一些企业频繁使用降价策略,使得产品失去高端地位,成为大众市场产品。最典型的例子是法国服装品牌 Lacoste,该品牌从 1933 年创建以来就定位于高社会阶层,并以高价格获取了高额利润,但随着时间的推移,企业采取频繁降价的策略,而频繁的降价导致了销量的下降,销量的下降又引发了更为频繁的降价,最终 Lacoste 沦为大众产品。中

---

① Simon H. The Philosophy of Value and Price[J]. Journal of Creating Value,2022:8(1)102－112.

端产品价格定位是指从消费者角度来看,相对于市场平均水平来说,产品或服务具有中端水平的性能和相应的中档价格。具有中端价位的产品通常包括有助于在各自的市场中制定标准的品牌产品,往往是市场中处于领先地位的品牌如大众汽车、格力空调以及宝洁洗发用品等。为了与品牌形象和稳定的品质一样,许多中端价位产品的企业尽可能保持稳定的价格水平。为了遏制特价或打折的频率和幅度,这类企业积极地维持产品价格,通过确定亏本商品、回购全面降价产品限制交货或激励渠道商执行建议售价的方式,在一定的范围内协调终端消费者价格。由于竞争的需要,中端价位的产品往往也会以特价或价格促销的方式参与市场竞争,以赢回已转向廉价或低端价位产品的消费者,但在这种情况下,切记不要过于频繁使用这种价格策略。如果长期进行促销活动或提供远远低于正常水平的价格进行降价,会使消费者对降价习以为常,并且只有在降价时才会购买,同时品牌形象也会受损,还会导致产品从中端价位下降至低端价位。低端价格定位是指相对于市场平均水平,企业以持续的较低价格提供较低水平的产品性能。低价策略获取成功唯一途径就是具有比竞争对手更低的成本,除非企业一直保持低成本,否则低价本身不能带来成功。超低端价格定位是指以极低价格提供极简产品,这种价格定位主要出现在中国、印度以及东欧的新兴市场国家,超低端价位细分市场的产品价格有时会比低端价位产品的价格低50%—70%。比如,在印度,吉利推出了售价 0.11 美元的剃须刀片,比现有价格低 75%。

四、其他方法

企业也可以通过现金返还(Cash Back)、制定月亮价格(Moon Price)和调整价格结构的方式来提高消费者的感知交易价值。

现金返还就是消费者在购买商品时,卖方返还给消费者一定金额现金的行为。如购买 200000 元的汽车,返还 2000 元现金。根据前景理论,对消费者而言,支付 200000 产生巨大的负效用,需要用获得一辆新车的正效用得到抵消。而 2000 元的现金收入又带来额外的正效用,与直接以 198000

元购买汽车相比,这样的组合定价可以让消费者感受到更高的净效用,从而有更多的感知交易价值。

月亮价格是指商品价目表上从来没有人支付过的价格。这与国内服装标价牌上的指导价或建议零售价类似,生产厂商提供一个定价为 800 元的指导价,零售商按照 7 折或 8 折进行销售,几乎没有消费者按照 800 元购买该服装。在这里,800 元的标价就是月亮价格。这种标价一方面有利于商家的差异化定价,在不失去顾客的情况下,商家会提供尽可能少的折扣,另一方面有助于消费者在与商家的讨价还价中通过获得一定的折扣来感受到更大的净收益。

前景理论认为,对于消费者而言,放弃已经拥有的东西和得到一个想要购买的商品相比,前者的负效用比后者的正效用要大得多,即人们都不愿意失去已经拥有的东西。因此,可以采取变动价格度量的方式来提高消费者的感知交易价值。例如,家用车险表达方式是年保险费,如果按季或月为单位表述这个价格是否合适? 实际上,当顾客真正支付了保险费,让他一次性支付比按照季或月支付更为合理。当消费者按季支付时,一年之内会"被伤害"4 次,累计的负效用比一次性支付更大。但对于健身房而言,按月支付则更容易带给消费者更多的感知交易价值,因此,价格结构要与具体的情景相匹配,要适应具体的情景要求。

第八章　价格形象

本章概述

本章首先介绍价格形象的概念以及相关研究概况,然后分析了价格形象维度,并从价格驱动因素、非价格驱动因素、基于消费者的价格形象驱动因素这三个方面讨论了价格形象的影响因素。最后,提出了企业价格形象塑造的方法。

第一节　价格形象概述

价格形象是指"消费者对商品的不同类别价格的态度",在对产品的定价过程中,企业可以向消费者传达商品信息,并且在消费者心中塑造和维护价格形象。同时,消费者也常常会在购物前考虑特定企业的定价行为,也就是企业的价格形象,再进一步进行消费决策。

一、价格形象的概念

价格形象这一概念最初是由 Nyström 在 1970 年首先提出,是指消费者对商店价格水平的总体感知,是个体消费者对商店价格水平的评估。现有文献显示,大多数学者(如 Nyström 等,1975[①];Cox & Cox,1990[②];Desai &

---

① Nyström H, Tamsons H, Thams R. An experiment in price generalization and discrimination[J]. *Journal of Marketing Research*, 1975, 12(2): 177 - 181.

② Cox A D, Cox D. Competing on price: the role of retail price advertisements[J]. *Journal of Retailing*, 1990, 66(4): 428 - 450.

Talukdar,2003①;Zeithaml,1988)认为价格形象是一个低价格或价格水平形象的一维概念,是消费者对某个零售商或企业产品整体价格水平的主观反映。比如,大部分消费者将国内知名的金鹰商场视作高价格商品的销售场所,而金鹰奥莱城则被看作是一个商品打折的场所。但也有学者(如Zielke,2006)②认为价格形象是一个多维概念,由零售商定价活动及其结果的几个感知维度组成,是消费者综合考虑价格、商品价值、价格公平以及特价物品促销频率等多因素后对某零售商或某企业产品价格水平的主观反映,该定义较好地抓住了形象的本质,形象通常被视为与物体有关的"整个相关因素的集合"(Blackwell 等,2001)。

在对价格形象的研究中,学者们通常将价格形象定义为在某一销售场所的相对价格水平的整体表现(Mazursky & Jacoby,1986③;Cox & Cox,1990④;Simester,1995⑤; Hamilton & Chernev,2013⑥),根据销售场所的整体价格水平,消费者把零售商分为昂贵或便宜两类(Fady et al,2008⑦)。有两种方法可以用于价格形象的衡量:一是基于商店的客观特征衡量价格形象(Buyukkurt & Buyukkurt, 1986⑧),二是使用消费者感知对价格形象进行衡量。后者是当前研究中最常用的一种方法(Zielke, 2006;Ngobo &

① Desai K K, Talukdar D. Relationship between product groups' price perceptions, shopper's basket size, and grocery store's overall store price image[J]. *Psychology & Marketing*, 2003, 20(10): 903-933.

② Zielke, S. Measurement of retailers' price images with a multiple-item scale[J]. *The International Review of Retail, Distribution and Consumer Research*, 2006, 16(3): 297-316.

③ Mazursky D, Jacoby J. Exploring the development of store images[J]. *Journal of Retailing*, 1986, 62(2): 145-165.

④ Cox A D, Cox D. Competing on price: the role of retail price advertisements[J]. *Journal of Retailing*, 1990, 66(4): 428.

⑤ Simester D. Signalling price image using advertised prices[J]. *Marketing Science*, 1995, 14(2): 166-188.

⑥ Hamilton R, Chernev A. Low prices are just the beginning: Price image in retail management[J]. *Journal of Marketing*, 2013, 77(6): 1-20.

⑦ Fady A, Fastré M, Coutelle P. *La politique de prix dans le commerce*[M]. Vuibert, 2008.

⑧ Buyukkurt B K, Buyukkurt M D. Perceived correlates of store price image: an application of the bootstrap[J]. *ACR North American Advances*, 1986.

Jean,2012①;Coutelle & Rivière,2013②)。实际上,通过与商店或零售商间整体价格的对比,消费者很容易从他们经常光顾的商店或零售商的某一销售场所的价格水平得出自己的有关该商店或零售商的价格形象。影响消费者价格形象形成的因素有多种,结合其他学者的研究,Ngobo & Coutelle(2014)③提出了决定价格形象因素的综合模型。在这个模型中,他们认为,价格形象主要由以下因素构成:商品类别(即品牌形象)(Desai & Talukdar,2003④)、价格水平(Alba 等,1994)、促销(D'Andrea 等,2006⑤)、广告(Desmet & LeNagard,2005⑥)、内部物理形象(Baker,1994⑦)和外部物理形象(Zielke & Toporowski,2014⑧)。由于构成价格形象的因素既包括消费者的主观感知因素,也包括商店内外部的客观因素。因此,价格形象取决于消费者对理性因素的感知,这些理性因素主要是商店或零售商提供的价格和促销、商店或零售商把价格或促销信息与消费者的沟通效果以及提供的商品类别[类型(即国家和/或商店品牌)和品牌数量]。尽管如此,价格形象也来自消费者对情感因素的感知,例如商品销售场所(内部和外部)的物理形象以及商店或零售商的沟通信息(POS 广告、招股说明书等)。

---

① Ngobo P V, Jean S. Does store image influence demand for organic store brands? [J]. *Journal of Retailing and Consumer Services*, 2012, 19(6): 621 - 628.

② Coutelle-Brillet P, Rivière A. Entre prix bas et nouvelles sources de différenciation: quelle stratégie pour les hard discounters? [J]. *Revue française de gestion*, 2013, 39(230): 137.

③ NGOBO P V, Coutelle P. Le processus de formation de l'image prix d'un point de vente: proposition et test d'un modèle intégrateur [J]. *Actes du 30ème Congrès International de l'Association Française du Marketing*, Montpellier, France, 2014.

④ Desai K K, Talukdar D. Relationship between product groups' price perceptions, shopper's basket size, and grocery store's overall store price image[J]. *Psychology & Marketing*, 2003, 20(10): 903 - 933.

⑤ D'Andrea G, Schleicher M, Lunardini F. The role of promotions and other factors affecting overall store price image in Latin America[J]. *International Journal of Retail & Distribution Management*, 2006.

⑥ Nagard E L, Maxwell S, Desmet P. Differential effects of price-beating versus price-matching guarantee on retailers' price image[J]. *Journal of Product & Brand Management*, 2005, 14(6): 393 - 399.

⑦ Grewal D, Baker J. Do retail store environmental factors affect consumers' price acceptability? An empirical examination[J]. *International Journal of Research in Marketing*, 1994, 11(2): 107 - 115.

⑧ Zielke S, Toporowski W. *Does architecture influence the price image and intention to shop in a retail store?* [M]. European retail research. Gabler Verlag, Wiesbaden, 2009: 83 - 100.

　　消费者价格形象的形成与消费者的商店形象形成较为类似,因此,可用商店形象的形成可以解释价格形象的形成。在商店形象研究中,Zimmer & Golden(1988)①研究发现,消费者会根据自己的整体印象(如质优价高)、商店类型标签(高档或低档)和样本商店来描述商店形象。Keaveney & Hunt (1992)②提出了一种基于商品类别的处理模式来解释商店形象的形成。他们认为,当顾客接触到一家新的商店时,他们会首先尝试根据它与样本商店的特征、线索或刺激对其进行分类。如果该商店与其记忆中的现有商店类别匹配,则相应的处理模式将被激活并作用于新商店。因此,如果客户将吸引人的超市风格与高档食品店的模式相匹配,他们将把价格预期从高档食品店转移到超市,在这种情况下,消费者就会对高档食品店产生一个较高的价格形象。

　　从上面的分析中可以看出,由于价格形象表示购物者的总体价格形象,因此,它在零售价格管理中起核心作用。由于零售商品种类繁多,消费者很难记清相关产品的价格,特别是当消费者计划购买价格不熟悉的商品时,商店的价格形象就会影响消费者对购物地点的决策。对于消费者而言,这是一个简单又有效的过程,否则他们就会花费大量的时间和精力搜集信息去比较各个商店间的价格。当搜集信息的成本可能超过获得的收益时,消费者使用价格形象来概括特定商品的价格将变得更为合理。

二、价格形象的相关研究

　　价格形象的研究主要集中在零售行业,价格可以被零售商用作传递商品信息的渠道,也可以用来塑造消费者心目中价格形象。同时,在做出购买决策之前,消费者也会对零售商的定价进行分析,对价格形象进行建构,作

---

　　① Zimmer M R, Golden L L. Impressions of retail stores: A content analysis of consume[J]. *Journal of Retailing*, 1988, 64(3): 265.
　　② Keaveney S M, Hunt K A. Conceptualization and operationalization of retail store image: A case of rival middle-level theories[J]. *Journal of the Academy of Marketing Science*, 1992, 20(2): 165-175.

为购买决策的指引。

随着消费习惯和零售业态的不断变化,消费者的需求也发生了改变。为了在激烈的竞争环境中取胜,零售商们制定了多种的价格策略。然而,消费者对零售商的价格感知是异质的(Hamilton & Cheme,2010)①。因为消费者会基于他们已经熟知的零售商的价格水平或某方面特性的感知,来形成对同区域内其他零售商的价格形象定位,进而降低自己对零售商价格感知的难度。换句话说,价格形象并不表示零售商实际制定的价格,如果零售商给出实际价格,消费者会对此做出评价,这种评价是一个主观的过程,即消费者会将商品的实际价格和自己的感知价格进行比较(Zeithaml,1988),消费者感知到的价格水平会影响其对零售商价格的感知,从而建构自己认知中的零售商价格形象(Zielke & Toporowski,2009②;Ngobo,2011③)。因此,目前有关零售商价格形象的研究也主要从消费者的角度切入,可以分为价格形象的前因变量和结果变量这两方面。

(一) 前因变量相关研究

在价格形象的构建过程中,商家通过对能够影响消费者价格形象感知的因素进行调控,以对其造成影响。前因变量包括价格因素和非价格因素两个部分。价格因素中除了商品价格外,还包括商家的广告活动(Cox & Cox,1990)、商品售价表(Schindler,2006④)、定价策略(如天天低价、高/低定价等)(Brown,1971⑤),促销的频率和深度(Monroe & Lee,1999⑥)以及零售商相对于竞争对手的价格优势的频率(Alba 等,1994)。例如,麦德

---

①　Hamilton R, Chernev A. The Impact of Product Line Extensions and Consumer Goalson the Formation of Price Image[J]. *Journal of Marketing Research*, 2010, 47(1): 51 - 62.

②　Zielke S, Toporowski W. Does architecture influence the price image and intention to shop in a retail store? [M]. European retail research. Gabler Verlag, Wiesbaden, 2009: 83 - 100.

③　Ngobo P V. What drives household choice of organic products in grocery stores? [J]. *Journal of Retailing*, 2011, 87(1): 90 - 100.

④　Schindler R M. The 99 price ending as a signal of a low-price appeal[J]. *Journal of Retailing*, 2006, 82(1): 71 - 77.

⑤　Brown F E. Who perceives supermarket prices most validly? [J]. *Journal of Marketing Research*, 1971, 8(1): 110 - 113.

⑥　Monroe K B, Lee A Y. Remembering versus knowing: Issues in buyers' processing of price information[J]. *Journal of the Academy of Marketing Science*, 1999, 27(2): 207 - 225.

龙、家乐福和华润苏果等大型超市,往往把一类或一种商品如蔬菜或鸡蛋作为天天低价商品,吸引顾客入店,长此以往就会给人一种低价形象,而麦德龙高级会员店则给人价高质好的形象。非价格因素主要是指商店本身以及营销人员、营销过程中的相关因素,包括商店规模、购物环境/氛围、产品分类、营销人员服务水平等(Grewal & Baker,1994;Buyukkurt & Buyukkurt,1986[①])。例如,就商店规模而言,与规模小的商店相比,规模较大的商店呈现的是较低价格形象,进口食品店的商品价格要比超市进口的商品高。

　　具体而言,在对价格形象的前因研究中,主要有四个研究方向。一是分析不同产品组合对整个商店价格形象的影响,这时价格形象就被定义为商店的价格水平(Nyström,1970[②];Büyükkurt,1986;Alba 等,1994;Desai & Talukdar,2002[③]、2003[④]);二是对零售商或服务公司如何为其产品设定价格的研究(Bolton & Shankar,2003[⑤];Ailawadi & Keller,2004[⑥];Avlonitis & Idounas,2007[⑦];Hardesty 等,2007[⑧])。该研究方向主要描述了商店价格形象的前因,因此与价格形象的研究有关。第三是分析了价格水平感知以外与价格相关的结构,例如物有所值(Zeithaml,1988;Sweeney & Soutar,

---

①　Buyukkurt B K, Buyukkurt M D. Perceived correlates of store price image: an application of the bootstrap[J]. *ACR North American Advances*, 1986.

②　Nyström H. *Retail pricing: An integrated economic and psychological approach*[M]. Economic Research Institute at the Stockholm School of Economics, 1970.

③　Desai K K, Talukdar D. Overall store price image: the interactive influence of product consumption span, unit product price, and shopping basket size[J]. *ACR North American Advances*, 2002.

④　Desai K K, Talukdar D. Relationship between product groups' price perceptions, shopper's basket size, and grocery store's overall store price image[J]. *Psychology & Marketing*, 2003, 20(10): 903 - 933.

⑤　Bolton R N, Shankar V. An empirically derived taxonomy of retailer pricing and promotion strategies[J]. Journal of Retailing, 2003, 79(4): 213 - 224.

⑥　Ailawadi K L, Keller K L. Understanding retail branding: conceptual insights and research priorities[J]. *Journal of Retailing*, 2004, 80(4): 331 - 342.

⑦　Avlonitis G J, Indounas K A. An empirical examination of the pricing policies and their antecedents in the services sector[J]. *European Journal of Marketing*, 2007.

⑧　Hardesty D M, Bearden W O, Carlson J P. Persuasion knowledge and consumer reactions to pricing tactics[J]. Journal of Retailing, 2007, 83(2): 199 - 210.

2001①）或价格公平（例如 Kahneman 等，1986②；Campbell，1999③；Homburg 等，2005④）。最后一个研究方向是通过概念化价格感知整体或价格形象来整合第三个研究方向的内容，特别是当价格形象作为多维潜在变量来衡量时（Matzler 等，2006⑤；Zielke，2006⑥）。

（二）结果变量相关研究

结果变量主要是指消费者形成价格形象后的行为，由于这种行为主要体现为消费者是否购买商品，因此关于价格形象结果变量的研究大多围绕顾客购买意愿展开，即消费者对于零售商所形成的价格形象对于自身购买意愿会产生显著影响（Zielke，2008⑦；Cheah，2020⑧）。

Diallo 等（2014）⑨研究表明，价格保证或价格水平感知（消费者认为价格水平普遍较低）对消费者的商店忠诚意向有积极的直接影响。Zielke（2006）⑩也证明了价格形象是影响消费者价格态度一个决定因素，而消费者感知价格是价格形象的主要决定因素。一些学者的研究已经证明了价格

① Sweeney J C，Soutar G N. Consumer perceived value：The development of a multiple item scale[J]. *Journal of Retailing*，2001，77(2)：203 – 220.

② Kahneman D，Knetsch J L，Thaler R. Fairness as a constraint on profit seeking：Entitlements in the market[J]. *The American Economic Review*，1986：728 – 741.

③ Campbell M C. Perceptions of price unfairness：antecedents and consequences[J]. *Journal of Marketing Research*，1999，36(2)：187 – 199.

④ Homburg C，Hoyer W D，Koschate N. Customers' reactions to price increases：do customer satisfaction and perceived motive fairness matter？[J]. *Journal of the Academy of Marketing Science*，2005，33(1)：36 – 49.

⑤ Matzler K，Würtele A，Renzl B. Dimensions of price satisfaction：a study in the retail banking industry[J]. *International Journal of Bank Marketing*，2006.

⑥ Zielke S. Measurement of retailers' price images with a multiple-item scale[J]. *Int. Rev. of Retail，Distribution and Consumer Research*，2006，16(3)：297 – 316.

⑦ Zielke S. Exploring asymmetric effects in the formation of retail price satisfaction[J]. *Journal of Retailing and consumer Services*，2008，15(5)：335 – 347.

⑧ Cheah J H，Waller D，Thaichon P，et al. Price image and the sugrophobia effect on luxury retail purchase intention[J]. *Journal of Retailing and Consumer Services*，2020，57：102188.

⑨ Diallo M F，Coutelle-Brillet P，Riviere A，et al. How do price perceptions of different brand types affect shopping value and store loyalty？[J]. *Psychology & Marketing*，2015，32(12)：1133 – 1147.

⑩ Zielke S. Measurement of retailers' price images with a multiple-item scale[J]. *Int. Rev. of Retail，Distribution and Consumer Research*，2006，16(3)：297 – 316.

（如 Voss 等，1998[①]；Varki & Colgate，2001[②]；Iyer & Evanschitzky，2006[③]）或价格形象（Lombart & Louis，2014[④]）对消费者满意度以及销售场所态度（Stan 等，2007[⑤]）的影响。Zielke（2008）[⑥]的研究发现，消费者感知价格（特别是感知价格水平、价格价值、价格公平性、价格感知性、价格加工性、特别优惠、价格广告和较高价格范围内的产品）影响消费者的满意度。具体而言，消费者对价格公平的感知对他们的满意度有积极和显著的影响，并通过满意度和承诺变量间接影响他们的忠诚度（Matute-Vallejo 等，2011[⑦]）。消费者对价格公平的感知也是其产生信任的前提（Buttle & Burton，2002[⑧]）。

除此之外，价格形象还会对商店品牌的感知质量、品牌忠诚度以及品牌认知和品牌联想有积极的影响（Porral，2015[⑨]）。

第二节　价格形象维度

大多数学者只是简单地把价格形象定义为类似于低价或价格水平形象

① Baker J，Parasuraman A，Grewal D，et al. The influence of multiple store environment cues on perceived merchandise value and patronage intentions[J]. *Journal of Marketing*，2002，66(2)：120-141.

② Varki S，Colgate M. The role of price perceptions in an integrated model of behavioral intentions[J]. *Journal of Service Research*，2001，3(3)：232-240.

③ Iyer G，Evanschitzky H. Dimensions of satisfaction in retail settings[C]//Sustainable marketing Leadership. A synthesis of Polymorphous Axioms，Strategies and Tactics，Proceedings of the 35th EMAC Conference，Athens，Greece. 2006.

④ Lombart C，Louis D. A study of the impact of Corporate Social Responsibility and price image on retailer personality and consumers' reactions(satisfaction，trust and loyalty to the retailer)[J]. *Journal of Retailing and Consumer Services*，2014，21(4)：630-642.

⑤ Stan V，Calciu M，Jakobowicz E. Les construits qui affectent la fidélité des clients envers un point de vente. Une application managériale des modèles d'équations structurelles[J]. HAL，2007，2007.

⑥ Zielke S. Exploring asymmetric effects in the formation of retail price satisfaction[J]. *Journal of Retailing and Consumer Services*，2008，15(5)：335-347.

⑦ Matute-Vallejo J，Bravo R，Pina J M. The influence of corporate social responsibility and price fairness on customer behaviour：Evidence from the financial sector[J]. *Corporate Social Responsibility and Environmental Management*，2011，18(6)：317-331.

⑧ Buttle F，Burton J. Does service failure influence customer loyalty？[J]. *Journal of Consumer Behaviour：an international research review*，2002，1(3)：217-227.

⑨ Calvo Porral C，Lévy-Mangin J P. Do store image and price perception matter to store brand equity？[J]. *Journal of Food Products Marketing*，2015，21(1)：102-122.

(Price Level Image)的单一维度概念(Zeithaml,1988)。随着消费者行为学的不断发展,学者们开始关注价格形象的多维度特性,价格形象更多被视作潜变量来研究。

一、根据定义划分价格形象维度

Zielke(2006)将价格形象定义为"顾客对公司、零售商或商品类别的定价活动而产生的主观信念和感觉组成的多维潜在变量"。定义明确地把情感作为零售商价格形象的一部分,认为价格形象与物体有"一系列关联",这些关联可能涉及人的认知和情感。例如,如果顾客对某特定商店的价格已经有预期,这种预期所产生的情感就是该零售商价格形象的一个维度。如果消费者将廉价与社会耻辱联系在一起,那么预期的羞耻感就是价格形象的一个维度。

认知和情感形象维度之间也有关系,因为价格水平的认知对羞耻的预期有潜在影响。认知价格形象维度影响与价格相关的情绪,这些情绪来源于不同目标(如储蓄、社会声望和社会责任等目标)的相关性和一致性。比如,与储蓄目标的一致性会影响消费者对零售商定价活动的情绪反应,如享受、痛苦、愤怒和恐惧。假设你的目标是存钱购买一部即将推出市场的最新款高端手机,而商场对该款手机的定价超出了你的价格预期,这时你可能会产生痛苦或愤怒的情绪。同样,与社会声望和社会责任等目标的一致性也会对自我相关的情绪产生影响,比如羞愧和内疚。不同的形象维度并不是相互独立的,除了不同目标相关性和一致性之外,许多学者也发现了其他相互关联的维度(Dabholkar 等,1996[①];Sweeney & Soutar,2001[②])。

---

① Dabholkar P A, Thorpe D I, Rentz J O. A measure of service quality for retail stores: Scale development and validation[J]. *Journal of the Academy of Marketing Science*, 1996, 24(1): 3-16.

② Soutar S. Consumer perceived value: The development of a multiple item scale[J]. *Journal of Retailing*, 2001, 77: 203-220.

二、根据行业划分价格形象维度

Zielke(2010)[①]将价格形象划分为五个维度,并以欧洲五种类型的食品零售店为对象进行实证研究,分别是价格水平感知(Price-level Perception)、物有所值(Value for Money)、价格可感知性(Price Perceptibility)、价格可加工性(Price Processibility)和价格评估确定性(Evaluation Certainty)。

(一) 价格水平感知

价格水平感知是不考虑质量差异的情况下对价格的感知。对相同类别的商店或同行业的零售商而言,价格水平感知是某一商店或零售商价格水平形象的同义词。比如,金鹰商场是高档商品的经营场所,商品价格普遍较高;沃尔玛是中低档商品的经营场所,商品价格较为亲民。对于单一产品,价格水平感知来自消费者对产品价格与标准(通常称为参考价格)的比较(Rajendran & Tellis,1994[②])。当消费者把对多个单一产品价格感知扩展到整个商店或零售商的整体价格时,就形成了消费者对该商店或零售商的整体价格水平感知,对此,一些学者也提出了整体价格形象的整合规则(Alba 等,1994,Desai & Talukdar, 2002[③]、2003[④])。因此,价格水平感知是消费者在不考虑产品质量差异的前提下,单纯通过产品价格的高低直接对商店或零售商的价格水平进行评估。如果消费者对某商店或零售商的整体价格水平已有了一个高档或低档的评判,那么对其中具体经营的产品价格也会有同样的感知,价格水平感知先于产品品牌、质量的比较,是消费者

---

① Zielke, S. Measurement of retailers' price images with a multiple-item scale[J]. *The International Review of Retail, Distribution and Consumer Research*, 2010, 16(3): 297 - 316.

② Rajendran K N, Tellis G J. Contextual and temporal components of reference price[J]. *Journal of Marketing*, 1994, 58(1): 22 - 34.

③ Desai K K, Talukdar D. Overall store price image: the interactive influence of product consumption span, unit product price, and shopping basket size [J]. ACR North American Advances, 2002.

④ Desai K K, Talukdar D. Relationship between product groups' price perceptions, shopper's basket size, and grocery store's overall store price image[J]. Psychology & Marketing, 2003, 20(10): 903 - 933.

对一类产品价格的初步比较。而消费者整体感知价格水平的形成是源于对多个单一产品价格感知的综合。

(二) 物有所值

物有所值通常被定义为付出和获得之间的权衡(Dodds & Monroe，1985[①];Zeithaml,1988)。在零售环境中，物有所值是从产品和商店属性派生的牺牲和效用之间权衡的结果。除了价格之外，消费者还可以考虑购买过程中的物理、心理和时间成本视为其付出的构成要素(Zeithaml，1988；Gijsbrechts，1993[②]，Baker 等，2002[③])。尽管价格水平感知和产品价值具有一定的相关性，但零售店在这两个维度上的表现可能非常不同。肉食爱好者可能会认为折扣店的肉价非常便宜，但肯定不是物有所值。同样的道理，他可能会认为他最喜欢的葡萄酒商店销售的商品物有所值，但肯定不是最便宜。因此，物有所值是消费者的支出与获得之间的主观比较。在这个比较过程中，消费者为获得产品的付出不仅仅局限于产品价格，还包括购买过程中物理、情感和时间上的牺牲。只有总支出和获得相匹配，消费者才能感知到物有所值，因此，在树立价格形象时，企业不能仅仅考虑价格这一个因素。

(三) 价格可感知性

价格可感知性是消费者在商店中查找或查看产品价格的难易程度。文献显示，价格标签(Price Labelling)对价格感知性具有重要的影响(Zielke，2006[④])。通过价格标签可以把价格信息明确无误地传递给消费者，同时也容易使消费者找到所需商品，这样就减少了消费者的信息搜索成本，也大大节约

---

① Dodds W B，Monroe K B. The effect of brand and price information on subjective product evaluations[J]. ACR North American Advances，1985.

② Gijsbrechts E. Prices and pricing research in consumer marketing：Some recent developments[J]. International journal of research in marketing，1993，10(2)：115－151.

③ Baker J，Parasuraman A，Grewal D，et al. The influence of multiple store environment cues on perceived merchandise value and patronage intentions[J]. Journal of marketing，2002，66(2)：120－141.

④ Zielke S. Measurement of retailers' price images with a multiple-item scale[J]. *Int. Rev. of Retail，Distribution and Consumer Research*，2006，16(3)：297－316.

了消费者的时间和精力成本。因此,我们在商店里经常看到白色、黄色和红色等不同颜色的标价牌,通过颜色的不同就可以知道哪些是正常定价、哪些是正常折扣价以及哪些是清仓价,极大地满足了消费者对不同商品的价格需求。

(四) 价格可加工性

价格可加工性是指价格加工的难易程度,特别是在与销售场所的替代产品价格进行比较时(Zielke,2006)。虽然价格标签可能是价格可加工性的先决条件,但价格可加工性可能取决于商品单价或货架展示(如当自有品牌产品与知名品牌产品摆放在一起时,自有品牌的可加工性可能会提高)。例如,Mate50Pro 与 iPhone14Pro 都是定位高端的两款手机,Mate50Pro 起售价 6799 元,iPhone14Pro 起售价 7999 元,单纯从价格来看 iPhone14Pro 优于 Mate50Pro,具有较好的价格形象。由于 Mate50Pro 的拍照、充电和接收信号方面都优于 iPhone14Pro,对于理性消费者而言,当他在展柜对比两款手机后,通过对像素、信号质量和电池等综合性能的比较,他可能会选择Mate50Pro。因此,使用大型红色价格标签的商店在感知性方面可能被认为是优秀的,但不一定是可加工的。

(五) 评估确定性

评估确定性描述了消费者对价格评估过程的易感程度(Zielke,2006)。在现实的商业环境中,消费者可能很难对单个产品价格做出正确评估,对整个商店价格定位的评估也是一项极具挑战性的工作。由于消费者的价格知识有限,其获取详尽的价格信息也非常困难,因此,价格评估的不确定性经常发生在零售环境中(Desai & Talukdar,2003[①])。例如,前述 Mate50Pro例子,消费者通过柜台展示提供的产品信息来做出购买决策,展示信息都是来源于企业产品的自我介绍。受制于消费者对手机知识掌握的限制,消费者对这些信息的真实性、科学性可能无法做出自我判断,造成了评估的不确

---

① Desai K K, Talukdar D. Relationship between product groups' price perceptions, shopper's basket size, and grocery store's overall store price image[J]. *Psychology & Marketing*, 2003, 20(10): 903 - 933.

定性。即使价格的可感知性和可加工性很好,但如果价格因产品系列组合产生差异并随时间变化,评估确定性也可能很差。比如,一些超市往往在晚上 8 点后对一些蔬菜打折销售,这也培养了一批专门在这个时间点来买蔬菜的消费者,如果一段时间里没有打折蔬菜销售,就会影响这部分消费者的价格形象。因此,评估确定性是零售商价格形象的一个单独维度。

与 Zielke(2010)[①]根据食品零售店对价格形象维度的划分不同,Amara & Bouslama(2011)[②]通过对化妆品和香水行业两个行业的消费者以及零售店的研究,提出了价格保障(Price Security)和提供的品牌(Proposed Brand)两个价格形象维度。

从上述分析可以看出,对价格形象维度的研究主要集中在零售行业,不同的研究侧重点导致了价格形象维度的差异性。正因为如此,对价格形象维度的研究相对较少,更多的是通过价格形象来研究消费者的行为结果,如消费者的购买意愿。

第三节　价格形象的影响因素

现有研究将价格形象的影响因素主要可以分为三大类:一是价格驱动因素;二是非价格驱动因素;三是基于消费者的价格形象驱动因素。

一、价格驱动因素

(一)平均价格水平

一个零售商的平均价格水平反映了该零售商的价格与竞争对手的价格

---

① Zielke S. How price image dimensions influence shopping intentions for different store formats[J]. *European Journal of Marketing*, 2010.

② Amara R B, Bouslama N. Creation of Price Image Measurement Scale and Comparing Perceptions of Price Image Dimensions of Two Sales Formats[J]. *Ibima Business Review*, 2011: 1 - 15.

的比较,例如一个零售商的一篮子商品是否比另一个零售商的一篮子商品更贵或更便宜。在这种情况下,平均价格水平代表的是零售商的实际价格,平均价格水平是价格形象的关键驱动因素(Feichtinger 等,1988[1]),一般情况下,较高的平均价格预期将导致较高的价格形象。这一预测与许多实证分析结果相一致,实证分析证明了消费者在选择购物地点时确实对商店的平均价格水平敏感(Bell & Lattin,1998[2];Singh,Hansen & Blattberg,2006[3])。

一般情况下,对商店平均价格水平的准确评估包括除市场平均价格的多个方面。实际上,即使绝大多数以单个价格分类的商品保持不变,价格变化频繁,价格优惠,分类不重叠(Stassen 等,1999[4])等,这些因素也使得普通消费者几乎不可能对大多数商店的价格进行全面评估。因此,消费者经常使用选择性加权模型作为全面评估来代替商店平均价格水平(Desai & Talukdar,2003[5])。商品类别也会影响消费者对价格的全面评估,例如经常被购买的高价商品类别往往比其他类别更能影响价格形象的形成,一些特定商品形成的价格形象具有高度异质性,但是许多消费者仍然仅依靠三到五个关键商品价格就能形成对品牌价格形象的建构(D'Andrea 等,2006[6])。

(二) 价格的分散性

商品类别间价格的分散性会影响零售商的价格形象,因为价格分散性

---

① Feichtinger, Gustav, Alfred Luhmer, and Gerhard Sorger. Optimal Price and Advertising Policy for a Convenience Goods Retailer[J]. *Marketing Science*, 1988, 7(2): 187 - 201.

② Bell D R, Lattin J M. Shopping Behavior and Consumer Preference for Store Price Format: Why "Large Basket" Shoppers Prefer Edlp[J]. *Marketing Science*, 1998, 17(1): 66 - 88.

③ Singh, Vishai, Karsten Hansen, and Robert C. Blattberg. Market Entry and Consumer Behavior: An Investigation of a Wal-Mart Supercenter[J]. *Marketing Science*, 2006, 25(5).

④ Stassen R E, Mittelstaedt J D, Mittelstaedt R A. Assortment overlap: its effect on shopping patterns in a retail market when the distributions of prices and goods are known[J]. *Journal of Retailing*, 1999, 75(3): 371 - 386.

⑤ Desai K K, Talukdar D. Relationship between product groups' price perceptions, shopper's basket size, and grocery store's overall store price image[J]. *Psychology & Marketing*, 2003, 20(10): 903 - 933.

⑥ D'Andrea G, Schleicher M, Lunardini F. The role of promotions and other factors affecting overall store price image in Latin America[J]. *International Journal of Retail & Distribution Management*, 2006, 34(8/9): 688 - 700.

会增加不同类别的商品在消费者心中的价格差异,从而改变他们的参考价格。Hamilton & Chernev(2010)[1]研究认为,通过对商品分类中添加一些高价商品就可以改变消费者对品牌价格形象的感知。特别是当消费者只是对可用的选项进行评估而没有明确的购买意图时,通过同化作用,高价商品的存在将提高对零售商价格的整体评估水平。相反,当消费者有购买某一特定期权的目标时,通过对比,高价商品的存在,可以使被购买期权的价格得到更有利的评价,从而降低零售商的整体价格形象。

消费者不仅是对零售商的整体价格水平敏感,也对商店不同类别商品的价格分散性敏感,因此,消费者在评估零售商的不同商品类别时遭遇低价的频率也会影响价格形象,即使在消费者已经对零售商的价格形象有强烈的先验信念的情景中也是如此(Alba 等,1994)。研究表明,消费者在评价零售商的不同类别时遇到低价的频率比零售商提供更优惠的价格更能影响价格形象(Alba & Marmorstein,1987;Buyukkurt,1986;Cox & Cox,1990[2])。

商店的价格分散性以及由此产生的依赖于商品类别的价格形象,可能使得消费者做出挑拣行为(Fox & Hoch,2005)。在现实社会中,不存在一家商店里所有商品的价格都是最低的情况,因此,消费者可能会在多家商店购物,以获得一篮子本可以在一家商店购买的商品。这种挑拣行为也符合反映市场效率的补偿推论原理(Chernev & Carpenter,2001[3]),即在一个属性上的优异表现(如,一个类别的低价)将被另一个属性上的较差表现(如,另一个类别的高价)抵消。

零售商在不同产品类别之间的价格竞争程度也会形成价格分散性,从而影响价格形象。例如,一个零售商可能以相对于市场平均水平一致的折扣为其所有商品定价,而另一个零售商可能将一些商品的价格定得高于市

---

① Hamilton R, Chernev A. The Impact of Product Line Extensions and Consumer Goalson the Formation of Price Image[J]. *Journal of Marketing Research*, 2010, 47(1): 51 - 62.

② Cox A D, Cox D. Competing on price: the role of retail price advertisements[J]. *Journal of Retailing*, 1990, 66(4): 428 - 445.

③ Chernev A, Carpenter G S. The role of market efficiency intuitions in consumer choice: A case of compensatory inferences[J]. *Journal of Marketing Research*, 2001, 38(3): 349 - 361.

场平均水平,将另一些商品价格定得很低。尽管这两家零售商的所有产品类别的平均价格可能相当,但在消费者心目中形成的价格形象很可能不同。这意味着,消费者除了对零售商商品形成整体价格印象外,还可能形成特定类别的价格印象。例如,消费者可能认为某家杂货店的整体形象很高,却认为该店的面包价格很低。

(三)价格动态

优惠券、折扣和价格调整等促销形式的常态化使得零售商不断对商品的价格进行调整,消费者面对的价格往往不同于零售商平均价格。为了减少频繁调价活动,给顾客树立一个稳定的价格形象,零售商往往每天都以低价形式出售商品,而不再采用少数商品定期低价出售的方式。这种定价方式下,由于向消费者提供的商品价格随着时间推移相对稳定,通常被称为EDLP(Every Day Low Price,每日低价或天天低价)策略,相对而言,其他零售商的商品定价则是动态的,可以频繁地或剧烈地变化。

零售商的定价策略与价格形象之间存在着一定的关系,EDLP 与促销定价这两种策略都可导致消费者较低的价格感知。一方面,EDLP 策略使顾客可以随时光临门店并以较低的价格购买自己的所需商品,同时也使商店避免了过于频繁的打折促销行为,这样就消除了顾客因价格促销导致的对商品价差的担忧,在消费者心目中树立了低价形象(Bell & Lattin,1998①)。另一方面,促销定价可以通过在消费者心中建立高参考价格,并对选定的商品提供暂时的大幅折扣,从而降低零售商的价格形象(Kalyanaram & Winer,1995)。

在价格促销方面,零售商在促销的频率和幅度上也有所不同。一些零售商倾向于提供频繁但折扣幅度较小的促销活动,而另一些零售商倾向于提供相对较少但折扣幅度大的促销活动。研究认为,相对于商店内同类别商品的平均价格而言,较少但大幅度的折扣更有可能形成一个较低的价格

---

① Bell D R, Lattin J M. Shopping behavior and consumer preference for store price format: Why "large basket" shoppers prefer EDLP[J]. *Marketing Science*, 1998, 17(1): 66 - 88.

形象(Alba 等,1994)。Hoch 等(1999)[①]的研究也证明,在价格形象的形成过程中,折扣的频率比折扣幅度更加重要,因此,频繁的小幅度折扣往往比不频繁的深度折扣更容易增加销售量。

实证研究结果表明,在充分价格信息(价格确定)下,折扣频率和折扣幅度的相对显著性会影响消费者对平均价格的判断。消费者在大多数购物场合会选择较为便宜的零售商,而在少数购物场合会选择折扣幅度大的零售商。通常情况下,消费者选择折扣频繁的零售商而不是折扣幅度大的零售商。消费者选择折扣频繁零售商主要原因在于他们更便宜或经常打折。对消费者而言,如果消费者因为便宜而选择在折扣频繁的零售商处购买商品,那么他们就应该选择 EDLP 零售商(不打折,但经常提供比折扣幅度大的零售商更低的价格),而不是折扣幅度大的零售商。如果消费者因为经常打折而选择折扣频繁零售商,那么他们应该选择折扣幅度大的零售商,因为这类零售商只提供折扣商品。

(四)与价格有关的政策

零售商的价格形象也会受到其价格相关政策的影响,包括具有竞争力的价格匹配保证、同店最低价格保证和支付形式政策。

1. 价格匹配保证

在实际营销活动中,零售商经常以"商品价格最低"作为吸引消费者购买其商品的策略。在其促销广告中往往伴随着价格匹配保证,如"我们承诺退还差价,如果你发现可以在当地更便宜购买同样的产品,"或"如果你发现相同的产品,你在另一家商店以较低的价格购买了,我们将很乐意退还差价。"消费者对价格匹配保证表现出多种反应,比如减少自己在不同商店的价格搜索行为(Srivastava & Lurie 2001[②])。由于需要大量的搜索和比较价格信息,消费者可能更喜欢使用线索或启发式价格信息来代替搜索实际的

① Hoch S J, Bradlow E T, Wansink B. The variety of an assortment[J]. *Marketing Science*, 1999, 18(4): 527-546.

② Srivastava J, Lurie N. A consumer perspective on price-matching refund policies: Effect on price perceptions and search behavior[J]. *Journal of Consumer Research*, 2001, 28(2): 296-307.

价格信息。价格匹配保证就是以线索或启发式的方式向消费者提供价格信息。当消费者认为价格匹配保证政策提供的价格信息较高时,他们把提供价格匹配保证的零售商与低于非价格匹配保证零售商的商店价格联系起来。当价格搜索成本较高时,消费者往往采用价格匹配保证来减少他们低价格信息的搜索行为。

价格匹配保证的存在可能会改变消费者对某种产品或商店的平均市场价格的预期,从而影响其对某种产品或商店是否昂贵或便宜的看法。如果价格匹配保证影响了人们对产品或商店价格昂贵或便宜的认知,那么也会影响其对产品和服务质量的认知。当消费者不能仅仅根据价格来评估产品时,价格匹配保证通过影响价格信息评估中使用的标准建立起消费者的低价形象。消费者可能会认为,由于竞争商店的价格更低,并执行保证,这将导致商店蒙受经济损失。因此,价格高于平均水平的商店不会提供价格保证,只有产品价格低于平均水平的商店才有能力提供价格匹配保证,提供这种价格匹配保证的商店的商品价格可能处于价格分布的低端。进一步来看,价格匹配保证使消费者提高了自己对产品的平均价格和最低价格的估计,从而导致其评估产品价格标准上升,使自己认为产品相对便宜。当产品价格相对较高时,价格匹配保证对消费者的感知价格形象影响更大。在这种情况下,价格匹配保证一方面提高了消费者对高价形象商店的感知价值,另一方面也反映了消费者不太确定他们会在高价形象商店买到好东西。因此,当消费者对市场价格不确定时,价格匹配担保改变了用于评估价格信息的标准。

具有竞争力的价格匹配保证旨在表明零售商对其低价的信心和维持低价定位的承诺。研究表明,价格匹配保证可以同时获得较低的价格形象评估(Srivastava & Lurie,2001;Kukar-Kinney & Grewal,2007[①])以及提高消费者对零售商价格形象的信心(Nagard 等,2005[②])。Srivastava & Lurie

---

① Kukar-Kinney M, Grewal D. Comparison of consumer reactions to price-matching guarantees in internet and bricks-and-mortar retail environments[J]. *Journal of the Academy of Marketing Science*, 2007, 35(2): 197 - 207.

② Nagard E L, Maxwell S, Desmet P. Differential effects of price-beating versus price-matching guarantee on retailers' price image[J]. *Journal of Product & Brand Management*, 2005, 14(6): 393 - 399.

(2001)认为,即使客观来看商店的实际价格较高,低价形象也可以被作为低价信号的价格匹配保证传递给消费者。例如,沃尔玛提供的价格匹配保证与其整体低价声誉是一致的。

价格匹配保证政策对价格形象形成的影响不仅取决于零售商的信念,还取决于其他消费者的行为。研究发现,如果消费者认为其他消费者在审视价格和执行购买决策时保持谨慎,那么价格匹配保证对价格形象的影响更大(Srivastava & Lurie,2004)。价格匹配保证对价格形象的影响取决于消费者是否容易获得广告中的价格匹配保证利益。因此,一个简单的价格匹配保证政策可以提高零售商的价格形象,而一个复杂的、过度限制的价格匹配保证政策可以导致负面的消费者反应(Estelami & Roggeveen,2007[①];Jain & Srivastava,2000[②])。

2. 同店最低价格保证

零售商的价格形象也会受到同店最低价格保证的影响,即承诺在给定的时间内(如 30 天)将购买价格调整到该店的最低价格。为了应对日益激烈的竞争,越来越多的卖家提供保证,他们的价格是市场上最低的。这些保证,通常称为"低价担保"(Low Price Guarantee,LPG),即如果消费者发现其他零售商的价格更低,他们将得到零售商的差价退款。在这种情况下,消费者可能认为提供低价担保的零售商比不提供这种担保的零售商有更低的价格形象(Jain & Srivastava,2000)。Anderson & Simester(2008)[③]认为,同一零售商提供未来折扣的最低价格保证比价格匹配保证更有效。因此,承诺未来折扣价格比承诺相对于竞争对手的价格匹配保证对零售商(低)的价格形象产生更大的影响。

在低价担保情况中,担保的可信度是一个关键因素,可能导致与预期相

---

① Estelami H,Grewal D,Roggeveen A L. The negative effect of policy restrictions on consumers' post-purchase reactions to price-matching guarantees[J]. *Journal of the Academy of Marketing Science*,2007,35(2):208 - 219.

② Jain S,Srivastava J. An experimental and theoretical analysis of price-matching refund policies[J]. *Journal of Marketing Research*,2000,37(3):351 - 362.

③ Anderson E T,Simester D I. Research note—does demand fall when customers perceive that prices are unfair? The case of premium pricing for large sizes[J]. *Marketing Science*,2008,27(3):492 - 500.

反的效果(Dutta 等,2007[①];Estelami 等,2007)。在实际的营销实践中,退款往往被作为担保的具体体现。退款是否有助于恢复消费者对卖方的信心,取决于消费者关注的是 LPG 产品的信息功能还是保护功能。如果消费者主要关注信息功能,退款就会产生不利的结果。例如,消费者在购买产品后发现价格降低了,即产品违约。这时,如果消费者认为 LPG 产品主要传达出价格低廉的信息,那么产品违约的影响可能在退款后仍然存在。相反,如果他们认为 LPG 产品主要作为对消费者权益的保护工具,消费者对零售商的信心可能会在退款后恢复。因此,退款并不一定能解决消费者的所有担忧。例如在石油气行业,如果消费者将 LPG 解读为一个低价的承诺,即提供的价格是全球最低的,如果零售商违约,即使他们得到了退款,他们也不会对零售商有好感。

更有研究发现,对价格敏感的消费者可能认为高额退款不合常理,是导致价格上涨的信号,则会产生更高的价格形象(Kukar-Kinney 等,2007[②])。此外,对消费者而言,退款只能部分补偿由于在另一家商店购买后发现价格更低而产生的遗憾感(Dutta 等,2011[③])。

3. 支付形式政策

支付形式政策,如接受各种类型的信用卡、个人支票和现金,也对零售商的价格形象产生影响(Lindquist 1974;Mazursky & Jacoby,1986)。这些支付政策会给零售商带来不同的额外成本进而影响价格形象。一些形式的非现金支付会增加零售商的成本——例如,当信用卡向零售商收取处理或交易费用时(Thaler,1985[④])——而其他形式的非现金支付,包括个人支票,可能会增加拒付的风险,从而减少零售商的收入。一般来说,限制支付政策(例如,不接受信用卡,不接受向零售商收取较高手续费的信用卡)往往与较

①　Dutta S,Biswas A,Grewal D. Low price signal default: an empirical investigation of its consequences[J]. *Journal of the Academy of Marketing Science*,2007,35(1):76-88.

②　Kukar-Kinney M,Grewal D. Comparison of consumer reactions to price-matching guarantees in internet and bricks-and-mortar retail environments[J]. *Journal of the Academy of Marketing Science*,2007,35(2):197-207.

③　Dutta S,Biswas A,Grewal D. Regret from postpurchase discovery of lower market prices: do price refunds help? [J]. *Journal of Marketing*,2011,75(6):124-138.

④　Thaler R. Mental accounting and consumer choice[J]. *Marketing science*,1985,4(3):199-214.

低的价格形象有关。

（五）与价格相关的沟通

消费者收集价格信息，不仅能通过现场了解产品售价，还能借助于零售商的广告、社交媒体和公共关系等来了解价格信息。基于价格的广告是零售商向顾客传达价格形象并影响消费者评价价格的最直接手段之一（Compeau & Grewal，1998）。一些研究发现，使用价格广告可以提高消费者的价格敏感性（Kaul & Wittink，1995），刺激他们在购物时更多地关注价格。相对于其他广告，价格广告很可能会影响商店的价格形象。因此，商店宣传低价的次数越多，其最终的价格形象就越低。

研究认为，价格沟通的有效性对价格形象产生影响。价格沟通的有效性是零售商对其广告价格和实际价格之间一致性的反映（Tadelis，1999[①]）。来自一个以欺骗行为而闻名的零售商的价格广告，比来自一个以宣传"真实"的价格和促销活动而闻名的零售商的广告效果要差（Anderson & Simester，2009）。

研究显示，在降低价格形象方面，带有显著参考价格信息的广告（Compeau & Grewal，1998）往往比没有参考价格信息的同类广告更有效。Cox（1990）认为，对零售商而言，商品标价中标明价格折扣的幅度（例如，"节省 $X\%$"）比同样的价格却没有标明价格折扣数值，消费者产生较低的整体价格形象。研究进一步表明，消费者对折扣感知大小也会受到折扣结构方式的影响（Thaler，1985）。因此，基于百分比的表示（例如，"节省 $X\%$"）可以使消费者在实际折扣相对较低时带来较大的感知折扣，而货币表示（例如，节省 X 元）可以使消费者在实际折扣相对较高时带来较大的感知折扣。

---

① Tadelis S. What's in a Name? Reputation as a Tradeable Asset[J]. *American Economic Review*，1999，89(3)：548 - 563.

二、非价格驱动因素

(一) 物理特征

商店的物理属性可以传递关于总体价格水平的强大信号。现有的研究表明,物理特征对商店价格形象的影响甚至比实际、客观的价格水平更大(Brown,1969[①])。Chaiken(1980[②])认为,物理特征(如商店的设计、大小和位置)是影响价格形象的因素,因为消费者经常采用启发式方式处理这些因素,这为他们提供了快速和简单的整体价格形象信号(Buyukkurt,1986[③])。影响价格形象的商店物理属性可以分为两类:一类与零售商成本有关,另一类与销售额有关(Brown & Oxenfeldt,1972)。因此,中心销售位置、精致的装饰和更好的设施往往有较高的零售商成本,从而会带来较高的价格形象。实证研究发现,室内装修昂贵、时尚、音乐悦耳的商店往往有较高的价格印象,而破旧、不整洁的商店往往有较低的价格印象(Baker 等,2002;Brown,1969)。同样,与销量相关的因素也会影响价格形象。例如,较大的商店、拥有较大停车场的商店以及位于大型购物中心的商店往往具有较低的价格形象(Brown & Oxenfeldt,1972)。这些物理属性可能会影响零售商的价格形象,因为它们表明一家商店服务于一个庞大的客户群,有规模效应,也有可能从厂商获得(并传递给消费者)大量折扣。同时,商店物理特性对价格形象的影响也是一个关于其他非价格信号的函数,如服务水平、购物氛围和商品分类,这些要素可以影响消费者的价格形象感知,也容易使消费者与价格形象关联(如高端服务、高端商店),大商店往往被认为与较高的价格形象挂钩。

---

① Brown F E. Price image versus price reality[J]. *Journal of Marketing Research*, 1969, 6(2): 185 - 191.

② Chaiken, Shelly. Heuristic versus systematic information processing and the use of source versus message cues in persuasion[J]. *Journal of Personality & Social Psychology*, 1980, 39(5): 752 - 766.

③ Buyukkurt B K, Buyukkurt M D. Perceived correlates of store price image: an application of the bootstrap[J]. *ACR North American Advances*, 1986,11: 42 - 47.

(二)服务水平

服务质量和价格感知之间存在着很强的关系,消费者对价格的评价不仅影响他们对服务质量的评价,还会影响他们对价格的评估(Zeithaml 等,1996)。消费者使用服务吸引力来评价价格,用零售商提供的服务水平来推断价格形象,更高水平的服务往往会导致更高的价格形象评价(Brown,1969)。人们把服务水平和价格形象联系在一起主要归因于这样的观念,即更高的服务水平意味着更高的成本结构,因而有较高的价格形象,包括更高的员工与客户比例、更好的员工培训和更长的营业时间等成本因素。研究表明,提供额外服务的商店——包括更长的营业时间和更愉快、看起来更专业的员工——往往拥有更高的价格形象(Baker 等,2002;Brown,1969)。除了作为一个成本信号,高水平的服务通常也与高价格相关(Zeithaml 等,1990)。这种关联影响着消费者价格形象的形成,因为许多零售商为了给顾客创造更多价值,使自己区别于竞争对手,以一种明确的高价格方式推销他们的服务水平。比如,许多零售商提供的可视化服务、免费体验等提高了消费者高价格形象印象的感知。

(三)非价格策略

零售商的非价格策略,如宽松的退货策略和社会责任策略,会对其价格形象产生影响。一般来说,非价格策略往往会影响消费者预期的零售商成本:如果消费者把零售商策略视作为更高的感知成本,可能会导致更高的价格形象,而降低零售商成本的策略可能会导致较低的价格形象。

人们认为宽松的退货策略会导致额外的费用,如分类、重新包装、重新进货和处理退货会增加零售商的成本,这样就可以树立一个高价格形象。同样,宽松的退货策略可以表示高水平的服务,这也可以作为高价格形象信号。退货策略对零售商价格的影响也与零售商的规模有关,因此宽松的退货策略对较小零售商的价格形象影响更大。事实上,由于大型零售商,如全国性连锁店,既具有将退货成本降至最低的运营能力,又具有将退货成本转嫁给制造商的渠道能力。因此,他们的退货策略对价格形象的影响较少。

　　同样,一个零售商的社会责任策略,如把利润捐赠给慈善机构、生产和推广绿色产品、支付高于市场的价格等可以影响消费者对零售商的信任、产品正向(Chernev & Blair,2013[①])和负向(Luchs,2010[②])影响的看法,并且认为做好事会带来更高成本,进而形成这样一种观念,即提倡社会责任策略的零售商价格形象高于那些没有社会责任策略的零售商价格形象。

三、基于消费者的价格形象驱动因素

(一) 消费者个人特质

　　消费者个人特质是指随着时间的推移,那些相对稳定的消费特征,如价格敏感性、信息处理风格、价格知识以及情感因素。这些特征影响着消费者如何形成对零售商价格的信念以及他们根据这些信念采取行动的方式,是形成价格形象的重要方面。消费者的价格敏感性反映了商品价格对消费者决策过程和行为的影响程度(Kaul & Wittink,1995[③])。学者们认为,价格的敏感程度不仅影响消费者的决策,还影响他们在购物时搜索信息的数量和类型,以及如何整合这些信息,从而形成价格形象(Grewal,1994[④];Urbany,1986[⑤])。随着消费者对价格越来越敏感,他们在购物时往往对价格更加关注。在形成价格形象时,这种对价格线索的重新解读表明,他们更有可能在决策过程和购物行为中使用价格形象信息。消费者处理可用信息

---

　　① Chernev A. When more is less and less is more: The role of ideal point availability and assortment in consumer choice[J]. *Journal of Consumer Research*, 2003, 30(2): 170-183.

　　② Luchs M G, Naylor R W, Irwin J R, et al. The Sustainability Liability: Potential Negative Effects of Ethicality on Product Preference[J]. *Journal of Marketing*, 2010, 74(5):18-31.

　　③ Wittink K. Special Issue on Empirical Generalizations in Marketing: Empirical Generalizations about the Impact of Advertising on Price Sensitivity and Price[J]. Marketing Science, 1995, 14(3): G151-G160.

　　④ Grewal, Dhruv, Marmorstein, et al. Market Price Variation, Perceived Price Variation, and Consumers' Price Search Decisions for Durable Goods[J]. *Journal of Consumer Research*, 1994, 2(3): 453-60.

　　⑤ Urbany J E. Experimental Examination of the Economics of Information[J]. *Journal of Consumer Research*, 1986, 13(2):257-271.

的方式也影响价格形象的形成。在解释和评估信息时,现有的研究将信息处理方式分为两种,即使用基于规则的处理方式和快速、简单、启发式处理方式(Chaiken,1980;Payne,1982)。尽管这两种处理方式对消费者来说都是可用的,但有些消费者更倾向于使用一致、专业、省力的方式处理信息(包括价格),而其他消费者则不一定。同样,一些消费者倾向于采用更全面的决策模式,而另一些消费者则偏爱非系统性的决策风格(Schwartz 等,2002[①];Simon,1955[②])。

消费者的价格知识也可以影响价格形象的形成。研究表明,新客户通常对价格了解最少,对于这些客户来说,深度促销折扣可能作为影响他们对零售商整体价格感知的价格线索(Anderson & Simester,2004)。初来乍到的人更有动力去寻找和比较不同商店的价格信息,以便自己了解当地的零售价格。相比之下,那些长期居住在一个地区并熟悉经常光顾商店价格的消费者,在进行日常采购时,可能会投入很少的认知资源处理信息(Hoyer,1984)。价格知识影响价格形象的方式也与消费者从价格知识中获得一定社会地位的程度有关。市场专家——把自己的市场知识作为社会货币,向他人传播市场信息的消费者(Feick & Price,1987[③])——很可能更有动力去寻找和记住价格信息,以建立和维持他们的社会地位。这些消费者也最有可能以更系统的方式处理可用信息,关注实际价格和与价格相关的线索,而不是使用基于非价格线索的启发法。

(二) 情境因素

除了相对稳定的消费者特征,一些影响购物的情境因素也会影响消费者的价格形象的形成。这些情境因素包括消费决策的财务后果、时间压力

---

① Schwartz B, Ward A, Monterosso J, et al. Maximizing versus satisficing: happiness is a matter of choice[J]. *Journal of Personality and Social Psychology*, 2002, 83(5): 1178.
② Simon H A. A behavioral model of rational choice [J]. *The Quarterly Journal of Economics*, 1955, 69(1): 99-118.
③ Feick L F, Price L L. The market maven: A diffuser of marketplace information[J]. *Journal of Marketing*, 1987, 51(1): 83-97.

和认知资源的可用性。

消费决策的财务后果是影响价格形象形成的一个重要因素,它影响着消费者在商店中所接触到的价格以及消费者在形成整体印象时如何衡量这些价格(Hamilton & Chernev,2010)。例如,在经济低迷时期,消费者可能更关注实际价格和基于价格(而非价格本身)的线索。同样,在购买高价商品时,消费者更有可能关注与实际价格相关的因素,而不是依赖于决策启发式,这种启发式会导致更不费力、更不符合实际的价格判断。然而,减少对实际价格和价格相关信息的关注可能会产生双重影响。首先,这将导致消费者在做出购买决策时更加依赖零售商的价格形象。其次,当实际价格与给定零售商之前形成的价格形象不一致时,不能对可用价格信息进行系统处理的消费者也不可能更新其价格形象。

时间压力也可以在决定消费者如何形成价格形象方面发挥作用。研究表明,时间压力影响消费者决策的不同方面,包括使用启发式决策线索和依赖启发式决策策略。因此,消费者不可能在时间压力下推迟选择(Dhar & Nowlis,1999)。当消费者处于时间压力下时,启发式的、易于处理的非价格线索更有可能影响价格形象的形成(Buyukkurt,1986)。

决定价格形象形成的另一个重要情境因素是提供给消费者的认知资源。当消费者的认知资源受到限制时,他们被迫求助于启发式的、非系统的信息处理方法,这些方法都是从外部线索获取信息(Chaiken,1980)。像时间压力一样,认知资源的缺乏阻碍了消费者对可用信息的处理。但与通常涉及外部的时间压力不同,认知资源的可用性是反映消费者处理可用信息能力程度的内在因素。在这种背景下,许多常见的购物活动往往会消耗消费者的认知资源(Vohs等,2008)[①],使得他们无法参与系统的信息处理和决策。认知资源枯竭的消费者在购物时不太可能对商品价格信息进行全面的处理,因此,在形成价格形象时更可能依赖启发式和非价格线索。

---

① Vohs K D, Schmeichel B J, Nelson N M, et al. Making choices impairs subsequent self-control: a limited-resource account of decision making, self-regulation, and active initiative[J]. *Journal of Personality and Social Psychology*, 2008, 94(5): 883-898.

第四节　价格形象的塑造

价格形象的塑造需要充分考虑价格定位、定价策略以及消费者认知和情感，只有这样，企业才能确保定价行为和实际价格水平之间的连续性、统一性和个性化，才能实现价格形象的塑造并通过价格形象的差异化来增强企业竞争力。

一、价格定位

零售商要想塑造良好的价格形象，首先要确定基本的价格策略和价格定位。苏果便利店的价格高于苏果超市的价格。在服装业，H&M 和优衣库等连锁店在不同于传统时装行业的价格区间进行竞争。

零售业中理想的价格定位通常不会是单一的形式。一方面，即使是价格定位较高的零售商，通常也会以较低的价格提供一些商品。另一方面，低价零售商需要在品类中选择一些价格较高的商品才能获得足够的整体利润。因此，不同的零售商需要在整体企业层面、产品大类层面（如洗发用品或酒类商品）和产品小类层面（如男性洗发用品和女性洗发用品或进口洋酒和国产白酒）制定合理的价格定位。同一零售商的同类商品在不同的地区也要呈现出差异，比如同一型号的空调在城市和农村会呈现出不同的价格。这种多层次的价格定位构成了企业定位和行为的基础。

企业在价格定位时一定要明确自己的消费者群体，在充分考虑消费者的价格心理基础上来确定合理的价格水平与促销策略，塑造企业的最佳价格形象，通过价格形象的塑造培育顾客忠诚度，最终实现企业的营销效果。

二、定价策略

在价格定位的基础上，为了实现营销目标，企业需要根据实际的市场状况和经营能力，灵活运用各种价格策略，通过价格广告、价格标签和价格促销等形式来传递企业的商品、服务质量和价格等信息,进而为消费者刻画出一个个性鲜明、特点突出的价格形象。由于动态定价,企业价格会随着市场经常变动,而且间隔时间越来越短。在线零售商可以在几秒钟内对需求波动做出反应,甚至一天之内多次调整价格,以实现利润最大化。频繁的价格波动可能导致付出较高价格的消费者对企业产生抵触情绪,从而对零售商的价格形象产生负面影响。因此,企业应该对价格形象有很大影响的商品进行选择性的降价,同时尽量降低价格的变动周期。对于重复性消费的商品如日用品可以采取薄利多销的方式,并且经常性地进行价格促销,以树立价廉物美的价格形象;对于商品特点突出、消费群体小众化的商品如奢侈品可以采取高价厚利,通过稳定价格甚至不断提价的方式树立优质名牌的价格形象;对于质量优良并具有一定的消费规模的商品如耐用品可以采取中价竞销,树立诚实友善的价格形象。

在实际工作中,企业往往通过对重点商品的价格调整作为自己的一种定价策略。在一个品类中有三种以上不同的商品,每种商品的处理方式和定价都不同。由于其中的重点商品对价格感知有很大的影响,因此它们可用于价格比较并影响消费者的购买频率。因为这些商品的定价在很大程度上取决于竞争对手的行为,能否对竞争对手的价格变化做出接近实时的反应是该定价策略成功与否的关键。

由于大部分消费者对价格的变动都很敏感,特别是日用品和生活必需品的消费者。零售商对于这种类型的商品可以采取重点商品定价的策略,比如,南京本地牛奶市场主要是卫岗和光明两大品牌竞争,两个品牌都有自己的酸奶和鲜奶系列。品牌之间的竞争都是把自己重点产品的价格根据竞争对手的定价及时做出变动,当光明的 950 毫升的高淳鲜奶由 23 元降为 19 元时,卫岗对应的至淳鲜奶就由 21 元降为 17 元,通过这种定价策略,双方都很好地维持了自己的价格形象。

三、认知和情感维度

消费者的认知和情感直接影响价格形象的塑造。零售商要同时控制认知和情感的价格形象维度,因为一些价格形象可能会引发负面情绪,这时价格形象的效果将会适得其反。例如,如果消费者认为在廉价商店购物被社会污名化,或者认为低价格是不道德行为的结果(情感维度),那么在低价格形象的超市购物(认知维度)可能会导致负面的羞耻感、轻蔑感和内疚感。

Zielke(2011)认为,折扣店或超市应该将自己的价格形象与消费者的目标(如省钱、社会声望)保持一致,以减少消费者因低价形象而产生的负面情绪。零售商应该使其价格水平形象与消费者的社会地位和社会责任目标具有一致性。对于奢侈品(如波尔多红酒或法国香槟),折扣店可以采取极具竞争力的价格来增强与消费者的社会地位目标的一致性,从而减少其负面情绪,如蔑视和羞耻感。这将增加社会对这些商店的接受度,吸引更广泛社会阶层的顾客来商店购买。零售商可以通过推出有机产品系列和向其所有利益相关方(如雇员和供应商)传达公平信息,增加与消费者社会责任目标的一致性,从而减少内疚感。内疚感会对消费者去杂货店购物的意图产生强烈的影响。在实践中,有一些成功的食品杂货折扣店引进了奢侈品和有机产品线,他们给员工支付的工资高于超市竞争对手,增加了与消费者的社会责任目标的一致性。而超市等价格水平形象较差的零售商,可以通过加强折扣店的廉价感与社会地位和社会责任目标不一致之间的联系来打击其折扣竞争对手。比如,对一些消费者而言,消费没有品牌的产品会产生羞耻感,而在公共场合消费非品牌产品或者提供给其他消费者则存在社会风险。因此,零售商可以考虑通过影响消费者认知和情绪的方法来制定沟通策略。其次,零售商也应该尝试影响消费者消费目标,像超市这类零售商应加强价格形象与地位和责任目标的关联,并通过采取适当的传播策略降低消费者与其省钱目标的关联。

此外,价值也是价格形象的一个重要维度,价值会影响情感维度,通过低价增加消费者的享受感不如通过提供价值来减少消费者的愤怒和痛苦。因此,零售商应该更加重视价值创造,而不是仅仅通过低价树立价格形象。例如,许多药品零售企业从廉价仿制药品牌变为高附加值高端品牌。这种现象说明,价值是零售商价格形象的中心维度,而价格形象被认为是一个商店的价格水平。因此,零售业的竞争是价值的竞争,而不仅仅是价格水平的竞争。

　　零售商不仅应该影响与价格相关的情绪,他们还应该在客户市场调查中定期衡量这些情绪。零售商至少应该衡量消费者的痛苦、愤怒、羞耻和内疚。如果零售商不愿向消费者提出有关羞耻和内疚的私人问题,他们至少应该衡量消费者社会地位和社会责任目标的相关性和一致性,这样才能更好地树立企业的价格形象。

　　除了上述三个方面外,企业的营销目标、市场定位以及消费者的心理对价格形象的塑造也会产生影响。消费者在长期购买活动中逐渐形成对某种商品价格的习惯认识,这种习惯认识会对某商品形成一个价格区间,如果商品价格的变动超出了上下限,消费者就会产生抵触心理。

第四篇

消费者价格信息记忆

第九章　消费者价格记忆

本章概述

消费者价格记忆在对消费者做出价格评估和购买决策过程中起着重要的指引作用，国内外学者对该领域也进行了较为深入的研究和探索。本章将从消费者的价格记忆、价格记忆的动机、价格记忆的内核三个方面对消费者价格记忆进行探讨。

第一节　消费者的价格记忆

消费者价格记忆是客观存在的，了解消费者的价格记忆机制和记忆规律，对消费者行为研究以及企业定价策略研究而言至关重要。它主要包括消费者价格记忆的含义、主要过程以及消费者价格记忆的遗忘等内容。

一、消费者价格记忆的含义

在传统意义上，记忆是指过去经验在人脑海中的回顾和复现。凡是人们过去曾经感知过的事物、体验过的感情和经历，都能以"印象"的形式保存在人的脑海中，等到必要的时候又会重现和恢复，用作决策判断和情感表达，这个过程就是记忆。与直觉和感觉的不同之处在于直觉和感觉是对当前感官受到外界事物影响的反映，具有即时性，而记忆则是针对过去的事物的反映，因此具有长期性。所以，基于以上认知，本书将所要研究的"消费者价格记忆"定义为：消费者过去的价格经验或认知在头脑中的反映。消费者价格记忆对其价格评估行为和购买决策具有深远而持久的影响。

记忆是一个复杂的心理过程，包括识记、保持、回忆、再认等几个基本环节。识记是消费者记忆过程的第一步，它是一种有意识的反复感知，使客观事物的印迹在头脑中保留下来，成为印象的心理过程。保持就是巩固现有的知识和经验。回忆又称重现，是对不在眼前的、过去经历过的事物表象在头脑中重新显现出来的过程。再认就是对过去经历过的事物重新出现时能够将其识别出来。上述四个环节彼此联系，相互制约，共同构成消费者完整统一的记忆过程。没有识记就谈不上对消费对象内容的保持；没有识记和保持，就不可能对接触过的消费对象回忆或再认。

信息加工理论的相关观点认为，人脑对信息的处理与计算机对输入信息的处理方式相同，人脑对信息的处理也经历编码、存储以及读取的过程。编码是指人脑对相关信息进行分类、整理和加工，所对应的是记忆过程的识别阶段；存储就是对已经编码过的信息进行存放和储备，所对应的是记忆过程的保持阶段；而提取则是对已经存储的信息进行复现，它所对应的是记忆过程的回忆。如果存储的信息无法提取，但同样的刺激重现时仍可辨认，则这个过程对应的就是记忆过程的再认。

记忆对消费者行为有着重要的指引作用。以消费者价格记忆为例，消费者进行购买决策时，往往将过去的价格经历或体验放在很重要的位置，并将其作为决策依据。这种价格记忆所带来的消费者对当前价格的印象和认知，就是我们所说的内部参考价格。一般来说，消费者的购买决策往往是与自身的内部参考价格标准相匹配的，如果现实价格超出内部参考价格范围，则消费行为很难产生，更进一步来讲，价格评估要以消费者的价格记忆为依据。对于消费者的价格记忆，学者们有不同的看法，有的学者认为消费者的价格记忆容量很大、价格信息保持时间很长且较为清晰；而另一些学者则认为消费者是易忘的，在很多时候无法清楚地表述价格，对过去的价格印象往往只能用"便宜"或"昂贵"等概念来概括。不过，无论如何，价格记忆的影响始终是客观存在的，了解消费者的价格记忆机制和记忆规律，对企业营销活动而言至关重要。

二、消费者价格记忆的主要过程

根据认知心理学的信息加工理论,个体的记忆的过程一般要经历编码、储存和提取三个最重要的心理环节,因此消费者的价格记忆也基本遵照这种程序。在记忆的系统中,根据受到事物影响的时长,可以将记忆分为感觉记忆(瞬间发生,基本在数秒之内)、短时记忆(一分钟以内)和长时记忆(一分钟以上,乃至数年甚至终生)三种类型。这三种心理活动在消费者的感觉记忆、短时记忆和长时记忆中都会发生,但以长时记忆最为显著。

(一) 编码(Encoding)

编码是指将外部刺激的物理特征抽象化,以便在记忆中储备的心理过程。编码的形式可以是多样的,比如利用抽象符号代替具体事物,以帮助信息存储和记忆,再如按照形状、声音和意义等将文字编为形码、声码和译码等。Vanhuele(2006)[1]等学者在对消费者价格记忆的研究中发现,价格信息的编码形式多种多样的,其中最主要的是言语编码(Verbal Code)、视觉的阿拉伯数字编码(Visual-Arabic Code)以及模拟数量编码(Analogue Magnitude Code)。这三种编码方式在价格记忆中可以共同存在。然而还有一些学者,如 Raghubir(2006)则认为消费者在对价格信息编码的过程中可能并没有具体的形式,而是模糊地用"价格贵"或"价格便宜"等概念来代替。从目前的研究来看,造成这种认知差别的原因,可能与消费者的产品涉入度和产品知识等因素密切相关。

价格信息的编码过程决定着价格信息在人脑中的存放形式和存放位置,对消费者的价格回忆能力有着至关重要的影响。因此,企业在制定价格策略时,一定要考虑编码过程。产品的价格特征若能与一些刺激性的联想相吻合,则有利于产品信息的记忆和提取,提高消费者的品牌认同。比如采

---

[1]　Vanhuele M，Laurent G，Dreze X. Consumers' immediate memory for prices[J]. *Journal of Consumer Research*，2006，33(2)：163 - 172.

用尾数定价或者价格折扣等形式,在消费者记忆中留下"实惠"的概念,或者利用声望和撇脂定价等方式,给消费者留下"高品质""高地位"的印象,等等。

(二) 储存(Storage)

储存是指将编码后信息存在记忆系统中,在必要之时将其读取。经过编码加工后的信息在头脑中的储存是有秩序且分层次的,但并非一成不变。信息在记忆中的保持是一个动态调整的过程。随着时间的推移,储存在头脑中的信息在质量和数量上都会发生变化。一方面,从质的角度来看,为了存储的便捷性,存储的内容与原始信息相比往往更为精简,一些附加信息、无用信息会被筛选,仅保留信息的主干部分。以价格记忆为例,在较长时间的储存过程中,消费者对价格的具体货币数值、呈现方式等信息可能会逐渐模糊,但是一些主体特性,比如"实惠""昂贵"等概念可能会长久保留;同时,在外界信息环境的扰动下,某些主干信息中的某些描述性特征可能会更加生动、突出甚至会被扭曲。Lan Xia(2005)[1]在对消费者价格记忆的研究中指出,消费者对原始产品的价格信息往往存在记忆扭曲现象,记忆扭曲的程度受价格特征以及价格信息的编码形式的影响,而扭曲方向受消费者对定价规范认知的影响。另一方面,从量的角度看,识记的内容可能会日益减少,有一部分内容可能回忆不起来或者在回忆时发生错误,我们将在后面讨论的遗忘现象。不过,随着时间的推移,记忆过程的抑制作用减弱,可能会出现记忆回涨现象,原有被抑制的记忆得以恢复。

(三) 提取(Retrieval)

提取是指将储存在记忆中的信息抽取出来的心理活动过程。根据心理学中记忆过程理论,提取又可分为两种类型:回忆(Recall)和再认(Recognition)。所谓回忆是指把过去曾经历而当前并非作用于我们的事物,在头脑中将其印象自行呈现出来的记忆过程。而再认是确定某一刺激

① Xia L. Memory distortion and consumer price knowledge[J]. *Journal of Product & Brand Management*, 2005, (5): 338 - 347.

· 178 ·

之前是否经历过,即人们能够通过将事物与自己感知、思考、体验过的事物进行比对,从而识别再次发生的事物的过程(Adams,1980)。这两种提取类型的主要区别在于是否将相关的替代选项呈现给受试者。如果我们直接问:"X 的首都是哪里?"那我们正在测试回忆,但是如果我们问:"下面四个选项中哪个是 X 的首都?"那我们测试的则是再认(Murdock,1983)①。再认提供可以触发大脑存储器检索所需信息的线索。而回忆没有给出这样的线索。因此,尽管信息可能在存储器中,但没有线索来启动对该信息的检索过程。

回忆是过去常用的测量学习效果的方法。在大量关于价格认知的研究中,回忆被用来确定消费者是否能记得他们在杂货店购买物品的价格。这些研究主要分为两类,一类研究使用其他信息来帮助回忆,即将产品展示给消费者,然后要求被试者给出产品的价格(Heller 1974②;Dietrich,1977③);一类研究不使用辅助回忆的信息,即不向消费者展示产品或任何相关的线索,而是直接要求被试者给出产品的价格(Granger,1961)④。

三、价格记忆遗忘

(一) 价格记忆遗忘的概念

价格记忆遗忘是指编码并储存过的价格信息无法成功回忆与再认,或者在再认和回忆的过程中由于信息的混乱及遗失导致的错误。根据信息加工相关理论,遗忘就是在人脑中已经编码储存过的信息无法再提取出来。遗忘是人头脑记忆动态平衡的结果,是普遍存在的现象,但对于必须保持的信息而

---

① Murdock B B. A distributed memory model for serial-order information[J]. *Psychological Review*,1983,90(4):316 - 338.

② Heller W H. What shoppers know and don't know about prices[J]. *Progressive Grocer*,1974,53(11):39 - 41.

③ Dietrich R. Poor price-quiz scores give shoppers no cause for pride[J]. *Progressive Grocer*,1977,(1):33.

④ Granger A. On the Price Consciousness of Consumers[J]. *Journal of the Royal Statistical Society*,1961,10(3):170 - 188.

言,遗忘则是一种要设法克服的问题。

在价格研究领域,一个传统的观点是认为消费者可以通过过去的价格信息来指导购买行为,然而最近的研究发现,消费者很多时候无法准确地记住他们最近所购买物品的价格,或者说消费者对商品价格回忆的准确性远低于我们的想象。Wakefield & Inman(1993)[1]通过对超市消费者的调查发现,许多购物者不会回想起他们刚刚购买的营养谷物条的价格,或者他们在试图从记忆中回忆价格时给出错误的回应。实际上,一些消费者甚至声称价格不是他们购买决策中的重要影响因素。Estelami & Lehman(2001)[2]等对有关价格回忆的研究进行了梳理分析,发现被试者对于制定商品的价格回忆率只在5%—50%。而Kemp(1999)[3]等指出,消费者的价格回忆往往会呈现系统性偏差,他在对消费者价格回忆的测试中发现,人们对很久之前(两年以上)的产品价格的回忆往往会偏高,而对近期的产品价格的回忆则会稍稍偏低。价格遗忘现象及其规律对企业的营销战略至关重要,因此有必要搞清楚影响消费者价格记忆的主要因素。

(二) 价格记忆能力的影响因素

根据对相关文献和理论的梳理,本书将影响价格记忆能力的原因归纳为主观因素和客观因素两个层面。

1. 主观层面

主观层面涉及消费者自身的一些特性因素,包括消费者涉入度和消费者心情等。

(1) 消费者涉入度。消费者涉入度是指消费者对某种消费行为的参与程度或重视程度,涉入度越高,代表消费者购物所花的精力越多。消费者的涉入度影响消费者学习的意识和强度。一般来说,涉入度越高,消费者的学

① Wakefield K L, Inman J J. Who are the price vigilantes? An investigation of differentiating characteristics influencing price information processing[J]. *Journal of Retailing*, 1993, 69(2):0 - 233.

② Estelami H, Lehmann D R. The impact of research design on consumer price recall accuracy: An integrative review[J]. *Journal of the Academy of Marketing Science*, 2001, 29(1):36 - 49.

③ Kemp S. An associative theory of estimating past dates and past prices[J]. *Psychonomic Bulletin & Review*, 1999, 6(1):41 - 56.

习意识就会越强,学习强度也就越高;而涉入度低,往往会降低消费者的学习意识和学习强度。在学习理论中,学者们普遍认为消费者有意识学习的记忆能力往往比无意识的学习效果要好得多。根据这个结论推理,涉入度越高,越容易对消费者记忆产生积极影响。

在价格记忆研究中,一些学者,如 Monroe & Lee(1999)①指出,价格信息回忆准确率低的原因可能是人们经常将产品的价格信息存储在内隐记忆中。内隐记忆是遇到刺激后无意识地储存,而外显记忆是有意识地存储信息。有意识的价格信息处理发生在主动的信息搜索情况下。如果消费者认为价格信息是与自己相关的,他们提高价格信息处理的意识,即提高涉入度,而转换后的价格数量表征和评价判断就会转化为长期记忆。而在这种情况下,消费者以后会更容易回忆起这些价格信息(Monroe 等,1986)②。

(2) 消费者情绪。消费者情绪(Mood)是指消费者在特定情境中所产生的短暂情感状态。研究表明,消费者情绪对消费者的记忆有着重要影响。一般认为,购物时,积极、愉快的情绪能够使消费者所识记的知识保留更长时间,而焦虑、沮丧的情绪会使所学的内容更容易被遗忘。Goldberg & Gorn(1983)③曾做过一项不同情绪影响记忆的实验,在实验中,一组被测试者看喜剧片,而另一组被测试者看悲剧片,两则电视片中间插播同一内容的广告。结果发现,看喜剧片的比看悲剧片的能够回忆起更多的内容。这一结果可能的解释是,积极的情绪能够帮助人们从记忆中提取更为广泛和更加完善的内容,从而有助于对当前输入信息的编码。

2. 客观层面

(1) 购买的时间和频率。对于消费者而言,购买某种产品的间隔时间越长,则消费者价格记忆中所储存的内容就会越少,价格回忆也就越模糊,以至于再也无法回忆起相关信息或者只保留对这种价格主体特征的印象。

① Monroe K B, Lee A Y. Remembering versus knowing: Issues in buyers' processing of price information[J]. *Journal of the Academy of Marketing Science*, 1999, 27(2): 207–225.

② Monroe K B, Powell C P, Choudhury P K. Recall versus recognition as a measure of price awareness[J]. *ACR North American Advances*, 1986.

③ Goldberg M E, Gorn G J. Happy and sad TV programs: How they affect reactions to commercials[J]. *Journal of Consumer Research*, 1987, 14(3): 387–403.

这个原理源自"艾宾浩斯遗忘定律"的观点：识记过的内容，若不进行复习，则信息保持量会随时间的流逝而下降，但遗忘的速度将随时间的延长而趋于平缓。与购买间隔时间相对应的就是购买频率，购买频率越高，则间隔时间越短，消费者记忆就越深。在生活中，消费者对于经常性购买的产品的价格往往比非经常性的产品的价格记忆更加深刻。

（2）价格呈现方式。价格呈现是指产品价格以不同的形式展现在消费者面前，比较典型的有价格分割。价格分割是指将一个商品的价格"分割"为多个次级价格进行销售。例如，一台笔记本电脑定价为12000元，但消费者在购买时可以选择一次付清或每月支付1000元并连续支付12个月。后者就是一种分期付款的价格策略。研究显示，价格分割对消费者价格记忆有着重要影响。一方面，价格分割采用多次小额付款形式，这种累计造成的心理感受往往比一次性付款的记忆更加深刻；另一方面，价格分割也会扭曲消费者的价格记忆，根据 Lee & Han（2002）[①]等的研究，当产品价格被分割后呈现，被试者回忆起的价格会比真实的价格低8%。毫无疑问，如果采用这种价格分割法，会让消费者形成较低的价格感知，从而刺激其购买意愿。

（3）价格信息的处理难度。价格信息的处理难度涉及两个方面。一方面，遗忘中的干扰抑制现象直接影响到消费者对价格信息的学习和记忆，特别是信息过剩的今天，过多的价格促销信息常常相互干扰，使消费者进行信息处理变得更加麻烦，从而对记忆产生了抑制作用；另一方面，产品价格的数字特征也会对消费者价格记忆产生影响。一般来说，越复杂、冗长的价格数字越不利于消费者的记忆。比如 Vanhuele（2006）[②]研究发现，价格回忆率与价格数字的读音音节多少有关，价格中每多一个音节，该价格被回忆起的概率就会降低20%；Kim 等（2009）[③]发现随着价格数字位数的增加，人们对价格数字的记忆准确性水平会不断降低。

① Hwai Lee Y, Yuen Han C. Partitioned pricing in advertising：Effects on brand and retailer attitudes[J]. *Marketing Letters*, 2002, 13(1)：27-40.

② Vanhuele M, Laurent G, Dreze X. Consumers' immediate memory for prices[J]. *Journal of Consumer Research*, 2006，33(2)：163-172.

③ Kim J Y, Natter M, Spann M. Pay what you want：A new participative pricing mechanism[J]. *Journal of Marketing*, 2009，73(1)：44-58.

除了上述原因外,产品的类别和特性(Estelami & De Maeyer,2004[①])、消费者对产品的了解(Lawson & Bhagat,2002[②])、消费者对未来交易的预期(Krishna,1994[③])以及市场价格的频繁变动(Aalto-Setälä & Raijas,2003)[④]等因素也会对价格记忆产生影响。

第二节 价格记忆的动机:消费者学习

消费者学习是心理学学习理论在消费者行为的体现,同时,消费者学习也是消费者价格记忆的动机。

一、消费者学习的概念

消费者价格记忆与消费者学习是两个密切关联的概念,学习是记忆的前提,没有学习,则记忆无法产生;记忆是学习的表征,没有记忆就无法断定是否已经进行了学习。研究表明,消费者的诸多行为绝大部分都是通过后天学习获得而非先天具备的。在生活中消费者不断学习,从中获得并更新知识与经验,对不同环境的适应能力得到加强,不难想见,其行为特征也会随之受到影响而变化。

根据现代学习心理学的观点,消费者学习是指消费者受到生活经历和实际经验的影响在行为和行为潜能方面产生变化。学习具有以下特征:

首先,学习来自经验的积累。对消费者而言,学习产生于消费过程中的经验。根据学习心理学的观点,学习行为可以分成两类:基于计划的练习或

① Estelami H, De Maeyer P. Product category determinants of price knowledge for durable consumer goods[J]. *Journal of Retailing*, 2004, 80(2): 129 - 137.

② Lawson R, Bhagat P S. The role of price knowledge in consumer product knowledge structures[J]. *Psychology & Marketing*, 2002, 19(6): 551 - 568.

③ Krishna A. The effect of deal knowledge on consumer purchase behavior[J]. *Journal of Marketing Research*, 1994, 31(1): 76 - 91.

④ Aalto-Setälä V, Raijas A. Actual market prices and consumer price knowledge[J]. *Journal of Product & Brand Management*, 2003, 12(3): 180 - 192.

训练的学习,即自觉学习(Intentional Learning)、基于生活中偶然发生的情形而产生的学习,即不自觉学习(Incidental Learning)。自觉学习中使用的信息处理类型包括项目间的比较,或者对记忆中的项目列表的关注。从消费者行为角度来看,自觉学习是在实际购物之前、期间或之后主动搜索信息的结果。在实际购物中,主动搜索信息包括比较不同的选择、不同的属性以及价格信息。在消费者的消费学习过程中,需要使用记忆测试来确定先前学习的程度,其中使用的信息处理方法和深度是非常重要的。研究人员发现,在低注意力和被动信息处理的条件下学习也会发生。因此,不自觉学习也引起了学者的注意。不自觉学习被学者们称为低投入或低承诺学习,学者们认为大多数消费者学习行为本质上是偶然的(Bettman,1979a[①];Robertson,1976[②])。自觉或不自觉学习的主要区别在于,消费者是否有意识地尝试获取和处理与所要做出的选择相关的信息的程度。

其次,行为或行为潜能的转变往往伴随学习过程发生。即消费者的行为变化与学习过程同时发生。例如,消费者学会了使用数码相机,则可认为行为变化与学习活动同时发生。但很多时候,对于一般性的知识,比如文化习俗、历史、宗教、艺术等,消费者的学习不会立即通过行为变化外显出来,但可能会影响消费者的价值观和世界观,即改变消费者的行为潜能。由于学习对消费者行为的影响是潜移默化的,所以行为的潜能变化在很多情况下也成为消费者学习的重要标志之一。

除此之外,学习所带来的改变往往较为持久。无论是外显行为还是行为潜能,只有发生了较为持久的改变才能称之为学习。一些客观因素,如药物、疾病等因素引起的行为或是行为潜能的变化,由于它们的持续时间比较短暂,所以不能称之为学习。不过,学习所引起的行为改变也不是永久性的,因为遗忘是人所共有的特质。学习所引起的行为或行为潜能的改变到底能持续多久,要受到学习材料、练习程度和个人素质等诸多因素的影响。

---

① Bettman J R. Memory factors in consumer choice: A review[J]. *Journal of Marketing*, 1979, 43(2): 37 – 53.

② Robertson T S. Low-commitment consumer behavior [J]. *Journal of Advertising Research*, 1976, 16(2): 19 – 24.

二、消费者学习的相关理论

关于消费者学习的理论流派有很多,而在消费者行为研究领域最常见的两种学说就是行为学习理论和认知学习理论。

(一) 行为学习理论(Behavioral Learning)

行为学习理论源于心理学研究中的行为学派,该理论将学习视为个体受环境影响而被动做出的行为改变。简单来说,就是当个体对外界的刺激作出可预见的反应时,学习就已经发生了。行为学习理论关注的并不是学习的心理过程,而是学习的开端和结果,即关注消费者如何从环境因素中感受到刺激以及产生相应的行为,所以行为学习理论又被称为"刺激—反应"理论。行为学习理论的代表性理论有巴甫洛夫的经典式条件反射理论和斯金纳①的操作性条件反射理论等。经典式条件反射理论源自著名的"狗与铃声实验",巴甫洛夫通过将铃声与食物反复配对建立联系,成功地将原本不能刺激狗唾液分泌的铃声变成可以刺激狗唾液分泌的刺激物。根据古典条件反射理论的观点,借助于某种刺激与某一反应之间的已有联系,经由练习可以建立起另一种刺激与同样反应之间的联系。而斯金纳操作性条件反射理论强调强化对学习的重要性,认为强化会加强刺激与反应之间的联结。

行为学习理论为企业的营销活动提供了重要的理论支持。首先,行为学习理论指出了外部刺激对消费行为的促进作用。企业营销者通过将产品与诱人的刺激或美好的事物相匹配,可以激发消费者的品牌联想,提高消费者对产品的注意力和好感,从而更好地引导消费决策。其次,在营销活动中,采取一系列有效的强化手段,比如价格促销、奖券发放等,有利于增强价格记忆、树立与维持价格形象,同时促进重复购买与品牌忠诚。但是,行为学习理论也有其弊端,一方面,过于强调环境因素对消费者行为的决定作用,而忽视了人的主观意志的影响;另一方面,它关注学习的开端和结果,却

---

① 斯金纳.科学与人类行为[M].华夏出版社,1989.

缺乏心理过程分析。这些弊端使得其对某些情境下的消费者行为无法作出有效解释,应用范围受到了限制。

(二) 认知学习理论(Cognitive Learning)

认知学习理论来自认知心理学,学习行为被看作是个体对环境的主动选择。该理论认为,学习是心理活动过程,个体通过对外部信息的心理加工过程来解决问题从而实现对环境的实际控制。认知学习理论的代表性学说有顿悟学习理论、方位学习理论、潜伏学习理论和观察学习理论等。

顿悟学习理论来自美籍德裔心理学家克勒。克勒通过观察黑猩猩在目的受阻情境中的行为反应,发现黑猩猩对问题的解决不需要经过尝试与错误的过程,而是通过观察情境中的各种线索,然后采取行动。克勒称黑猩猩的这种学习行为叫顿悟(Insight)。他认为,顿悟学习不需要大量的试错和经验堆积,只要个体理解到整个情境中各个刺激之间的关系,顿悟学习的结果就随之而来。

方位学习理论是由美国心理学家托尔曼提出的。托尔曼设计了一个以白鼠为对象的迷宫实验来验证该理论。在实验中,白鼠面临三条通向食物的路线,而且它们的路径长度依次递增。通常,如果依次堵塞一、二路线,老鼠会依次通过一、二、三路线取得食物。实验中,从原来堵塞第二条路线处堵塞第一条路(路线一与路线二有一段共同路线),此时,老鼠能够察觉到路线一和路线二同时不通,于是直接趋向路线三而避开路线二。实验结果表明,白鼠在迷宫中能够根据已有认知和情境变化而非刻板地按照过去的经验来对自身行为进行调整。据此,托尔曼认为个体的行为不是由行为结果强化来决定,而是由个体对目标的期待来引导。而期待具有认知性,是一种通过学习形成的认知观念。

潜伏学习理论是在方位学习的基础上提出的,其主要目的是探讨强化是否是产生学习的必要条件。托尔曼和杭席克依旧以白鼠为对象进行实验,训练其在迷宫中选择正确路线。实验表明,在没有激励或惩罚的条件下,学习仍可能以潜伏的方式发生。该实验表明,学习所获得的知识通常是潜伏在个体的记忆之中,只有当目标出现时,这种潜伏的学习才会通过操作表现出来。

观察学习理论是指消费者通过观察他人行为而获得某些新行为或者对现有行为加以校对或调整的学习过程,代表人物有班杜拉等。不同于行为学习的直接经验主义,观察学习强调人类学习的间接性。根据观察学习理论,消费者可以通过对他人的行为及后果的综合审查进行学习。观察学习理论表明了榜样和意见领袖的重要性,在企业的营销活动中得到了广泛应用,如选取被人崇拜或认同的明星或网红担任产品代言人,或者在网购环境中管理好评率,等等。

总的来看,认知学习理论着重点并不在于对重复与强化行为的强调,而是在于对人行为动机以及心理加工的分析,更看重学习过程中体现出消费者的创造性与洞察力。这为行为经济和行为定价研究的拓展提供了启发和理论支撑。

(三) 对学习理论的总结

行为学习理论和认知学习理论在核心观念上是有诸多区别的,主要在于以下几点:

(1) 在学习概念上,行为学习理论强调学习是通过练习和强化来建立刺激与反应的联结;认知学习理论强调学习是通过顿悟和理解形成认知结构和期待。

(2) 对环境的认识上,行为学习理论强调环境对学习的决定作用,而认知学习理论强调遗传因素和环境的交互作用对学习的影响。

(3) 对学习方法的认识上,行为学习认为学习是多次练习和强化的渐进过程;而认知学习理论则认为学习是充满顿悟和理解的突变过程。

两种学习理论都有各自的科学道理和应用价值,不过,对于行为定价研究而言,认知心理学的学习理论更有指导意义。随着认知心理学的发展,人们处理外界信息并对其做出反应的内部过程逐渐成为研究者关注的重点,这些内部过程包括注意、知觉、学习、记忆、推理和思维等。同时,人们认识到购买者的购买行为不仅受到产品价格的影响,而且受到存储在他们记忆中的价格信息,以及他们从以往的购物经历中获得的价格关系影响。因此,当代关于价格在影响购买行为中所扮演角色的思考已经不仅仅局限于行为主义的

"刺激—机体—反应"(Stimulus-Organism-Response)模型,而是更注重价格信息处理过程,即描绘价格刺激如何被识别、存储、提取和回忆的模型。

第三节　价格记忆的内核:价格知识

价格知识是消费者产品知识中的一部分,它源于消费者在购买商品时对价格信息的记忆。当消费者购买某种产品时,一般会有意无意地将关于该产品的价格信息进行编码与整理,经过评估和整合后就纳入了记忆当中。在此过程中,消费者就对该产品产生了价格知识。

一、价格知识的概念

一般来说,知识是一种储存在记忆中的信息,它会影响人们的思考与判断(Blackwell 等,2006)[1]。当消费者购买产品时,往往会使用储存在脑部的与该产品有关的记忆来指导产品选择,换句话说,当消费者处理外部信息时,通常会伴随着内部知识的搜索行为(Beales 等,1981)[2]。而价格知识则是消费者产品知识中的一部分,它源于消费者在购买商品时对价格信息的记忆。当消费者购买某种产品时,一般会有意无意地将关于该产品的价格信息进行编码与整理,经过评估和整合后就纳入了记忆当中。在此过程中,消费者就对该产品产生了价格知识。价格知识与价格信息的区别在于价格知识包含了人的主观加工和整理过程,换句话说,价格知识是经过人脑编码、整理过后储存在记忆中的价格信息,它反映的是消费者对产品价格的了解程度。

在价格知识的形成问题上,Vanhuele & Drèze(2002)[3]根据信息编码理

---

① Blackwell R D, Miniard P W, Engel J F. *Consumer behavior*[M]. South-Western Pub, 2006.

② Beales H, Mazis M B, Salop S C, et al. Consumer search and public policy[J]. *Journal of Consumer Research*, 1981, 8(1): 11 - 22.

③ Vanhuele M, Drèze, Xavier. Measuring the Price Knowledge Shoppers Bring to the Store[J]. *Journal of Marketing*, 2002, 66(4): 72 - 85.

论,明确了价格知识产生过程中的三个重要来源。一是来源于人的听觉的言语编码。消费者对以声音为载体的价格信息进行记忆,比如收音机广告、商场广播等。二是来源于人的视觉,主要表现为阿拉伯数字编码。消费者对生活中看见以阿拉伯数字形式出现的价格进行编码。这种编码往往来源于常见的产品价格标签、促销广告、折扣券等。三是模拟数量编码。即不通过听觉或视觉的输入,仅靠逻辑判断和推理对价格信息形成一个大概的价格印象。

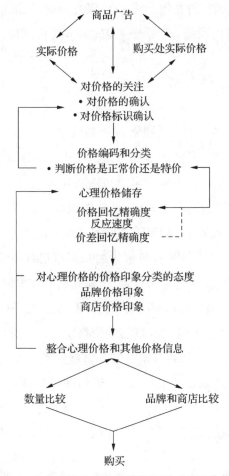

图 9.1 价格信息处理与价格知识形成的概念模型

(资料来源:Dickson&Sawyer. 1990. The Price Knowledge and Search of Supemnarket Shoppers. *Journal of Marketing*,Vol.54,July,pp.42-53.)

不过,对于消费者而言,想要将价格信息转化为能够利用的价格知识,仅仅靠编码程序是不够的,还需要对这些信息进行进一步的整合处理。美国学者 Dickson & Sawyer(1990)[①]在对超市消费者价格知识的研究中,构建了消费者信息处理与价格知识形成的概念模型,如图 9.1 所示。当消费者在面临新的价格信息时,会将该价格信息与原来记忆中的价格知识进行对比,以判断商品定价是否处于正常范围。若处于正常范围,则消费者会将该价格信息导入记忆,变成新的价格知识;如果超出了正常价格范围,消费者会进一步探究价格超出正常范围的原因或修正价格知识可能的误差,从而进一步完善其价格知识。

二、价格知识的分类

消费者知识一直以来是消费者行为和营销文献中一个重要的研究领域。学者们尤其重视从不同角度探讨知识的构成。Brucks(1985)[②]从认知心理学角度把产品知识结构分为主观知识和客观知识两部分,主观知识是指消费者认为自己知道的产品知识,客观知识则是指实际存储在消费者记忆中的产品认知。这样划分的原因是很多消费者在进行自我知识评估时缺乏合适的校准机制,这就导致自我报告的知识量很难与实际相匹配。客观与主观是知识研究的两个重要维度,为了探究消费者知识的影响作用,很多关于消费者知识的研究都会涉及这两个维度。按照这种划分标准,价格知识可相应地划分为主观价格知识和客观价格知识。主观价格知识反映了消费者对价格交易的信心,而客观价格知识直接影响消费者做出最佳购买选择的能力。除了上述划分标准以外,对价格知识还存在着其他划分标准。比如,根据知识产生的情境,可将价格知识划分为通用价格知识和专门价格知识;或者根据知识的范围,可将价格知识划分为内部价格知识或外部价格

---

① Dickson P R, Sawyer A G. The Price Knowledge and Search of Supermarket Shoppers[J]. *Journal of Marketing*, 1990, 54(3): 42.

② Brucks M. The effects of product class knowledge on information search behavior[J]. *Journal of Consumer Research*, 1985, 12(1): 1 - 16.

知识等。

　　不过,在行为价格研究领域,最重要的划分方式还是依据知识的可沟通程度,由此产生了显性价格知识和隐性价格知识的概念。Monroe & Lee (1999)①认为价格知识应当以显性、隐性的标准加以划分。显性价格知识是指消费者在产品购买过程中直接了解到或实际支付的价格,并据此进行有意识的回忆,与之相对,隐性价格知识是对无意识存储的价格信息的识别。一般来说,显性价格知识可以被明确地编码和表达,能够通过大众媒介进行获取和传播,以方便消费者学习;而隐性价格知识则难以被编码和复述,虽然它本身是客观存在的。

　　对显性和隐性价格知识的划分,源于心理学家对内隐记忆和外显记忆的探究。现代心理学认为,以"是否意识到"为标准,人的记忆分为外显记忆和内隐记忆。外显记忆是在意识的控制下,个体过去的记忆对当前行为产生的有意识的影响,又称受意识控制的记忆。而内隐记忆则是指在没有下意识回忆的情况下,过去的记忆对当前行为自动产生的无意识的影响,又称自动的、无意识的记忆。Monroe & Lee 指出,价格知识可能存储在内隐记忆中,也可能存储在外显记忆中。消费者有可能无法准确地回忆起产品的价格,甚至无法识别它,但依然可以基于隐性价格知识做出合理的决定。根据他们的观点,消费者有可能记不起所付的确切价格,但能够分辨出给定的价格是好是坏。这一发现说明了显性和隐性价格知识对价格判断的不同影响,区分价格知识的显性和隐性是非常有必要的。

　　不过,虽然许多研究者认为显性价格知识和隐性价格知识之间的区别是合理的,但是大多数的研究都是着重于刻意回忆,而忽略了隐性价格知识的重要方面,即隐性知识是过去的记忆对当前行为产生的无意识影响。有部分学者同时研究了显性价格知识和隐性价格知识,如 Gaston-Breton &

---

① Monroe K B, Lee A Y. Remembering versus knowing: Issues in buyers' processing of price information[J]. *Journal of the Academy of Marketing Science*, 1999, 27(2): 207-225.

Raghubir(2013)[①]、Homburg 等(2012)[②]、Jensen & Grunert(2014)[③]等,他们对价格知识的决定因素进行了探讨并提出了不同的见解和主张。比如Homburg 等(2012)发现,一些外部因素会对显性价格知识存在影响,而对隐性价格知识的影响并不明显。这些结论为后续学者有关价格知识的研究提供了理论支持。

三、价格知识的测量

在国外有关价格的研究中,通常把价格知识定义为消费者回忆价格的能力,这是从认知心理学对记忆的研究转化而来的。按照这种理解,学者们对价格知识的衡量一般以价格回忆精确度(Price Recall Accuracy)为指标。价格回忆精确度就是测量被试回忆的价格与实际价格之间的误差,误差越小,则表明被试者记忆的精确度越高,价格知识越完备。对于价格回忆精确度的测量,一个最常见的工具就是用百分比表示的偏离度:

$$价格回忆误差 = \frac{|回忆价格 - 实际价格|}{实际价格}$$

对于 N 个商品的计算方法如下:

$$平均价格回忆误差 = \frac{1}{N} \sum_{1}^{n} \frac{|回忆价格 - 实际价格|}{实际价格} \times 100\%$$

Vanhuele & Dreze(2002)曾运用这种方法对商场消费者的知识情况进行了评估,他们发现在几次被调查的消费者中,能够准确回忆起价格的2.1%到61.3%,而平均偏离的百分比在 3.9% 和 22.9% 之间。

通过价格回忆误差的指标来考察消费者价格知识的好处就在于,能够

---

① Gaston-Breton C, Raghubir P. Opposing effects of sociodemographic variables on price knowledge[J]. *Marketing Letters*, 2013, 24(1): 29 - 42.

② Homburg C, Koschate-Fischer N, Wiegner C M. Customer Satisfaction and Elapsed Time since Purchase as Drivers of Price Knowledge[J]. *Psychology & Marketing*, 2012, 29(2): 76 - 86.

③ Jensen B B, Grunert K G. Price Knowledge During Grocery Shopping: What We Learn and What We Forget[J]. *Journal of Retailing*, 2014, 90(3): 332 - 346.

紧扣价格知识的内涵,直观性很强。但缺点在于,对消费者价格回忆能力的要求较高。因此,为了拓展对价格知识的考察,一些学者们发明了另外一种价格知识的评价标准——价格估计精确度(Price Estimate Accuracy)。学者们认为价格估计精确度也能反映消费者知识的完备程度。在计量工具上,他们用的是价格估计误差公式(Price Estimation Error,PEE),具体而言,估计价格与真实价格之间差距越大,则 PEE 数值越高,即表明消费者的价格知识越缺乏。对 N 个商品价格估计误差的计算方法如下:

$$平均价格估计误差 = \frac{1}{N}\sum_{1}^{n}\frac{|估计价格 - 实际价格|}{实际价格} \times 100\%$$

价格估计精确度和价格回忆精确度一样,都是对记忆中客观知识的直接测量,适用于一些有组织的价格回忆测试,通过将价格知识量化考察,可以较为清晰地展现消费者价格知识的大概程度。不过,它的缺点也很明显,就是对一些储存在内隐记忆中的知识测量效果可能不是那么理想。很多时候,消费者可能无法准确地回忆起内隐记忆中的价格知识,但他们依然可以基于隐含的价格知识做出合理的决定。于是,价格知识的测量中出现了另一种方法,以消费者行为和选择决策为依据进行测量。Vanhuele & Dreze(2002)认为,因为价格信息可以以不同的"形式"编码,所以使用包括价格回忆、价格认知和交易再现在内的一系列措施来挖掘消费者的价格知识是合适的。价格回忆就是通过考察消费者听到商品价格信息后回忆商品真实价格的准确性来衡量消费者价格知识;而价格认知是指通过考察消费者看到价格标签后辨别该价格是否为商品真实价格的能力来衡量消费者价格知识;交易再现则是通过考察消费者对没有购买经验的商品价格范围类比推断的准确性来衡量消费者价格知识。此外,还有一些学者认为,消费者的价格知识水平体现在对不同商家价格水平的排名上,比如 Brown(1971)将消费者对商店的准确排名能力作为衡量商店价格知识的指标。总的来说,这些理论是对价格知识测量研究的重要补充,有利于我们发掘、理解内隐知识的真正作用和内涵,提高知识测量研究的客观性和完整性。

除了上述对消费者客观价格知识的测量以外,在产品价格知识研究中还存在着对主观知识的测量,其所依据的形式往往是量表(大多是 5—7 级的李克特量表)。很少有文献去单独探讨主观价格知识,大多数都是把它作为产品价格知识量表的一部分来分析,设计的问题诸如"你对×××产品价格了解多少""与一般消费者相比,你对×××产品的价格了解属于什么水平"等。主观价格知识是消费者自身对产品价格的熟悉程度和感受,它与客观价格知识有一定关联,却不能相互替代。现实中,研究者和经营者更关心消费者客观价格知识的测量,因为它对企业制定价格策略大有益处,但这并不意味着主观价格知识测量没有价值。主观价格知识反映了消费者对价格交易的信心,当企业需要知道消费者对企业产品的真实态度时,主观价格知识的测量就非常必要,在某些情况下,它可能较客观价格知识测量价值更大。

四、价格知识的影响因素

近些年来,学者们对于价格知识的研究更多关注消费者价格知识水平和价格知识精确度的决定因素,而这些研究往往要和第一节所提到的价格回忆的概念联系在一起,因为价格知识本身是消费者价格回忆程序的核心内容。根据学者们的研究成果来看,影响消费者价格知识水平或价格知识精确度的因素主要分为三种:价格特征、消费者特征和客观环境。

首先是价格特征因素。价格特征因素主要包括企业的定价策略和价格促销活动。企业的某些定价策略如错觉定价对消费者价格记忆和价格知识的准确性影响极大。错觉定价就是利用顾客对商品价格的知觉误差来制定销售价格的方法,目的使消费者产生便宜的错觉,或者满足消费者的某些虚荣心,以刺激这些消费者的购买意愿(黄金辉、韦克难,2003)。错觉定价法主要有三种:尾数定价法、整数定价法和拆零定价法。尾数定价法是将产品价格的尾数以"9"或者"8"结尾,而不取整,利用落差效应,给人一种此价格是经过精心核算的最低价格的感觉。整数定价主要是为了让消费者对商品价格便于记忆和传播,同时使消费者产生高价高质的感觉,进而满足其某种虚荣心;而拆零定价法指将一种商品改为小分量包装后,价格也拆零计算,使得消费者产生便宜的感觉。错觉定价是根据消费者心理弱点而制定的，它通过干扰消费者的信息处理程序而扭曲了消费者价格知识的准确性，形成价格或高或低的偏差，正如学者 Vanhuele 等（2006）等认为，某些价格结构和尾数限制了消费者价格信息的处理和存储，导致回忆的准确性较低。

价格促销活动影响消费者的价格知识。一些研究表明，与正常价格相比，促销价格更易于被消费者回忆和识别（Olavarrieta，2012[①]；Vanhuele & Drew，2002）。在考虑促销情境和非促销情境的情况下，研究显示，促销情境下消费者知识的精确度明显高于非促销情境的知识精确度（Boutillier，1994[②]）。Boutillier 等（1994）认为，价格促销和价格知识之间的关系容易使消费者产生误导性的认知，因为那些不能准确回忆所购买产品价格的消费者，往往会在促销环境下高估节约的水平。

其次是消费者特征因素。其主要研究领域就是消费者的价格敏感性和购买频率。学者研究发现，价格知识与消费者购买频率和积极的价格搜索行为正相关（Jensen & Grunert，2014）[③]。此外，对价格敏感的消费者倾向于更全面地搜集价格信息，以形成准确的价格回忆（Kukar-Kinney 等，2012[④]）。对此，学者们并未形成一致的观点，如 Krishna（1994）的研究发现，购买频率和价格知识之间存在正相关关系，而 Dickson & Sawyer（2000）研究结论则是，产品频繁购买者并不比偶尔购买者拥有更精确的价格知识。这些结论往往会受到研究环境、行业特征和研究方法的影响而出现偏差。

除了上面的因素外，还有一些学者探寻了消费者其他的个人和社会系统中不同因素对价格知识的影响，主要包括消费者的价格意识、收入、教育

① Olavarrieta S，Hidalgo P，Manzur E，et al. Determinants of in-store price knowledge for packaged products：An empirical study in a Chilean hypermarket[J]. *Journal of Business Research*，2012，65(12)：1759 – 1766.

② Boutillier J，Boutillier S S，Neslin S A. A replication and extension of the Dickson and Sawyer price-awareness study[J]. *Marketing Letters*，1994，5(1)：31 – 42.

③ Jensen B B，Grunert K G. Price Knowledge During Grocery Shopping：What We Learn and What We Forget[J]. *Journal of Retailing*，2014，90(3)：332 – 346.

④ Vida I，Koklic M K，Kukar-Kinney M，et al. Predicting Consumer Digital Piracy Behavior：The Role of Rationalization and Perceived Consequences[J]. *Journal of Interactive Marketing*，2012，6(6)：298 – 313.

程度、品牌忠诚等诸多元素。比如,学者 Mägi & Julander(2005)①探究了消费者价格意识、收入和教育三种因素对消费者价格知识的影响,结果发现,价格意识对主观价格知识和客观价格知识的影响都是正向的,而主观价格知识受到的影响更显著;收入因素对主观和客观价格知识都没有明显的影响;而教育因素对客观价格知识有积极影响。Samoggia(2016)②在对功能性乳制品价格知识的研究中发现,消费者价格知识的准确性与两大系统相关:个人生活系统和价值交易系统。个人生活系统包括社会背景、性别、年龄、教育、购买缘由和家庭收入等因素,价值交易系统则涉及购买频率、价格促销、品牌忠诚等因素。Vanhuele & Dreze(2002)、Kenesei & Todd(2003)③等研究了品牌忠诚因素对消费者价格知识的影响,认为品牌忠诚对价格知识存在着积极影响。而其他学者,如 Boutillier(1994)等,则认为品牌忠诚度不会影响消费者价格知识和回忆准确性。

最后是客观环境因素。客观环境因素主要包括社会文化环境、意见领袖和货币政策等。对于社会文化环境,学者 Aalto-Setala(2006)通过对比德国和芬兰两种不同文化情境下的消费者知识发现,处于不同文化环境的消费者对同一种商品价格知识的掌握是不相同的。根据 Aalto-Setala(2006)的研究,芬兰消费者往往能比德国消费者回忆起更多商品的价格,而德国消费者回忆的精确度更高。文化环境对消费者价格知识水平有着非常重要的影响。还有一些学者讨论了专家和意见领域对价格知识的影响,如刘凤元(2012)④认为市场专家在消费者价格知识的形成中扮演着重要角色。相对于普通消费者,市场专家拥有更完整的关于商品种类、功能、质量以及购买地点、价格差异等信息,当普通消费者按照市场专家的建议购买到性价比更高的商品时,对市场专家的信赖得以加强,导致其价格知识主要从市场专家

---

① Mägi A W, Julander C R. Consumers' store-level price knowledge: Why are some consumers more knowledgeable than others? [J]. *Journal of Retailing*, 2005, 81(4): 319-329.

② Samoggia A. Healthy Food: Determinants of price knowledge of functional dairy products[J]. *Journal of Food Products Marketing*, 2016, 22(8): 905-929.

③ Kensei Z, Todd S. The use of price in the purchase decision[J]. *Journal of Empirical Generalisations in Marketing Science*, 2003, 8(1):1-22.

④ 刘凤元. 价格知识的形成及其影响因素——基于营销视角的研究[J]. 价格论与实践,2012(4):87-88.

处获得。除此之外，一些研究发现货币政策也会影响价格知识，如 Raijas &
Aalto-Setala(2009)[①]研究发现，在 2002 年芬兰货币转换为欧元后，芬兰消
费者的价格知识呈现不断弱化的趋势。

　　除了关注消费者价格知识水平和价格知识精度的决定因素外，还有一
些学者探究价格与支付意愿、购买决策等因素的关系（Manika 等，2016）[②]或
者不同价格知识之间的关系等问题。随着经济发展和消费者需求的变化，
学者们对价格知识的研究将会进一步加强，未来人们对消费者价格知识将
有更多的了解，研究领域也会更加广阔。

---

　　① Raijas A，Aalto-Setl V. Development of Finns' price knowledge after the changeover to the
euro[J]. *Journal of Retailing and Consumer Services*，2009，16(1):19－24.
　　② Manika Rödiger，Sabine Plaßmann，Hamm U. Organic consumers' price knowledge,
willingness-to-pay and purchase decision[J]. *British Food Journal*，2016，118(11):2732－2743.

第五篇

消费者价格信息行为

第十章　支付意愿

本章概述

　　关于消费者价格信息处理的行为结果,首先需要关注支付意愿。支付意愿是对消费者实际消费行为的预测及判断,如果支付意愿与行为相背离,则产品交易往往无法顺利进行,同时支付意愿也关系到顾客的消费体验以及对产品的评价。本章内容首先对支付意愿进行概述,然后介绍支付意愿的理论基础、支付意愿的测量和支付意愿的影响因素。

第一节　支付意愿的概述

　　支付意愿(Willingness to Pay,WTP)。这一概念最早出现于《经济学文献》(Davenport,1902)中,此概念和方法被用来确定纯公共产品和服务的价格。支付意愿通常用来衡量消费者愿意为有某种特质的产品或服务付费的程度,即个人为了获得某些生活质量而愿意付出的代价(Cameron & James,1987)。消费者剩余是指消费者从购买中得到剩余的满足,它等于消费者愿意支付的价格(即支付意愿)和实际支付的价格之差。Kalish(1991)[①]将支付意愿定义为买方接受为一定数量的商品或服务所支付的最

---

　　① Kalish S, Nelson P. A comparison of ranking, rating and reservation price measurement in conjoint analysis[J]. *Marketing Letters*, 1991, 2(4): 327 - 335.

高价格。Anderson(1996)[①]认为,支付意愿是消费者愿意支付或转换到其他产品前所能容忍的最大价格。新古典经济学将商品的价值分为有用价值和内在价值。支付意愿属于商品的内在价值,反映了人们对商品价值的一种道德上的评判。除支付意愿外,商品的内在价值还包括个人感知、个人偏好等。基于价格弹性和需求曲线的概念,Le Gall-Ely(2009)[②]认为支付意愿指消费者接受产品或服务的最高价格,作为价格感知过程的一部分,支付意愿更接近于消费者个人对价格(如参考价格、可接受价格)的判断,并与影响消费者决策的其他变量(如顾客满意度、顾客忠诚度和文化)相关联。

支付意愿包含两个紧密相连的问题,即"是否愿意支付"及"愿意支付多少"。消费者愿意支付价格的上限,被称为顾客心中的保留价格。支付意愿受到消费者选择不确定的影响,即使消费者有明确的支付意愿,但当产品价格超出消费者的支付意愿时,消费者也会拒绝购买。相反,当消费者的支付意愿不确定时,如果产品价格高于消费者的支付意愿,这时消费者也有可能选择购买该产品。如果卖方不确定顾客的支付意愿,那么就会陷入两难的境地,定价超过顾客保留价格会导致顾客的流失,定价过低导致消费者剩余的增加和自身单次交易利润的降低。每位消费者都有自己的商品保留价格,只有保留价格大于商品的价值时,顾客才有可能购买该商品。传统研究都将 WTP 作为点估计(Wertenbroch & Skiera 2002)[③],该点为消费者在购买与不购买的无倾向中间值(Eggers & Sattler 2009)[④]。然而,Wang 等(2012)认为 WTP 并不是一个点而应当是区间,其理由是,消费者很少明确他们愿意支付金额的确切值,而是由 WTP 的分布范围作决定,并由此进一

① Anderson E W. Customer satisfaction and price tolerance[J]. *Marketing letters*,1996,7(3):265-274.

② Le Gall-Ely M. Definition, measurement and determinants of the consumer's willingness to pay: a critical synthesis and avenues for further research[J]. *Recherche et Applications en Marketing* (English Edition),2009,24(2):91-112.

③ Wertenbroch K, Skiera B. Measuring consumers' willingness to pay at the point of purchase[J]. *Journal of Marketing Research*,2002,39(2):228-241.

④ Eggers F, Sattler H. Hybrid individualized two-level choice-based conjoint(HIT-CBC): A new method for measuring preference structures with many attribute levels[J]. *International Journal of Research in Marketing*,2009,26(2):108-118.

步建议直接询问三个不同的 WTP 来估计消费者的 WTP 概率分布①。在此基础上,Schlereth 等(2012)②提出了吸引力指数的概念,认为用这种方法可以找到最优的目标顾客,最优的目标顾客并不单指 WTP 足够大,或购买概率足够高,而是两者同时满足商家的需求。

从经济学视角来看,市场交易的关键环节是买卖双方互相了解到对方能接受的价格区间,并就双方都能满意的价格区间达成共识,即价格发现。实际上,消费者的支付意愿也可以这样理解:在一个与实际市场几乎完全一样的、采取参与式定价的虚拟市场上定价策略的体现。支付意愿在经济学中的含义是购买方为某种物品愿意支付的最高价格。根据消费者剩余理论,只有在消费者剩余大于 0 即实际价格低于 WTP 最大值时,消费者的购买行为才能发生。按照环境经济学的观点,消费者的支付意愿可以为地方提供财务激励,促使其将自然资源的价值转化为商品或服务(Muradian 等,2010),如果支付意愿能够为生态系统产生服务补偿,那么环境服务就可以被引入到通常没有的市场中去。这是支付意愿在生态环境中应用,是支付意愿内涵的延伸,主要侧重于支付意愿对地区生态服务间接影响的描述。

从上述分析可知:首先,支付意愿用价格区间的形式体现了消费者对于产品及服务质量的感知;其次,支付意愿也反映了顾客的价值观及消费观。支付意愿与使用价值挂钩,如果价格高出支付意愿导致使用价值相对较小,那么消费者就会倾向于终止商品的购买行为。

第二节　支付意愿的相关理论

与支付意愿有关的理论有很多,主要由计划行为理论、效用理论、EKB 模式、感知风险理论等构成,本节将对此进行介绍。

---

① Wang T, Venkatesh R, Chatterjee R. Reservation price as a range: An incentive-compatible measurement approach[J]. *Journal of Marketing Research*, 2007, 44(2): 200−213.

② Schlereth C, Eckert C, Skiera B. Using discrete choice experiments to estimate willingness-to-pay intervals[J]. *Marketing Letters*, 2012, 23(3): 761−776.

一、计划行为理论

计划行为理论由 Ajzen(1991)在理性行为理论的基础上提出,计划行为理论强调意愿是行为的决定因素,是将态度和行为联系在一起的主流社会心理学模型,由行为信念、规范信念及控制信念三个维度构成。以人们的购买行为为例,人们对于购买某件商品或某种服务的积极性或基于这三个维度的基础之上,人们的行为过程被细化为态度形成、主体规范影响、知觉行为控制、行为意向形成与调整以及实施行为五个流程。态度是人对事物的总体评价(Ajzen,2000)[①],个人对行为结果的判断与评价决定了最终态度的形成。从这个角度看,消费者的态度是其支付意愿的"预告"。主体规范是个人受到周围人群、团体以及社会的影响,这种影响会反映在个体规范信念与服从动机上。其中,规范信念指个体通过将他人经验对自身的判断得出的他人或所属的团体以及社会对其是否应该执行某种行为的预测,尽管人们常常把自己视作独立的个体,但也会倾向于将自己与自己所处团体的规范同化[②];服从动机是指个人采取某种措施以主动实现他人或群体期望的可能性大小,一般与该个体和他人及社会的心理距离、关系认知等因素相关。知觉行为控制分为内部控制与外部控制(Terry,1993),内部控制本属于管理学范畴的术语,是指个体对某行为所需个人资源,如能力、收入、信心等的把握程度[③],该概念与 Bandura(1986)提出的自我效能感有一定的相似之处。外部控制与 Triandis(1977)[④]提出的促进条件概念类似,即"行为者的状态和使行为容易或困难的任何环境条件"。以 Adamopolous

---

① Ajzen I. *Attitudes and the attitude-behavior relation: reasoned and automatic process*[M]. 1. Chinchester: Wiley, 2000.

② Gutral J, Cypryańska M, Nezlek J B. Normative based beliefs as a basis for perceived changes in personality traits across the lifespan[J]. *Plos one*, 2022, 17(2): 1 - 18.

③ Armitage C J, Armitage C J, Conner M, et al. Different perceptions of control: Applying an extended theory of planned behavior to legal and illegal drug use[J]. *Basic and Applied Social Psychology*, 1999, 21(4): 301 - 316.

④ Triandis H C. *Interpersonal behavior*[M]. Brooks/Cole. Psychology Company, 1977: 383 - 393.

& Brinberg(1975)所举的戒烟意愿①为例,身边有一起戒烟的伙伴、身边的吸烟成瘾者以及医学上的支持都算作戒烟的外部控制条件。行为意向被 Warshaw & Davis(1985)定义为一个人制定了有意识的计划来执行或不执行一些特定未来行为的概率②,它反映了个人对采取某一项行动的可能性。例如,消费者风险感知属于五个要素中的知觉行为控制范畴,由于风险感知受到该消费者过去的购买经验、对商品的认知以及他人给予的提示或重要社会事件等因素的影响,因此,可以认为风险感知同时受到内外部控制因素的影响。在计划行为理论框架的研究中,消费者自身的风险感知,自身的知觉行为控制能力都会影响消费者的支付意愿。

二、效用理论

"效用"这一词诞生于丹尼尔·伯努利 1738 年关于"圣彼得堡悖论"的论文。该词的含义被 Von Neumann & Morgenstern(1943)定义为消费者消费某种物品(实际上,应被扩充为商品或服务)所获得的满足程度,主要是指主观心理感受。该含义包含两个层面:第一,商品或服务能够从某种程度上满足消费者的某种需求;第二,效用完全是主观指标,是消费者根据自己的标准做出的评价。效用的判断过程是主观的,不同的消费者对同一件商品也许会有不同的效用判断,而且,同一个消费者对同一件商品在不同的时间、地点以及情境下做出的判断也有所不同。效用理论被学者们进一步分为序数效用理论和基数效用理论。基数效用理论是最初的效用理论,该理论认为,消费者的效用大小可以用数字进行表示,边际效用以及期望效用等理论均出自基数效用理论。通过对效用可测性和人际间可比性的质疑,经济学家们提出了序数效用论。该观点

---

① Adamopoulos I, Brinberg D. An examination of the determinants of social behavior[J]. *Unpublished manuscript*, *Department of Psychology*, *University of Illinois at Urbana-Champaign*, 1975.

② Warshaw P R, Davis F D. Disentangling behavioral intention and behavioral expectation[J]. *Journal of Experimental Social Psychology*,1985,21(3):213-228.

认为,消费者的效用是主观的心理活动,不可测量但可排序。Fisher (1992)认为,基数效用对求得均衡解来说并不必要,最重要的应当是无差异曲线的形状。因此,Fisher 是第一位使用基于序数效用论的无差异曲线分析法的学者。

在对效用进行分析时,一般涉及总效用和边际效用这两个概念。顾名思义,总效用是指消费者在某一次或一定时期购买的商品或服务中得到的效用,总效用的最大化即消费者的满足感最大化。边际效用则指消费某商品或服务时,每多消费一单位造成总效用的变化量。事实上,按照亚当·斯密的观点,消费者的行为被认为是理性经济人的行为,其支付意愿和购买行为都是为了追求效用最大化。

三、EKB 模式

EKB 模式也是重要的消费者决策理论之一,该理论由 Engel Kollat & Blackwell 最初于 1968 年提出,后多次修改。EKB 模型将消费者购买决策分为信息输入与处理、决策变量(内部和外部)和决策过程(Engel 等,2001)。基本观点是:消费者接受来自外部的产品信息,通过大脑将其进行分析处理,并将其与自身条件和外部环境因素结合,从而完成决策的制定,购买商品并加以消费,在消费后对是否满意进行评价,为下次类似的购买行为做好准备。

不难看出,消费者的购买行为是一个连贯且完整的过程。在此过程中,个人的态度与价值观在外界刺激下产生(Huang & Hsueh,2010)。同时,购买决策受多个因素影响,如文化、社会阶级、消费者的知识、态度、个性等。

四、感知风险理论

感知风险是个人对潜在风险或危害是否存在的判断与程度大小的评估,是研究人员用来解释消费者对购买产品或服务的不确定性和不利后果的看法的一个概念(Dowling & Staelin,1994)。Cunningham(1967)认为,感知风险包括不确定性和后果两个层次,其中不确定性指消费者满意度的不确定性,而后果则是指操作不当、产品变质、服务失败等造成的危险性。Cox(1969)认为,感知风险并非单维度,基于不同的主体和情境,感知风险的维度也具有差异,具体的购买行为、交易环境和文化差异决定了感知风险的维度。例如,互联网背景下常见的风险包括金融(金钱)、隐私、性能、时间、社会、心理风险等方面(Featherman & Pavlou,2003)。实际上,仅靠感知风险无法估计消费者的支付意愿,消费者的购买决策也受其风险态度影响。例如,风险规避者总是希望将风险降到最低,即使不发生风险,该产品或服务对该消费者的使用价值也不高,而风险偏好者则偏好兼具高风险概率和高使用价值的商品。

除此之外,承担风险是新产品购买过程中的内在属性(Bauer,1960)。如上所述,在营销实践过程中,消费者购买新产品时面临的风险可分为两个组成部分:产品能否满足自身需求,即效用的不确定性;不当选择对自己造成的不良影响。相应地,消费者可以通过增加对产品知识的学习,以及降低对商品效用的期望以减少感知风险。商家也可以采取一些营销措施如免费试用来引导消费者,帮助其加深对产品的理解以减少对新产品的感知风险,进而提高风险规避型消费者的支付意愿,促成购买。综上所述,感知风险理论在支付意愿的相关研究中有着较为广泛的应用。

第三节 支付意愿的测量

支付意愿表示消费者愿意为商品或服务支付的期望价格区间,换个角度讲,支付意愿可以用来衡量消费者对商品、服务、社会公共产品的效用。该指标往往被用作市场需求和最优市场的测量工具。

消费者支付意愿是消费者对特定商品或劳务的主观定量评价,支付意愿用价格区间表示,但这并不意味着支付意愿是可以用实际的市场价格测量。相反,只能通过非价格评估的方法来获取。西方经济学家通常采用条件价值评估法(Contingent Valuation Method)来确定消费者的真实支付意愿。条件价值评估法本质上是一种模拟市场的评估技术,核心理论是效用最大化原理,主要通过问卷调研的方式对被试在"市场"上的经济行为进行研究,从而得到消费者支付意愿,对商品或服务的价值进行计量。

条件估值法有多种测量形式,如条件价值分析法、联合分析法、选择实验法、实验拍卖法等。其中,条件价值分析法(CVM)是一种基于调查基础之上的陈述性偏好方法,在一个典型的 CVM 问题中,研究者会向受访者展示一个新产品,然后询问他们愿意为新产品支付多少钱或者在一个特定的价格水平上是否愿意购买。通过观察受访者对于商品所做出的决策来推断商品的价值,CVM 的设问可以是开放式的,也可以是封闭式的(Hoehn & Randall,1987)。联合分析法(CA)是管理实践中支持产品开发、定价和定位决策的最重要的工具之一,主要借助最小二乘法线性回归、多层贝叶斯和有限混合等估计方法赋值计算出各属性层次的偏好参数。用于评估不同属性对于消费者的相对重要性,以及不同属性水平给消费者带来的效用的统计分析方法,通过该商品相较于普通商品的附加属性的付款增量百分比来衡量(Telser & Zweifel,2002)。基于效用理论、特征需求理论以及随机效用理论,选择实验法(CE)的原理是将所有商品化为一系列属性,然后将多个水平的属性合成不同的选项,为被试提供一个假设情景,即让消费者想象自己是在一个真实的购买情境中,从选择集中选出他认为最优或最偏好的产品方案,在被试的权衡及选择中就已经隐含了他们的支付意愿(Lusk & Schroeder,2004)。实验拍卖法(EA)与 CE 的相似之处在于,消费者都是直接从商品的特定属性中获益,理论基础与 Lancaster(1966)的观点相一致;不同之处在于,EA 可以直接从被试者的竞价中获得支付意愿。此外,EA 通过设计一系列竞价与资源分配规则,可以从背景设置、激励措施等方面对真实的拍卖场景最大限度仿真,因此,从这个角度来看,EA 比 CVM 与 CE 等方式得到的结果更符合实际情况。实验拍卖法有多种机制,且不同机制的选择会直接影响拍卖结果的有效性,所以实施实验拍卖之前最重要的任务之一就是决定采用哪种拍卖机制。当前文献中有二级价格拍卖（Second Price Auction）、英国式拍卖（English Auction）、BDM（Becker—DeGroot—Marscha Experimental Auction）实验拍卖以及随机 N 阶价格拍卖（Random Nth Price Auction）等四种常用的拍卖机制（Lusk，2003）。

第四节　支付意愿的影响因素

由于支付意愿受多种因素的影响,在价格相关的驱动因素与支付意愿相关关系的研究中,主要影响支付意愿的因素包括参考价格、价格公平、产品质量、价格形象、预期产品的使用频率等五个方面。

一、参考价格

在影响支付意愿的因素中,参考价格是影响消费者是否购买的重要因素之一。参考价格被定义为标准价格,消费者根据它来评估他们正在考虑购买产品的实际价格。按照来源,参考价格可以分为外部参考价格和内部参考价格。首先,外部参考价格是商家引导消费者进行消费的重要途径,也是影响消费者确定购买与否的重要因素,外部参考价格是由购买环境中观察到的刺激物提供的。这种刺激可以由购买点的货架标签提供,其中包括含有"建议零售价"的信息、另一个产品或以广告作为主要表现形式的实际价格,从而可以对价格进行比较,其在影响消费者价值认知和消费者支付意愿方面发挥着重要的作用。如果外部参考价格低于实际价格不多,差别不大,就起不到明显的效果;如果外部参考价格比实际价格高很多,消费者会认为该价格不合理,甚至对产品的质量产生怀疑,最终也会使得消费者支付意愿处于较低的水平。其次,内部参考价格是指在消费者记忆中已经存在的有关当前商品的价格信息,是消费者从过去的经历中形成的价格预期,它是消费者的主观判断,反映消费者对于该商品的价格适应水平。内部参考价格的存在得到了适应水平理论的支持,该理论认为,人们适应过去的刺激水平,并根据适应水平来判断新的刺激与适应水平相比较。换句话说,内部参考价格是一个内部标准,用来与观察到的价格进行比较。消费者通常将零售商的售价与内部参考价格范围作比较,以决定是否购买该商品。如果商品的促销价格高于消费者的内部参考价格,则消费者的支付意愿较低,不愿意购买该商品;反之,如果商品的促销价格低于消费者的内部参考价格,消费者的支付意愿则会增强。

二、价格公平

在影响支付意愿的因素中,公平是决定是否购买的最重要因素(Maxwell,2002)[①]。在营销实践中,价格公平是消费者的参考价格和市场价格比较得出的主观感受。价格公平的影响因素已于第七章详细阐述,因此在本部分只选取部分进行简要的概述。

(一) 比较对象的选择

公平是通过比较得出的结果,消费者可以通过三类比较对象来判断是否公平:消费者本人、其他消费者、不同组织(其他店铺等)。一般来说,消费者更关注与消费者本人、其他消费者的比较,因此选取不同的参照对象,对价格公平的感知就会不同,支付意愿也会大不相同。

(二) 价格归因

事实上,消费者的不公平感知不仅因为高价格,还取决于消费者自身对于高价格的解释程度。根据归因理论,人们会对事物的变化做出合理的推测。当消费者将价格上涨归因于企业的不可控因素时,如原材料、供应链等成本的上升,消费者会认为价格上涨是合理的,价格的不公平感会降低;当

---

① Maxwell S. Rule-based price fairness and its effect on willingness to purchase[J]. *Journal of Economic Psychology*,2002,23(2):191-212.

消费者将价格上涨归因于企业的可控因素,如为了获取更高利润等,则会产生强烈的价格不公平感。因此,在营销实践中,消费者对价格公平性的感知越高,支付意愿就越强。

(三) 沟通

沟通对消费者的支付意愿影响有两条路径:其一,沟通影响价格公平性感知,从而影响消费者的购买意愿,沟通为消费者提供了价格参考信息的来源,消费者通过与商家的沟通确定价格是否在合理范围内,促使消费者产生价格的公平性感知从而影响其支付意愿。其二,沟通直接作用于消费者的支付意愿。消费者通过沟通形成对产品式服务质量感知的构建,通过感知消费过程得到情感满足,直接影响其支付意愿。

(四) 消费者个体差异

不同消费者的个体特征会直接影响其支付意愿。相关研究表明,依赖性消费者相比于独立性消费者更能接受品牌的价格上涨。高权力的消费者会有可能对价格的上涨感受到威胁,并对价格不公平更为敏感。在不完全的市场信息背景下,消费者所拥有的市场信息存在差异,这也影响着消费者的支付意愿。例如,商家会从市场策略的角度出发对同一产品实施差别定价策略,然而这一差别定价在具备较少市场知识的消费者眼中意味着高利润,会导致较强的价格不公平感,进而会削弱消费者对较高定价商品的支付意愿。

三、产品质量

根据 Hedonic 价格模型,消费者在购买产品时,要将从产品质量的每个属性中获得的部分效用最大化。Boulding 等(1993)[①]在对质量与行为倾向

---

① Boulding W, Kalra A, Staelin R, et al. A dynamic process model of service quality: from expectations to behavioral intentions[J]. *Journal of Marketing Research*, 1993, 30(1): 7-27.

的关系研究中表明,质量对消费者的行为倾向有正向的影响。Baker &
Crompton(2000)[①]在对旅游业的研究中分析了质量对顾客行为意愿的影
响,将顾客行为意愿划分为支付意愿和忠诚行为两个维度,研究发现,质量
对行为意愿有显著的正相关关系,即质量与消费者的支付意愿之间存在着
显著的正相关关系。袁学国(2014)[②]通过研究居民对不同质量猪肉的支付
意愿发现,居民对已经建立质量安全可追溯体系的生鲜猪肉的支付意愿最
高,这表明消费者在消费过程中,重视产品的质量,对产品质量有保障的商
品会产生更强烈的支付意愿。这些研究表明产品质量和消费者的支付意愿
存在着显著正向关系。

除此之外,产品质量分为实际质量和感知质量两种,二者之间的差距也
会对消费者的支付意愿产生影响。当感知质量>实际质量时,消费者会具
有较强的支付意愿,增加重复购买;当感知质量=实际质量时,消费者的反
映一般;当感知质量<实际质量时,消费者感到失望,具有较低的支付意愿,
会减少甚至放弃重复购买。

四、价格形象

价格形象是一个多维概念,指消费者对零售商价格水平、价值、价格
公平以及特价物品促销频率的多维看法。这一概念不仅包括实际价格,
还包括各种非货币性的"成本",例如,用于购物的时间或预期利益的相关
风险,价格形象对消费者支付意愿有着显著影响。顾客对于特定商店所
形成的价格形象对于其自身购买意愿会产生显著影响(Zielke,2008;
Cheah,2020)。例如,"奢侈品"一词被定义为高品质的、昂贵和非必要的
产品和服务,其已形成价格水平较高的形象,消费者对于该类产品的支付
意愿也较高。Zielke(2008)将价格形象分为价格水平、性价比、价格可感

---

① Baker D A, Crompton J L. Quality, satisfaction and behavioral intentions[J]. *Annals of Tourism Research*, 2000, 27(3): 785 - 804.

② 袁学国,任建超,韩青.北京城镇居民对不同猪肉质量安全特征的消费偏好和支付意愿[J]. 技术经济,2014,33(6):6.

知性、价格可处理性以及价格评估准确性这五个维度,并且发现价格水平、性价比和价格评估准确性这三个维度会对顾客购买意愿产生直接正向影响,而价格可感知性和价格可处理性会对消费者支付意愿产生间接正向影响。

五、预期的产品使用频率

消费者的支付意愿取决于购买前对产品使用频率的预期,这种预期往往会增加消费者对产品的感知价值(Etkin & Ratner 2013[①];Hamilton 等,2011[②];Tanner & Carlson,2009[③])。消费者购前对产品较低的使用频率会降低消费者对产品的兴趣,从而降低消费者对此类产品的支付意愿(Hamilton 等,2011)。从更广泛的意义上说,消费者使用产品的频率决定了对产品的依恋程度,而依恋程度又在禀赋效应中起着重要作用。在禀赋效应中,卖方愿意接受的产品价格往往超过潜在买方愿意支付的价格。这种差异通常归因于对产品价值的高估,因为卖家往往会对自己的产品产生情感依恋,且卖家对产品的评价要高于买家,他们主要考虑的是产品的可取性(如体验快感),而不是其可行性(如购买产品的额外成本)。卖方在估计买方的支付意愿时,往往会忽略买方购买或使用产品所需的时间和金钱资源。当卖家出售一个高情感价值的产品(卖家对其产生情感依恋,且卖家对其评价高于买家的产品)时,卖家会将这一交易行为认定为不愉快的损失。为了弥补出售高情感价值的产品所带来的心理不适,卖家常常会提高产品

---

①　Etkin J, Ratner R K. Goal pursuit, now and later: Temporal compatibility of different versus similar means[J]. *Journal of Consumer Research*, 2013, 39(5): 1085 – 1099.

②　Hamilton R W, Ratner R K, Thompson D V. Outpacing others: When consumers value products based on relative usage frequency[J]. *Journal of Consumer Research*, 2011, 37(6): 1079 – 1094.

③　Tanner R J, Carlson K A. Unrealistically optimistic consumers: A selective hypothesis testing account for optimism in predictions of future behavior[J]. *Journal of Consumer Research*, 2009, 35(5): 810 – 822.

的售价,增加其货币收益(Ariely 等, 2005[①]; Brough & Isaac, 2012[②]; Chatterjee,2013[③]; Dommer & Swaminathan, 2013[④];Frederick, 2012[⑤]; Weaver & Frederick,2013[⑥],Kurt & Inman, 2013[⑦])。

[①] Ariely D, Huber J, Wertenbroch K. When do losses loom larger than gains? [J]. *Journal of Marketing Research*, 2005, 42(2): 134 - 138.

[②] Brough A R, Isaac M S. Finding a home for products we love: How buyer usage intent affects the pricing of used goods[J]. *Journal of Marketing*, 2012, 76(4): 78 - 91.

[③] Chatterjee P, Irmak C, Rose R L. The endowment effect as self-enhancement in response to threat[J]. *Journal of Consumer Research*, 2013, 40(3): 460 - 476.

[④] Dommer S L, Swaminathan V. Explaining the endowment effect through ownership: The role of identity, gender, and self-threat[J]. *Journal of Consumer Research*, 2013, 39(5): 1034 - 1050.

[⑤] Frederick S. Overestimating others' willingness to pay[J]. *Journal of Consumer Research*, 2012, 39(1): 1 - 21.

[⑥] Weaver R, Frederick S. A reference price theory of the endowment effect[J]. *Journal of Marketing Research*, 2012, 49(5): 696 - 707.

[⑦] Kurt D, Inman J J. Mispredicting others' valuations: Self-other difference in the context of endowment[J]. *Journal of Consumer Research*, 2013, 40(1): 78 - 89.

第十一章　参与式定价

本章概述

　　参与式定价是指消费者参与产品最终价格的制定的定价方式,既包括正式、有规则的机制,也包括非正式的和无规则的机制。本章主要对参与式定价机制的理论基础以及拍卖、PWYW 定价和 NYOP 定价三种定价方法展开探讨。

第一节　参与式定价的概念

　　参与式定价是消费者行为定价研究的一个新领域。由于越来越多的企业运用这种定价机制对产品或服务进行定价,因此,学界开始关注这种定价机制(Kim 等,2010[①];Schons 等,2014[②])。参与式定价是指消费者参与产品或服务的最终价格的制定,它既包括有规则的机制(如英式拍卖、反向出价拍卖、荷兰式拍卖、谈判)以及非正式的和无规则的机制(如与街边小贩的讨价还价)。这是一种创新性定价策略。与企业主导定价相比,参与式定价是消费者主导,一方面,通过让消费者参与商品或服务的价格制定过程,来获得更多的消费者剩余,从而使企业获得更大的收益;另一方面,参与式定价

---

　　① Ju-Young Kim, Natter M, Spann M. Pay-What-You-Want-Praxisrelevanz und Konsumentenverhalten[J]. Journal of Business Economics, 2010, 80(2):147 – 169.

　　② Schons L M, Rese M, Wieseke J, et al. There is nothing permanent except change——analyzing individual price dynamics in "pay-what-you-want" situations[J]. *Marketing Letters*, 2014, 25(1):25 – 36.

本质上是企业根据消费者的差异性对同样的产品或服务以不同的价格向不同的消费者进行销售,因此它也是一种价格歧视策略。一般来说,参与式定价机制的特征是一个或多个买家与一个或多个卖家之间的互动。因此,买方在确定产品的最终价格时起着积极的作用(Chandran & Morwitz 2005[①];Kim 等,2009;Spann & Tellis,2006[②])。

Kim(2010)等人根据参与式定价过程中买卖双方互动进行分类,将参与式定价策略分为一对一策略和水平交互策略两大类。一般而言,传统的固定价格策略属于一对一策略,指的是一个卖者和一个买者交互作用的策略。一对一策略包括谈判以及 NYOP(Name Your Own Price,逆向定价)和PWYW(Pay What You Want,任你付)。谈判指卖者和买者对同一件产品或服务进行议价并最终以共同认可的价格达成交易的过程。NYOP 和PWYW 这两种定价方式都是由消费者对产品或服务自行设定最终购买价格,消费者可以按照自己的意愿按任何价格(可以为零)进行支付,在这两种定价方式下,消费者拥有完全的产品或服务的定价权。两者的不同之处在于,在 NYOP 模式下,卖者设有一个价格底线,如果买者的出价低于卖者的价格底线,卖者有权拒绝交易。

而水平交互策略则是指几个卖者与几个买者交互作用的策略,主要包括英式拍卖、反向出价英式拍卖和荷兰式拍卖等。英式拍卖即卖者提供产品或服务,多名买者对该产品或服务进行出价竞标,最终出价最高的买者获得该产品或服务;反向出价拍卖即多名卖者就所售产品或服务进行竞价,最终报价最低的卖家把产品或服务出售给买者;荷兰式拍卖是卖家对商品或服务制定一个最高价,然后逐渐降低产品或服务价格,直到有买家接受当前的价格。英式拍卖和反向出价拍卖的区别在于,前者为买者竞价,且拍卖过程中买家的出价必须越来越高;后者则是由卖方出价,拍卖过程中卖家的出价必须越来越低。

---

① Chandran S, Morwitz V G. Effects of Participative Pricing on Consumers' Cognitions and Actions: A Goal Theoretic Perspective[J]. *Journal of Consumer Research*, 2005, 32(2): 249 - 259.

② Spann M, Tellis G J. Does the internet promote better consumer decisions? The case of name-your-own-price auctions [J]. *Journal of Marketing*, 2006, 70(1): 65 - 78.

第二节 参与式定价的理论基础

参与式定价在实践中的应用比较广泛,理论依据主要包括收益管理理论、招徕定价和社会偏好理论。

一、收益管理理论

收益管理理论通过实时预测模型的建立,在市场细分的基础上对消费者需求行为进行分析,从而确定最佳的销量或产品服务价格。它包含的内容有需求管理决策以及所需的系统和方法。该理论的应用源于美国 1978 年的航空撤销管制法令,该法令放宽了对航空公司机票定价权的限制,推动航空公司实现定价模式的创新。在这种情况下,低成本航空公司凭借低劳动力及简单与灵活的点对点服务抢占市场,而大型航空公司凭借更加复杂旅行路线以及更优质服务维持市场。通过竞争,整个航空业的运营管理水平得以提高,同时市场规模也被扩大。

企业的收益主要来源于价格和销量的乘积减去成本支出,因此收益管理理论主要聚焦于价格管理和成本管理。由于价格作为利润驱动因素具有突出的作用,并能显著影响企业业务情况,因此企业往往将更多的精力放在定价上。与价格管理相比,企业也倾向于花更多的时间与精力增加销量,通过销量的增长来降低企业的成本。价格的多维效应导致人们对定价理论缺乏理解。通常来说,利润是单位边际贡献(价格减去单位可变成本)与销量的乘积减去固定成本,这种一维比较很容易理解利润和价格。但当存在多个价格参数时,这种比较就变得极具挑战性,管理者要将多维结构纳入考虑才能做好价格管理和收益管理。

在实践中,企业要在定价策略上寻求平衡,通过调整价格来改变或适应需求,尽可能以较高的价格增大市场份额,最终实现企业利润的最大化,同时通过不同的定价影响消费者的购买行为,尽量使企业产品或服务的实际定价低于消费者的保留价格,促使消费者选择购买产品。因此,收益管理理论在参与式定价策略中发挥着重要作用。

二、招徕定价

招徕定价是企业利用消费者的求廉和从众心理,以低于市场平均价格的价格甚至低于成本的价格销售某一种或多种产品,以引起消费者的注意,进而吸引顾客,同时通过交叉销售,提升高利润的商品销量来增加利润。如常见的商品大减价、免费赠送、大甩卖、清仓处理等,由于招徕定价的商品价格远远低于市场上其他同类的商品,因此会在短期内吸引大量顾客,给企业带来更多的顾客流量。例如,我们经常见到一些大型超市将矿泉水、鲜奶、鸡蛋等一些特定的商品以低价出售,作为宣传来吸引消费者。

招徕定价的另一种方式是允许消费者为某种商品支付任意价格,通过这种方式来增加消费者的消费体验,以实现企业招徕定价的效果。例如,旅游景区通过免门票的方式吸引游客进入景区,通过向前来游玩的游客销售特产、纪念品和景区内就餐等获取收益;再比如音乐家为了达到宣传自己的音乐的目的,选择免费赠送自己的音乐专辑。因此,招徕定价理论在参与式定价中有着广泛的应用。

三、社会偏好理论

社会偏好理论包含着着三种经典的社会偏好:利他偏好、互惠偏好、差异厌恶偏好。利他偏好是指他人的收益与人们自身的效用显著相关;互惠偏好认为,尽管需要自己付出一定的成本,人们仍然愿意行善嫉恶;差异厌恶偏好认为,人们的行为结果因不公平存在效用损失,劣势下的不公平损失远远大于优势中的不公平损失。社会偏好理论打破了经济学中理性人的自利假设的局限,弥补了主流经济学所忽视的关于善良怜悯、追求公平、互助友爱等人类特性,为主流经济学无法解释的人类公平、信任和合作等问题提供了理论基础(陈叶烽,2012),使得现代经济学更多地关注合作现象,因为谋求合作和合作剩余是人类行为、人类心智与人类社会包括人类文化与人类制度共生演化的最终原因(叶航,2005)[1]。

参与式定价机制实际上是社会偏好理论的具体运用。Kim 等(2009)[2]运用社会偏好理论对参与式定价机制进行了解释。根据理性人假设,当消费者有权力能够决定商品或服务的价格时,他一般会采取零价格的定价方式,但在营销实践中很少出现这种情况,其主要原因在于社会偏好理论的存在。比如由于人的善良,人们不愿无偿占有他人的物品,这就使得理性人假设不成立。

基于社会偏好理论,Heyman & Ariely(2004)[3]确定了两种交换关系:金钱—市场关系(Money-market Relationship)和社会—市场关系(Social-market Relationship)。前者是指交易双方的交换受价值和效用的调节;后者是指交易双方的交换按照互惠、合作、分配等社会规范进行。

在 PWYW 定价方式中,定价权完全交由消费者掌控,在这一交换过程中,双方的交换受到社会规范的影响。在此过程中,如果消费者不遵守社会规范,就会承受压力或受到他人的指责,因此,在社会偏好理论基础下,尽管消费者完全掌控交易定价权,消费者最终选择支付的价格也会高于零。

第三节　拍卖定价

作为一种价格发现机制,拍卖由来已久,公元前五世纪古希腊历史学家希罗多德在著作《历史》中的描述被认为是最早的有文字记载的拍卖活动。18 世纪中期以后,拍卖作为一种行业在英国兴起,在此之后拍卖行在世界

① 叶航,汪丁丁,罗卫东.作为内生偏好的利他行为及其经济学意义[J].经济研究.2005,40(8):84-94.

② Kim J Y, Natter M, Spann M. Pay what you want: A new participative pricing mechanism[J]. *Journal of Marketing*, 2009, 73(1): 44-58.

③ Heyman, J, and Ariely, D. Effort for payment: A tale of two markets[J]. *Psychological Science*, 2004, 15(11):787-793.

各地的数量逐渐增多。

一、拍卖定价的含义

一般而言,不论是对买者还是卖者,拍卖定价是寻求市场最优价格的最佳方式。这是一种由消费者或卖家轮流公开竞价,在规定时间内出价最高者赢得标的物的定价活动。竞价拍卖通常包括一个卖家和多个买家,买卖双方之间是一对多的市场结构。它是一种最优的定价策略。拍卖主要包括英式拍卖、反向出价英式拍卖、荷兰式拍卖、第一价格密封拍卖和反向出价第一价格密封式拍卖。

二、英式拍卖

英式拍卖是最常见的拍卖类型,是一种公开式拍卖,指的是所有竞标人在拍卖整个过程中知道当时最高出价的情况下,出价最高的竞标人会最终获得商品或服务。主要有两种形式:一是正向出价英式拍卖和反向出价英式拍卖。在正向出价英式拍卖下,商品或服务的卖家有一个保留价格,如果最后的出价没有达到或超过保留价格的话,该商品或服务就不能被出售和交易。反向出价英式拍卖是买家提交一个招标书或询价单来向市场寻求所需商品或服务,拍卖的赢家是为供应所需商品或服务提供最低价的公司或个人,这种拍卖方式有利于买家获得低成本的商品和服务。

这种拍卖方式中,买方存在占优策略,即一直加价(或减价)直到不能再加(或减)为止,此时的出价达到最高心理价格。因此,在英式拍卖中,对于买家而言,可以以理想的价格获得心仪的商品或服务;对于卖家而言,则可以获得最大收益。

三、荷兰式拍卖

荷兰式拍卖是由拍卖人开始时宣布产品或服务的一个最高价,然后逐渐降低产品或服务的价格,直到一个竞标人接受了当前的价格。荷兰式拍卖与英式拍卖正好相反,它与英式拍卖相比主要有以下缺陷:一是当买主对商品或服务感兴趣时,该过程不允许提高价格,而在英式拍卖中,当某一买主通过出价显示出对某一商品的兴趣时,其他买主还可对商品或服务的价值进行重新评估并提高出价;二是荷兰式拍卖开始时的价格应比市场供求平衡价格高,这样才能保证拍卖人的利益。

四、密封价格拍卖

密封价格拍卖主要有两种方法:密封第一价格拍卖和密封第二价格拍卖。

1. 第一价格密封拍卖(简称为第一价格拍卖)

在这种拍卖活动中,卖主向买主提供标的商品或服务,后者对其进行评估并决定是否竞价。潜在的买主可以在指定的时间之前对产品或服务提交一个密封的出价。由于出价是密封的,买主不知道竞争对手的出价,到了截止日期,产品或服务被出售给出价最高的竞标人。卖主有权制定最低的保留价格。如果竞价没有达到卖主的保留价格,卖主就不用出售该商品或服务,同时,卖主也可以选择让潜在买主知道或不知道这个最低保留价格。

在第一密封拍卖中,标的物的数量会影响到最终的拍卖结果。当拍卖单件商品时,成交价格为最高报价。在第一价格拍卖中,买方出价越高,获得竞拍品的概率越大,同时利润也会相应减小。因此,为了利润的最大化,竞拍者需要根据自己的风险偏好以及其他竞争对手可能出价的信息来选择自己的最优竞价策略。

2. 反向出价第一价格密封拍卖

与第一价格密封拍卖类似,企业也可使用反向出价第一价格密封拍卖来购买商品或服务。在这种拍卖活动中,企业会将潜在供应商可以投标的产品或服务信息公开,供应商根据公开的信息提交完成供应商请求的一个密封出价,他们不知道其他竞价人提交的价格。当拍卖活动结束时,拍卖者将合同交给出价最低的竞标人。

随着互联网的发展,拍卖定价广泛运用在网络情境中,目前比较常见的有:①竞价拍卖,是在互联网上出现最早的一种定价方式,主要是 C2C 的交易,代表性的网站是 ebay,更多的是对二手货、收藏品的竞价拍卖,普通商品也可以在网上以拍卖方式进行出售。②竞价拍买,是竞价拍卖的反向过程。消费者对需求商品或服务提出一个价格范围,由卖家在这个价格范围内对其商品或服务进行竞价,出价既可以公开也可以隐蔽,消费者最终将与出价最低或最接近价格范围的商家达成交易。③集体议价,是指多个买家联合起来,以数量换价格的方式与供应商进行谈判,以获取最优价格的方式。在互联网环境下,竞价拍卖不是企业最优的定价方法,特别是对于正常商品或服务的销售而言,因为这种定价方法会对企业原有的营销渠道和价格策略造成冲击,从而给企业带来不利影响。目前,网上拍卖的标的物一般都是库存积压产品或企业的一些新产品,对库存积压产品采取拍卖方式有助于企业以较高的价格销售这类产品,对新产品采取拍卖定价有助于新产品的合理定价。另外,通过竞价拍卖展示也可以起到宣传促销的作用,因此,许多企业将产品以低廉价格在网上拍卖,以吸引消费者的关注。

第四节　PWYW 定价

一、PWYW 定价的概念

PWYW 是一种定价方法,要求产品(商品或服务)的买方(而不是卖方)设定其价格。买方可以制定任何不小于 0 的价格,卖方不得拒绝买方的报价(Kim 等,2009)。PWYW 是一种参与式定价机制,将整个定价决定权委托给买方(Gneezy 等,2010[①]),卖方在 PWYW 条件下提供一种或多种产

---

① Gneezy A, Gneezy U, Nelson L D, and et al. Shared social responsibility: A field experiment in pay-what-you-want pricing and charitable giving[J]. *Science*, 2010, 329(5989): 325 - 327.

品,买方决定价格。卖方必须接受买方决定的任何价格(其中可能包括零价格),并在不撤回产品报价的情况下接受它(Gneezy 等,2010)。

作为参与式定价策略的一种,与拍卖或反拍卖不同的是,在商家可以提供足够多商品的情况下,买方不需要进行竞价;而商品或服务的数量有限时,最先出价的买家可以最早拿到商品,因此交易的排他性较弱。与之相对,拍卖活动中,买家需要与其他买家竞争以确定出价最高或最低者。此外,还有一个明显的区别,即在拍卖活动中买家可能多次重复出价,而在PWYW 定价中,消费者只需一次出价就可成交。

因此,PWYW 定价模式改变了企业定价中的主导地位,消费者可以支付自己认可的价格,它是将价格决定权完全交给消费者的参与式定价策略。在这种定价方式中,消费者拥有价格的控制权,极大地调动了消费者价格参与的积极性。

PWYW 定价具有以下的优点。首先,PWYW 定价允许买家进行最大限度的定价控制,可以增强人们对公平和购物意图的感知(Chandran & Morwitz, 2005)。一方面,PWYW 比固定定价更能增强购买和推荐产品的意愿,特别是对于低购买力的消费者(Barone 等,2017);另一方面,消费者的感知公平来源于其投入产出之间的相对差距(Greenberg,1987)[1],而PWYW 策略下,消费者可以根据产出反过来决定投入,因此,PWYW 会给消费者带来相对更为公平的购买体验。其次,PWYW 定价有助于构建企业与消费者之间的相互信任。由于市场中买卖双方信息的不对称性,使得价格可以成为产品品质的信号,采用 PWYW 定价表明企业对产品具有高度的信心,而这一信号也转化为消费者对企业所提供产品的信任。因此,这种创新的定价机制可以恢复消费者对零售商信誉的信心,尤其是当其他定价策略(如高低价定价策略)日益失去有效性时(Hoch 等,1994)。最后,尽管所支付的价格在技术上可以是任何数字(包括 0),从长期来看,这种模式仍

---

① Greenberg J. Reactions to procedural injustice in payment distributions: do the means justify the ends? [J]. *Journal of Applied Psychology*, 1987, 72(1): 55.

然可以为某些行业（如餐馆）带来利润（Riener & Traxler，2012[①]；Kim 等 2009）。Gautier 等(2012)[②]发现，当消费者们被告知可以在确定购买前自己定价时，其付出的金钱往往要高于企业的固定定价。

除此之外，PWYW 可以作为产品进入市场的测试器，以便使企业制定出市场需求的价格。通过试销阶段的 PWYW 定价，企业可以更好地感知到消费者对产品的理解，从而针对性地制定产品的定价策略。

二、PWYW 定价的分类

在营销实践中，PWYW 定价策略主要包括"有价格范围限制的 PWYW"和"带有慈善捐助性质的 PWYW 定价"两种形式（Roy，2016）[③]。

（一）有价格范围限制的 PWYW

"有价格范围限制的 PWYW"是指卖者首先规定一个定价区间，买者只能在这个范围内选取任意价格支付。严格地说，这并不是 PWYW 定价，因为这一定价方式反而与 NYOP（逆向定价）具有更多的相似性，唯一不同之处在于，在 NYOP 定价方式下，消费者不知道价格底线的准确值。以美国网络音乐提供商 Magnatun 为研究对象，学者 Regner & Barria(2009)[④]对 PWYW 定价进行了探讨，他们把音乐专辑按照每套 5—18 美元进行价格区间的设定，同时给出了每套 8 美元的推荐价格，消费者可以在 5—18 美元价格的范围内以任意价格购买自己喜欢的音乐专辑。在这种情况下，销售数

---

① Riener G K，ChristianTraxler. Norms，moods，and free lunch：Longitudinal evidence on payments from a Pay-What-You-Want restaurant[J]. *Journal of Socio-Economics*，2012，41(4)：476 – 483.

② Gautier，Pieter A.，and Bas Van Der Klaauw. Selection in a field experiment with voluntary participation[J]. *Journal of Applied Econometrics* 2012,27(1)：63 – 84.

③ Roy R，Rabbanee F K，Sharma P. Antecedents，outcomes，and mediating role of internal reference prices in pay-what-you-want (PWYW) pricing[J]. *Marketing Intelligence & Planning*，2016，34(1)：117 – 136.

④ Regner T，Barria J A. Do consumers pay voluntarily? The case of online music[J]. *Journal of Economic Behavior & Organization*，2009，71(2)：395 – 406.

据表明,顾客所支付价格的中位数和众数都是 8 美元,支付的最低价格是 5
美元。这张音乐专辑的平均售价为 8.197 美元,不仅远高于 5 美元的最低
价格,还高于 8 美元的推荐价格。

有价格范围限制的 PWYW 有效性主要取决于两个因素:外部参考价
格和产品性质。Kim 等(2014)的研究发现,在卖家执行 PWYW 策略时,外
部参考价格可以提高消费者对商品最终定价,也就是说外部参考价格可以
作为价格区间的锚点,但使用外部参考价格对消费者进行影响的行为并非
总是有效(Gerpott,2017)。Weisstein 等(2019)[①]对此进行了预设情境实
验。在这个实验中,U 盘被作为实用性商品,巧克力被作为享乐性商品,被
试者被要求从一家福利商店购买这两种产品(事先通过预测试进行商品的
选取),通过是否提供参考价格 11.99 美元的信息进行对照实验,被试者对
这两种商品的感知质量进行评价并在商家 PWYW 策略下最终决定自己的
购买价格。实验结果表明,PWYW 中受价格范围限制的参考价格有效性取
决于产品类别。具体而言,对于享乐性产品,与不提供参考价格对比,消费
者愿意支付的最终价格相对较低,而且消费者的差异性也较低,也就是说,
为了降低享乐消费的心理负担,消费者往往会降低自己的出价。对于实用
性商品,情况则正好相反。原因在于在没有提供参考价格时,消费者对商品
质量的信心较低,并对潜在风险抱有担忧的心情。

(二) 带有慈善捐助性质的 PWYW

"带有慈善捐助性质的 PWYW"这种定价方式是把 PWYW 与慈善活
动结合起来,称之为"共担社会责任"(Shared Social Responsibility,SSR)。
消费者以 PWYW 定价的方式向企业购买商品或服务并进行支付,企业把
消费者支付价格的一部分捐赠给慈善组织。这种定价方式有助于企业总利
润的增加。美国营销学教授 Gneezy 等(2010)[②]通过在一家主题公园所做

---

① Weisstein, F. L., Choi, P., & Andersen, P. The role of external reference price in pay-what-you-want pricing: An empirical investigation across product types[J]. *Journal of Retailing and Consumer Services*, 2019,50: 170-178.

② Gneezy A, Gneezy U, Nelson L D, et al. Shared social responsibility: A field experiment in pay-what-you-want pricing and charitable giving[J]. *Science*, 2010, 329(5989): 325-327.

的实验,对此进行了探讨。他们向乘坐过山车的游客出售其乘坐过山车的照片。他们一共设计了四种付费规则:第一种是支付固定价格12.95美元;第二种是支付固定价格12.95美元,且一半会被捐助给慈善组织;第三种是PWYW定价方式;第四种是PWYW定价方式,且一半会被捐助给慈善组织。最终回收有效样本量为113000个,结果如下表所示:

表 11-1 不同定价方式下的企业利润

定价方式	购买率	均价	每人利润
固定价格 12.95	0.5%	12.95	0.06
固定价格 12.95,且一半捐给慈善机构	0.59%	12.95	0.07
PWYW 定价方式	8.39%	0.92	忽略不计
PWYW 定价方式,且一半捐给慈善机构	4.49%	5.33	0.2

实验结果发现,第四种定价方式给主题公园带来的利润远远大于另外三种定价方式。在第四种定价方式下,虽然单个游客实际支付的价格低于原来规定的价格,但由于利他偏好的原因,吸引更多的游客购买,游客购买量的增加使得主题公园所获得的总利润显著提高。

Sangkon 等(2016)[①]通过一家咖啡店的田野实验,考察了消费者在PWYW定价策略下的行为。实验由四种不同的定价方案,即PWYW、带有慈善捐助的PWYW以及带有慈善捐赠和参考价格的PWYW以及普通定价作为对照。在实验中,为了避免实验对象对定价策略的印象重叠问题,没有采用在连续的时期内使用不同定价策略的实验方法,并且只选取了部分商品进行实验。为避免被试对象的重复抽取,在实验中,采取了根据信用卡账号筛选重复被试者方法,即使这样,效果并非完美,因为还有部分现金的支付情况未被记录。实验结果表明,带有慈善捐赠的PWYW增加了消费者的平均支付额。研究还发现,当消费者需要表达出自己心目中的价格时,他们往往会向他人学习,这与Fehr等人(2009)的观点一致,即社会偏好依赖于参考群组。

---

① Park, Sangkon, Sohyun Nam, and Jungmin Lee. Charitable giving, suggestion, and learning from others: Pay-What-You-Want experiments at a coffee shop[J]. *Journal of Behavioral and Experimental Economics*, 2017, 66: 16-22.

三、PWYW 定价模式的盈利特点

判断一种定价策略成功与否的关键在于其盈利能力,研究显示,无论是在实验还是实践中、短期还是长期,PWYW 定价策略都有助于企业盈利能力的提升。

(一) 实验中的盈利性

德国学者 Kim(2009)通过三次实地实验对 PWYW 定价策略的盈利性进行探讨。三次实验的定价商品分别为热饮、电影票和午餐,采用 PWYW 定价方式的持续时间分别为十二天、三天和两周。通过将实验期间的单位销量和收入与非实验期间进行比较,分析了 PWYW 定价策略对卖者利润的影响。

第一次实验把一家熟食店作为观测对象,在为期 12 天的实验中,有 9 天的销售额比平时高,实验期间熟食店的平均收入比平时高 3.14%。第二次实验以一家多厅电影院作为研究对象,通过三天的观察,研究显示,无论与折扣日还是非折扣日相比,PWYW 定价都使得影院收入有所下降。第三次试验在一家波斯餐馆进行,数据显示,尽管消费者支付的平均价格(6.44欧元)低于正常价格(7.99 欧元),但由于采用 PWYW 定价方式时的销量远高于平常的销量,因此餐馆的总收入在两周实验的时间中增加了 32.35%。

据此,Kim(2009)认为,总体而言,PWYW 定价有利于企业的盈利。尽管在第二次实验中,采取 PWYW 定价方式时,收入有所下降,Kim(2009)等将电影票销售收入下降的原因归结为(在消费者进入影院前没有进行宣传而使消费者无法了解 PWYW 定价)这样的偶然因素。

Reiner & Traxler(2012)[①]在维也纳的一家名叫 Wiener Deewan 的餐厅进行了一次田野实验。该店被人们认为是维也纳最好的咖喱店之一,周一至周六的 11 点至 23 点提供自助午餐与晚餐。在实验中采用了饮料价格

---

① Riener G K, ChristianTraxler. Norms, moods, and free lunch: Longitudinal evidence on payments from a Pay-What-You-Want restaurant[J]. *Journal of Socio-Economics*, 2012, 41(4): 476-483.

固定但餐品实行 PWYW 策略，消费者就餐完毕时需要在柜台当面支付饮料及餐品费用。顾客的每一笔支付都会被以 PWYW 每 0.5 欧元为一档记录（仅支付饮料费用，即 PWYW 零支付也会被记录）。而当同一桌有两个及以上客人支付时，被记录的则是人均费用。由于餐桌会在支付并记录后清理，因此不会记录客人提供给服务员的小费。2005 年 6 月至 2007 年下半年的样本期内，每天平均有 170 桌客户在 19 张桌子上用餐，尽管顾客的平均付款额从 2005 年下半年的 5.64 欧元下降到 2007 年上半年的 4.97 欧元，但这种自由定价方式却吸引来更多的顾客。尽管可以选择零支付，但零 PWYW 付款只占到总体样本的 0.53%，低于 1 欧元的样本只占到 0.63%，众数与中位数都是 5 欧元，而且带有小数的样本（如 3.5、4.5 等）出现的频率很低，超过 10 欧元的样本占比超过 4%。这对于商家来说，无疑是个好消息。尽管在开业后，平均 PWYW 付款金额下降，但下降幅度较小并呈现收敛的趋势，样本期内最终的利润为正。

从商业视角来看，一家餐厅在采取 PWYW 策略后不仅能坚持两年不倒闭，而且收入整体呈增加趋势，这与人们所设想的"餐厅因顾客自私而选择零支付，享受免费午餐而倒闭"相反。餐厅的 PWYW 策略吸引了更多顾客，而零支付或低支付顾客比例较少，使得餐厅总收入增加，这也为 Gneezy(2010) 的短期盈利观点提供了支持，即短期来看，PWYW 可能是优于常规定价的策略。

总的来说，PWYW 策略的盈利能力被学者们用实验法得到了证实，企业主导的实验同样证实了该定价策略的盈利性。

（二）实践中的盈利性

在营销实践中，2007 年，英国摇滚乐队 Radiohead 在线发布《In Rainbow》音乐专辑时，就采用了 PWYW 定价方式。在 2007 年 10—12 月期间，歌迷可以采用 PWYW 定价方式从乐队网站上下载《In Rainbow》的音乐专辑，下载时歌迷除了必须支付指定的 45 便士信用卡手续费外，不需再强制支付包括购买专辑的其他费用。统计数据表明，两个月内，这部音乐专辑的下载量超过 100 次，有 40% 的买家人均支付了 6 美元，这是一个平均价格。由于这笔收入是乐队在网上直接销售，不需要与唱片公司及零售商分享,所有收入归乐队所有,因此乐队"从该专辑赚的钱多于 Radiohead 其他所有专辑的收入之和"。

作为对照,Marc(2015)列举了 Nine Inch Nails 乐队于 2008 年免费发行的《The Slip》专辑。对比发现,Nine Inch Nails 乐队采取专辑免费的举措并没有对销量产生太大影响。谷歌与 Factiva 的搜索结果表明,免费专辑的发行对乐队的关注度也没有明显影响。《The Slip》的蚕食效应可能比《In Rainbows》(通过数字分销渠道)的蚕食效应更大。这可能是因为免费下载的优惠并不像 PWYW 策略那样被视为创新。此外,免费下载的永久性特点也可能加剧对数字专辑销售的蚕食,从而对数字专辑的销售产生不利影响。上述的定价实践表明,无论是与固定价格策略还是永久免费策略相比,PWYW 都具备盈利性。

从前文所述的实验和实践来看,PWYW 定价策略有助于企业盈利能力的提升,但是该策略的应用都是短期的。随着研究的深入,学者们发现,PWYW 定价策略不仅在短期内有效的,而且长期来看也是有效的(Barone,2017)[1]。尽管这是一种比较创新的定价模式,并被一些动物园、电影院、餐厅和酒店尝试运用,但这种定价模式最大的风险是一些一文不付的客户。因为在该模式下,对商品或服务的消费可能发生在付款及定价前,也可能发生在付款后,因此商家对定价不再有话语权,为了避免客户不付的风险,目前折中的做法是"建议价",对支付标准进行一定的提示。

四、影响 PWYW 支付的因素

(一) 利他主义

利他主义[2]是一种形式上与利己主义相对立的道德原则和道德力量。

---

① Barone M J, Bae T J, Qian S, et al. Power and the appeal of the deal: how consumers value the control provided by Pay What You Want (PWYW) pricing[J]. *Marketing Letters*, 2017, 28(5): 1 - 11.

② 中国大百科全书总委员会《哲学》委员会,中国大百科全书出版社部. 中国大百科全书(哲学)[M]. 中国大百科全书出版社, 1987.

这种利他主义的特点是从人的朴素情感，如仁爱心出发，或者受到个人利益的要求而要求关心他人利益，甚至为他人利益牺牲某些个人利益。就结果而言，尽管有着不同的出发点，利他主义最后都能够带来他人利益的实现。学者的研究表明利他主义会影响 PWYW 定价模式下的消费者支付意愿。

前述 Gneezy 等（2010）的实验表明，采用 PWYW 定价方式，且表明一半捐给慈善机构时，个人利润是最高的，每人利润达到了 0.2 美元。这项研究可以表明，在 PWYW 的定价模式下，利他主义影响着消费者的支付意愿。

为了避免受到现实中的公司及其他组织的影响，在假设情景下，Rabbanee 等（2021）[①]采用调查问卷来测试利他主义对 PWYW 支付的影响。在调查问卷中，他们描述了一家 PWYW 餐厅，该餐厅环境优美并提供良好的食物，但不向顾客提供固定的餐品价格，允许顾客为自己消费的食物支付任何金额（包括零金额）。被试者需要想象自己曾在这家餐厅用过餐，并对餐品、环境、服务等感到满意。接下来，他们记录了顾客愿意在这家餐厅用餐的价格（顾客的支付意愿）和在类似餐厅用餐的价格。在没有其他客户的情况下，让顾客单独报出自己的价格，这类似于私人消费，研究表明，这种消费行为不太可能受到社会力量的影响（Wakefield & Inman，2003）[②]。最后，参与者回答了利他主义相关的问题，以及他们的人口统计信息。研究发现，与慈善有关的社会规范的存在可能会提供强大的外在动机，并成为价格上涨的驱动力，即利他主义可以显著影响消费者的支付意愿。

（二）客户忠诚度

客户忠诚度是指客户对某一特定产品或服务产生了深厚的好感，形成了近似依赖偏好，从而对产品进行重复性购买的趋向。在 PWYW 定价模式的研究中，学者发现，客户忠诚度和支付意愿显著相关。

---

① Rabbanee F K, Roy R, Sharma P. Contextual differences in the moderating effects of price consciousness and social desirability in pay-what-you-want（PWYW）pricing［J］. *Journal of Business Research*，2022，141：13 − 25.

② Wakefield, K.L. and Inman, J.J. Situational Price Sensitivity：The Role of Consumption Occasion，Social Context and Income［J］. Journal of Retailing，2003，79：199 − 212.

Kim(2009)等人对一家波斯餐馆展开了长时间的观察,该餐馆老板在享受到 PWYW 定价红利后,继续采用该种定价方式。大约在该方法使用一年之后,再次调查了一周内就餐者支付的价格及就餐人数,结果显示,该店的平均价格比最初采用 PWYW 定价方式时高出 4.7 个百分点,每周收入要增加 16.9%,每周顾客要多 11.7%。这是由于大多数顾客在与该餐饮店之间存在着多次重复交易,形成了客户忠诚,消费者从长远角度考虑,潜意识里不希望该餐馆倒闭,因此价格和交易次数都有着显著的上升。

(三) 参考价格

参考价格一般有两种类型,分别是外部参考价格和内部参考价格。外部参考价格受外部环境刺激的影响,内部参考价格受消费者过往消费经历的影响。参考价格影响着 PWYW 定价方式下的消费者支付意愿。越南一家餐馆对饭菜采用 PWYW 定价,而对餐馆内饮品采用普通定价模式,该餐馆在实施 PWYW 定价策略的两个月后,实现了店铺规模的扩张。原因在于消费者在支付时会受到参考价格的影响,由于餐馆的饮品实行普通定价方式,消费者受饮品定价的影响判断出该店的等级,并结合以往消费经历,最终进行付款,且付款的价格不低,扩大了企业的利润。

Narwal[①](2019)设计了一个 3(自身过去的购买价格、产品竞争对手的固定价格、他人购买的价格)×2(信息水平高或低)的情景假设实验,对内部参考价格、外部参考价格和 PWYW 定价进行研究。结果显示,在 PWYW 策略下,个人在购买耐用产品时对外部参考价格的依赖程度要高于对内部参考价格的依赖。

(四) 收入

由于高收入客户比低收入客户感知到的支付"痛苦"感更低,因此高收

---

① Narwal P, Nayak J K. Investigating relative impact of reference prices on customers' price evaluation in absence of posted prices: a case of Pay-What-You-Want (PWYW) pricing[J]. *Journal of Revenue and Pricing Management*, 2020, 19(4): 234-247.

入客户比低收入客户支付更多。Kunter(2009)[①]运用情境假设实验对影响顾客 PWYW 定价的因素进行探讨,在实验中,实验人员首先向被试者提供有关健康设施与桑拿房的介绍手册,然后对他们进行开放式与封闭式访谈,最后再向被试者进行问卷调查。实验结果表明,顾客满意、公平感和收入分别位列 PWYW 定价影响因素的前三名。

除此之外,学者 Regner & Barria(2009)还对人均生产总值与 PWYW 定价模式下的消费者支付意愿之间的关系进行了研究。研究结果显示,人均生产总值对消费者的支付意愿有着显著影响。

第五节　NYOP 定价

一、NYOP 定价的概念

NYOP 被学者们定义为"逆向定价"或者"自我定价系统",它是一种参与式定价机制。在该机制中,消费者被要求按照公司设定的阈值价格提交投标,消费者对此一无所知。只有当消费者提供的价格超过该阈值时,交易才会发生,反之则交易失败。具体而言,销售商不对商品进行标价,而是通过在线报价系统收集潜在消费者对商品的报价。报价系统将消费者的报价与销售商设定的内部保留价格进行比较,如果消费者的报价高于内部保留价格,便以消费者的报价进行交易;否则,系统将拒绝交易。

NYOP 定价最初是由 Priceline 公司提出并运用。Priceline 是美国一家基于 C2B 商业模式的旅游服务网站,与国内的携程、飞猪网站类似,通过为买卖双方提供交易平台获取佣金。卖方可以是提供酒店、机票或租车服务的供应商,他们提供的产品包括旅游淡季的闲置房间、火车或飞机临行前的剩

① Kunter, M. Exploring the Pay-What-You-Want payment motivation [J]. *Journal of Business Research*, 2015,68(11):2347 - 2357.

余车票等;买方根据自己所需在平台上搜寻相关服务,然后进行竞价购买。在Priceline 网站上,消费者不能选择服务的详细信息(例如特定的酒店),这些信息只能由供应商决定;消费者只能选择一个城市及其分区。如果出价过低,系统会通知用户出价被拒绝的可能性。然后,用户可以选择保留相同的投标或在系统建议的可接受范围内重新提交新的投标(Anderson,2009[1];Anderson & Wilson,2011[2])。Priceline 的 NYOP 定价区别于一般酒店和旅游中介机构的一个关键特征是,后者不公布具体的产品价格,最终的交易价格是通过一个平台与消费者的竞价过程来决定(Spann 等,2006)。

NYOP 定价的前提是商品要具有时效性,随着时间的推移,商品使用价值会逐渐降低甚至为零。举例来说,飞机起飞前,尚未被顾客购买的空余座位剩余价值为零,将未被购买的机票低价放到 Priceline 平台上进行出售。只有交易成功,剩余价值为零的座位才会重新产生价值。

二、NYOP 定价的特点

(一) 非透明性

根据 NYOP 定价下,顾客与服务(产品)提供商间存在的明显且不能消除的信息不对称现象,可以将 NYOP 定价界定为非透明销售。

非透明销售是以非透明产品作为销售标的一种销售方式(Fay,2008[3];Gallego,2004[4]),是使直接销售渠道和非透明销售渠道共存而不至于消减彼此利润的一种业务模式(Pizam,2011[5])。其中,非透明产品指顾客从中

① Anderson C K. Setting prices on priceline[J]. *Interfaces*,2009,39(4):307-315.
② Anderson C K,Wilson J G. Name-your-own price auction mechanisms-Modeling and future implications[J]. *Journal of Revenue and Pricing Management*,2011,10(1):32-39.
③ Fay,Scott,and Jinhong Xie. Probabilistic goods:A creative way of selling products and services[J].*Marketing Science*,2008,27(4):674-690.
④ Gallego,Guillermo,and Robert Phillips. Revenue management of flexible products[J]. *Manufacturing & Service Operations Management*,2004,6(4):321-337.
⑤ Pizam,Abraham.Opaque Selling in the Hotel Industry:Is it Good for Everyone? [J]. *International Journal of Hospitality Management*,2011,30(3):485-486.

介得到的服务提供商随机的商品,这类产品具有在付款前,顾客对某一项或几项产品属性不了解或不知道的特点。如 Priceline 的顾客在竞价成功前仅了解产品所在的大致区域、星级等级等模糊信息,而对床铺的舒适性、房间是否安静以及配套餐饮的质量并不了解。非透明产品与服务供应商无直接关系,一定程度上避免了非透明销售与直接销售的渠道冲突,在旅游业中,双渠道比单一渠道有着更好的利润率(Wang 等,2009)①。

(二)隐匿折扣

NYOP 的底价一般低于消费者通过正常渠道购买的价格,顾客的出价只要高于底价,公司就会接受并完成交易。因此顾客的出价只要介于底价和正常价格之间,即可获得隐匿折扣。折扣大小取决于 NYOP 企业的底价和消费者的支付意愿。基于不透明销售获得的隐匿折扣,一般更能吸引对品牌属性偏好较弱,而对价格较为敏感的消费者(Fay & Xie,2008)。

隐匿折扣存在的基础是于企业"易腐"商品的存在。"易腐"商品是指具有一定易腐特性,需要在一定的时间内销售出去的商品,如鲜鱼或时令蔬菜。由于酒店、机票和汽车租赁都具有很强的时效性,具有"易腐"特性,随着时间的不同这类商品服务的价格变动很大,给隐匿折扣创造了条件。例如,如果酒店当天没有客人入住、飞机临飞时仍有闲置座位、租赁汽车没有被出租等,这些服务的闲置都可以被视作商品的腐坏。NYOP 这一定价方式,为酒店、航空公司和汽车租赁公司清除"易腐"库存提供了便利,有助于这类企业收益的增加。

三、NYOP 的应用环境

(一)边际效应大的易腐或易逝产品

NYOP 定价的优势在于通过吸引对价格敏感的客户,在不损坏企业的

---

① Wang T, Gal-Or E, Chatterjee R. The Name-Your-Own-Price Channel in the Travel Industry: An Analytical Exploration[J]. *Management Science*,2009,55(6):968-979.

品牌形象和价格机制的基础上,以合理的价格处理企业的过剩易腐商品(Wang 等,2009)。NYOP 模式最早应用于旅游业的在线平台 Priceline,该平台提供的产品包括酒店的闲置房间、飞机临飞前的剩余机票等。买方根据自己所需在平台中搜寻相关产品,然后进行竞价确定是否成交。这些产品或服务的显著特点是边际效应大,且易腐或易逝。以飞机座位为例,没有售出的飞机票对消费者和航空公司而言都毫无价值,但是如果当天多售卖出一张飞机票,所付出的边际成本远小于边际收益。随着学者们研究的不断深入,边际收益大于边际成本的产品或服务都可以采取这种定价方式,这类产品均具有易腐性或易逝性的特征,因此这类产品或服务都可以采用NYOP 定价方法。

(二) 主要用于提高利用率与清理库存

针对边际效用大的易腐或易逝产品,提高利用率与清理库存于企业而言是相当有益的一件事情。仍以航空公司的机票为例,机票受季节或节假日的影响,波动较大。航空公司可以预测消费者的需求会在节假日增多,但具体增量难以把控,因此常常会出现供给过剩的情况。由于非透明销售中的产品可以吸引对特定产品属性偏好较弱的消费者,卖家能够以较低的价格进行价格歧视,因此 NYOP 是合理提高服务业利用率的有效方式(John 等,2015[1];Zhang 等,2018[2])。Anderson(2015)[3]的研究也证明,NYOP 可以有效清理酒店、航空、汽车租赁等服务业的库存。由于 NYOP 的非透明性,可以保护产品的品牌效应,避免与其他销售渠道产生冲突,可以用较低的边际成本获得较高的边际收益。因此,合理使用 NYOP 定价提高利用率,清理库存,这对企业而言具有十分重要的意义。

---

[1] John G. Wilson, Chris K. Anderson, Joint Inventory and Pricing Decisions[J]. *IFAC-Papers On Line*,2015,48(3):238 – 241.

[2] Zhang, Yi, et al. Managing demand uncertainty: Probabilistic selling versus inventory substitution[J]. *International Journal of Production Economics*,2018,196:56 – 67.

[3] Anderson, Chris K., Fredrik Ødegaard, and John G Wilson. A newsvendor approach to inventory and pricing decisions in NYOP channels [J]. *Journal of Revenue and Pricing Management*,2015,14(1):3 – 18.

（三）消费者具有价格敏感性

NYOP 适合于价格敏感的消费者，根据上文所述，NYOP 具有"非透明性"，因此消费者仅对产品的功能有所了解，对产品的供应商等相关信息仍是不了解，难以对品牌或企业形成忠诚，产品最终价格将会成为影响消费者购买决策的主要因素。同时，相比于正常渠道，它提供了一个以更低价格获得商品的机会，因此 NYOP 定价实际上是价格歧视下的市场细分，筛选出具有较高价格敏感性的消费者（Krämer 等，2017）[①]。在大多数现有客户仍然以公开价格购买商品的情况下，NYOP 可以吸引没有购买商品的新客户，从而提升企业的收益（Shapiro 等，2009）[②]。

四、影响 NYOP 支付的因素

（一）非透明性程度

非透明性是 NYOP 定价模式的特点之一。NYOP 定价模式下，顾客与产品（服务）提供商间存在的明显且不能消除的信息不对称现象。例如，在 Priceline 平台上，消费者仅对产品或服务的功能有所了解，对产品供应商等的相关信息并不了解。有学者对产品或服务的非透明性程度展开了研究，发现产品的非透明性程度影响着消费者的支付意愿。

Chen 等（2017）[③]针对旅游网站采用非透明营销模式时消费者的购买意愿展开研究，研究收集了 402 份调查问卷，来测量消费者所感知到信息不透明程度对购买意愿的影响。研究表明，消费者在 NYOP 模式下购买时具有显著的风险厌恶特征，因此在线销售平台应谨慎选择非透明程度来降低消

---

① Krämer, Florentin, et al. Delegating pricing power to customers: Pay what you want or name your own price? [J]. *Journal of Economic Behavior & Organization*, 2017, 136: 125 - 140.

② Shapiro, Dmitry, and Arthur Zillante. Naming your own price mechanisms: Revenue gain or drain[J]?. *Journal of Economic Behavior & Organization*, 2009, 72(1): 725 - 737.

③ Chen H S, Jai T M C, Yuan J. Unveiling the role of information levels in consumers' evaluative process on opaque-selling hotel websites[J]. *International Journal of Contemporary Hospitality Management*, 2017, 29(8): 2139 - 2158.

费者的感知风险,提高消费者支付意愿。

Spann & Tellis (2006)分析了 NYOP 定价下的消费者购买机票的竞价过程,认为网络拍卖的过程中消费者存在很多非理性支付行为,这些非理性行为部分源于消费者对于信息的未知。Ding 等(2005)[1]将挫折感和兴奋感纳入 NYOP 机制,消费者的挫折感和兴奋度会根据时间和过去的经验而变化,挫折感和兴奋度的变化会引起消费者支付意愿的变化。其主要原因在于,一方面,消费者参与 NYOP 出价时有可能陷入"赢者诅咒",即宁愿出高价也不想中途退出,这种现象在网上拍卖十分普遍,该现象的产生可能源于准确信息的缺失以及对失败风险的厌恶等(Jones,2006)[2];另一方面,NYOP 的信息不透明程度比一般拍卖还要明显,这种具有赌博性质的交易,可以使消费者在享受到折扣低价的同时又能享受购买过程刺激性的双重效果,进一步刺激了消费者的支付意愿。

(二) 信息扩散效应

在数字经济时代下,网络消费者之间的信息共享和信息传播影响消费者的支付意愿,进而改变投标行为并影响公司的利润。例如,消费者通过朋友圈或在线社区了解企业产品或服务的价格,或者通过微博、小红书等网络社区发布和分享他们的竞价体验。上述行为都会影响买方对公司成本的初始信念,进而影响消费者的支付意愿。

Hinz & Spann(2010)[3]研究了社交网络中信息扩散效应对消费者出价行为的影响。研究发现,信息扩散程度越高,设定的门槛价格就越高,在NYOP 潜在消费者之间传播信息并不一定会降低公司的利润。在 Stoel 等

---

① Ding,M.,Eliashberg,J.,Huber,J. and Saini,R. Emotional Bidders—An Analytical and Experimental Examination of Consumers' Behavior in a Priceline-Like Reverse Auction [J]. *Management Science*,2005,3:352 – 364.

② Jones,J L,Kuan,K Y K,Newton S K. I name my price but I don't want the prize: Effects of seemingly useful information in the name-your-own-price price mechanism[J]. *Journal of Electronic Commerce Research*,2006,7(4):178 – 198.

③ Hinz O,Spann M. Managing information diffusion in name-your-own-price auctions[J]. *Decision Support Systems*,2010,49(4):474 – 485.

(2016)①的研究中,NYOP 模式在潜在消费者之间的信息流通不仅不会损害公司的利益,甚至还能从在线口碑效应中获利。当消费者低估了产品的成本时,公司提供论坛来促进消费者的沟通可能会从中受益。

Wang 等(2010)发现 NYOP 平台可以通过外部信息的塑造,来影响消费者的支付意愿,卖方提供的信息可以显著影响出价人员数量以及出价的高低。在一定程度上,信息真实性的不确定性有助于确保公司的门槛价格不被消费者发现。因此,公司可以通过在论坛上传播虚假信息的方式对消费者的出价行为施加影响,但这一策略在伦理上存在争议。

(三)摩擦成本

摩擦成本是指在完成预期的目标过程中,由于信息模糊而导致的在正常支出成本之外所消耗的成本。在 NYOP 定价中,摩擦成本影响着多次投标情况下的消费者支付意愿。如果所有的消费者都能不计成本地发现(隐藏的)门槛价格,那么 NYOP 中间人就无法赚取任何信息利益,NYOP 将沦为一种公开价格模式,因此摩擦成本的设立是实行 NYOP 策略所必要的(Joo 等,2012②;Wang 等,2016③)。

为了分析德国 NYOP 零售商的盈利能力,Terwiesch(2005)④通过构建消费者模型来分析消费者讨价还价的过程。在消费者讨价还价成本都不相同的市场中,允许重复竞价,消费者先提出一个最初的低价,而随着时间的推移,消费者的每次出价都产生了成本,这意味着在消费者讨价还价的过程中,NYOP 零售商获得了收益。而 Joo 等(2012)的研究认为,竞价过程中消费者的砍价是为了追求高质量的产品,而非通过牺牲质量来节省摩擦成本。

① Stoel, M. Dale, and Waleed A. Muhanna. Online word of mouth: Implications for the name-your-own-price channel[J]. *Decision Support Systems*,2016,91:37 - 47.

② Joo, Mingyu, Tridib Mazumdar, and S. P. Raj. Bidding strategies and consumer savings in NYOP auctions[J]. *Journal of Retailing*,2012,88(1): 180 - 188.

③ Wang, Qifei, et al. Optimal remanufacturing strategies in name-your-own-price auctions with limited capacity[J]. *International Journal of Production Economics*, 2016,181: 113 - 129.

④ Terwiesch, Christian, Sergei Savin, and Il-Horn Hann. Online haggling at a name-your-own-price retailer: Theory and application[J]. *Management Science*,2005,51(3):339 - 351.

Spann(2004)[①]提出消费者的支付意愿与摩擦成本成反比,在存在摩擦成本的情况下,消费者的出价低于他们的支付意愿。Gupta & Abbas(2008)[②]的研究表明,当采用单一投标策略时,消费者的行为不受摩擦成本的影响,但当允许多次投标时,消费者的行为就会受到摩擦成本的影响,多次投标会导致更高水平的摩擦成本,从而降低消费者的支付意愿。因此,NYOP 零售商可以通过操纵竞价时间、竞价次数等竞价过程产生的摩擦成本来影响消费者支付意愿。

① Spann M, Skiera B, Schäfers B. Measuring individual frictional costs and willingness-to-pay via name-your-own-price mechanisms[J]. *Journal of Interactive marketing*, 2004, 18(4): 22 - 36.

② Gupta A, Abbas A E. Repeat bidding on internet-based multiple-item "name-your-own-price" auctions[J]. *IEEE Transactions on Engineering Management*, 2008, 55(4): 579 - 589.

结　语

在国内消费大循环的背景下,消费者已经成为我国市场经济中的主体。随着消费者的消费意识和消费水平的不断提高,消费者的购买心理和购买行为呈现出复杂多样的特点。基于企业自身角度的传统定价已经不能满足市场环境和消费者需求变化的要求,基于消费者行为的定价研究变得更加重要。

尽管学术界对消费者行为定价的关注不断增强,相关研究也在不断增多,但由于缺乏一个统一的研究视角,学者们对消费者行为定价有不同的解释。有学者认为消费者行为定价是企业采取的一种价格歧视策略,有人则认为消费者行为定价描述的是产品或服务价格的呈现方式,而不是实际价格设定行为,这种理解上的偏差给消费者行为定价的研究带来困难。此外,现有文献显示,学者们对消费者行为定价的研究更多表现为对某个领域孤立的考察,缺乏整体的视角。也就是说,对消费者行为定价的研究缺乏一个统一而完整的认知和分析体系。基于上述原因,本书从信息加工理论的视角,按照消费者价格信息搜寻、价格信息评估、价格信息记忆和价格信息行为的逻辑思路,对消费者行为定价研究的文献进行了一个全面的梳理。通过将消费者行为定价研究置于统一的信息加工理论框架下,有助于明确消费者行为定价的概念,厘清行为定价各个子领域的内涵及之间的关系,为相关的研究企业定价实践提供参考。具体而言,本书的主要研究结论如下:

一、消费者行为定价是基于消费者有限理性的假设基础之上

消费者行为定价是一门从心理学角度探讨消费者对价格反应的学说,它主要探讨消费者的价格感知、价格评价、价格记忆和价格行为的个人决策

过程。它是消费者的有限理性在价格信息上的表现,即消费者对价格信息的认知和处理是一个理性与非理性相结合的决策过程。消费者理性体现在消费者希望获得更有利于自己的价格决策,更多关注对某一价格下的交易"损失"和"收益"的评价。若消费者感知到的该价格下交易价值高,就会认为不买该商品会造成的损失越大,便理性地选择购买,从而避免后悔。消费者非理性体现在由于受到外部信息和自身情感如价格促销和从众心理的影响,消费者的决策结果往往是在非理性情景下做出的。针对消费者这种有限理性的特点,企业的定价行为不应单纯地体现在商品价格制定,更应当强调不同情境下企业如何把商品的价格呈现给消费者,并通过与消费者进行有效沟通来刺激消费者购买。

二、消费者对价格信息的认知是一个信息加工过程

根据信息加工理论,人类认知的过程就是大脑信息加工的过程,而大脑的信息加工过程是由一系列步骤来完成的,就像计算机的串行处理过程一样。先从信息获取开始,然后按照一定的方式编码形成表征贮存在一定的地方,最后在处理新信息加工的时候进行抽取和再利用。消费者对于价格信息加工经历了价格获取、价格评估、价格储存以及根据价格信息所做的支出和消费行为四个阶段。价格获取就是消费者对价格信息的搜索过程,它涉及消费者的价格信息搜索强度、搜索意愿和搜索成本等问题,这是价格评估的前提准备。价格评估就是消费者对价格信息的整体感知和评价,这是消费者行为定价研究的核心,它涉及的子领域非常广泛,包括价格阈值、价格—质量关系、参考价格、价格公平和价格形象等。价格存储,主要涉及消费者对价格知识的存储和回忆问题,它直接影响消费者的价格印象和重复购买。支出和消费行为涉及消费者支付阶段的支付意愿、参与定价等。

三、基于消费者有限理性的心理定价有助于提高消费者支付意愿

一般而言,一个理性消费者的内心都有一定的价格变动界限,在其心理

界限范围内的价格变动都可以被接受并认可。当企业提价幅度超过其心理价格变动的上限,就会引起消费者不满,产生抵触情绪,有可能拒绝购买企业的产品;当企业降价幅度低于消费者心理价格下限时,会导致消费者产生产品质量低劣、滞销品等种种疑虑心理,消费者的支付意愿随之降低。现实情况是,许多消费者都呈现出一种非理性消费心理,而这种非理性主要表现为从众心理,非理性消费者对于企业变动价格行为的反应主要表现在两个方面,一是认为企业产品降价的原因是式样陈旧、质量低劣而被淘汰、停产或转产,因此价格还要进一步下降,继续观望,拒绝购买;二是认为企业产品的提价原因是供不应求、产品质量好、品牌知名度高等,因此价格还要进一步提高,进而产生从众心理,支付购买。

因此,消费者支付意愿受到消费者选择不确定的影响,这种不确定受到多种因素的制约。与价格相关的影响因素主要有参考价格、价格公平、产品质量、价格形象、预期产品的使用频率等。这些因素对消费者的理性和非理性心理产生直接影响。对于理性消费者而言,当消费者有明确的支付意愿,并且产品价格超出消费者的支付意愿时,消费者会拒绝购买该产品。相反,当消费者的支付意愿不确定时,如果产品价格高于消费者的支付意愿,由于非理性消费心理的存在,这时消费者也有可能选择购买该产品。因此,对于企业而言,假定企业知道消费者的支付意愿服从概率分布且消费者有明确的支付意愿,则企业面临一种选择困境,因为价格过高而失去消费者和因为价格较低而导致消费者剩余。由于每位消费者对商品都有自己的特定主观价值判断,这种判断又受到参考价格、价格公平感知、产品质量等因素影响,企业可以通过提高参考价格和产品质量等方式影响消费者的价值判断,从而提高消费者的支付意愿。

四、参与式定价有助于企业获得高额收益

参与式定价是指消费者参与产品或服务的最终价格的制定,它包括正式的和有规则的机制(如拍卖、反向拍卖、谈判)以及非正式的和无规则的机制(如与街边小贩的讨价还价)。与卖者确定固定价格的传统方式相比,参

与式定价策略是一种创新性定价策略,因为它使消费者有权参与自己所购商品或服务的价格制定过程。在消费者参与的过程中,由于受到利他主义、顾客忠诚、参考价格和摩擦成本等因素的影响,消费者所制定的价格往往高于企业的定价。另外,从本质上来看,参与式定价策略使企业可以根据消费者的异质性对同样的产品或服务征收有差别的价格,因此也可以视为一种价格歧视策略。这种定价也有助于企业获得高额收益。

从上述结论中可以看出,价格信息对消费者的购买心理和购买行为有着直接的影响,这种影响直接决定着企业定价决策的成效。因此,企业应在充分了解和认识消费者心理特征的基础上,在生产出适销对路产品的同时,尽量以消费者可以接受的价格制定企业的定价策略,通过差异化的定价和竞争保证和实现企业的利润,进而维持企业的生存和发展,因此,消费者行为定价理论的研究对企业定价具有一定的指导意义。

本书试图从信息加工理论的研究视角,通过对现有消费者行为定价的文献梳理,构建消费者行为定价研究的理论框架,以利于后续的相关研究和企业的定价实践,其中有些观点来源于实践,没有经过严格的实证检验,有些观点来源于学者的研究结论,但仍有争议,后续的研究要进一步加强这方面的工作。

参考文献

1. Aaker D A. *Building strong brands*[M]. Simon and Schuster, 2012.

2. Aalto-Setala V, Evanschitzky H, Kenning P, et al. Differences in consumer price knowledge between Germany and Finland[J]. *The International Review of Retail, Distribution and Consumer Research*, 2006, 16(5): 591 – 599.

3. Aalto-Setälä V, Raijas A. Actual market prices and consumer price knowledge[J]. Journal of Product & Brand Management, 2003, 12(3): 180 – 192.

4. Adams J S. Inequity In Social Exchange[J]. *Advances in Experimental Social Psychology*, 1965, 2(4): 267 – 299.

5. Ailawadi K L, Gedenk K, Langer T, et al. Consumer response to uncertain promotions: An empirical analysis of conditional rebates[J]. International Journal of Research in Marketing, 2014, 31(1): 94 – 106.

6. Ajzen I. *The theory of planned behavior*[M]. Organizational Behavior and Human Decision Processes, 1991: 179 – 211.

7. Alba J W, Broniarczyk S M, Shimp T A, et al. The influence of prior beliefs, frequency cues, and magnitude cues on consumers' perceptions of comparative price data[J]. *Journal of Consumer Research*, 1994, 21(2): 219 – 235.

8. Anderson C K. Setting prices on priceline[J]. Interfaces, 2009, 39(4): 307 – 315.

9. Anderson E T, Simester D I. Does demand fall when customers perceive

that prices are unfair? The case of premium pricing for large sizes[J]. Marketing Science, 2008, 27(3): 492 – 500.

10. Ashworth L, Darke P R, Schaller M. No one wants to look cheap: Trade-offs between social disincentives and the economic and psychological incentives to redeem coupons[J]. Journal of Consumer Psychology, 2005, 15(4): 295 – 306.

11. Baker J, Grewal D, Parasuraman A. The influence of store environment on quality inferences and store image[J]. *Journal of the Academy of Marketing Science*, 1994, 22(4): 328 – 339.

12. Baker J, Parasuraman A, Grewal D, et al. The influence of multiple store environment cues on perceived merchandise value and patronage intentions[J]. Journal of marketing, 2002, 66(2): 120 – 141.

13. Barone M J, Bae T J, Qian S, et al. Power and the appeal of the deal: how consumers value the control provided by Pay What You Want (PWYW) pricing[J]. Marketing Letters, 2017, 28(5): 1 – 11.

14. Barone M J, Roy T. Does exclusivity always pay off? Exclusive price promotions and consumer response [J]. *Journal of Marketing*, 2010, 74(2): 121 – 132.

15. Bechwati N N, Sisodia R S, Sheth J N. Developing a model of antecedents to consumers' perceptions and evaluations of price unfairness[J]. Journal of Business Research, 2009, 62(8): 761 – 767.

16. Blackwell, RD, Miniard, et al. *Consumer Behavior* [M]. 9. OHio: Thomson Learning, Mason, 2001.

17. Bolton L E, Warlop L, Alba J W. Consumer perceptions of price (un) fairness[J]. Journal of consumer research, 2003, 29(4): 474 – 491.

18. Bornemann T, Homburg C. Psychological distance and the dual role of price[J]. Journal of Consumer Research, 2011, 38(3): 490 – 504.

19. Brough A R, Isaac M S. Finding a home for products we love: How buyer usage intent affects the pricing of used goods[J]. Journal of

Marketing，2012，76(4)：78 - 91.

20. Brown F E. Who perceives supermarket prices most validly? [J]. Journal of Marketing Research，1971，8(1)：110 - 113.

21. Brucks M，Zeithaml V A，Naylor G. Price and brand name as indicators of quality dimensions for consumer durables[J]. Journal of the academy of marketing science，2000，28(3)：359 - 374.

22. Büyükkurt B K. Integration of serially sampled price information：Modeling and some findings[J]. *Journal of Consumer Research*，1986，13(3)：357 - 373.

23. Cacioppo J T，Petty R E，Morris K J. Semantic，evaluative，and self-referent processing：Memory，cognitive effort，and somatovisceral activity[J]. Psychophysiology，1985，22(4)：371 - 384.

24. Cacioppo J T，Petty R E. The need for cognition[J]. Journal of personality and social psychology，1982，42(1)：116.

25. Cadotte E R，Woodruff R B，Jenkins R L. Expectations and norms in models of consumer satisfaction[J]. *Journal of Marketing Research*，1987，24(3)：305 - 314.

26. Campbell L，Diamond W D. Framing and sales promotions：The characteristics of a "good deal"[J]. Journal of Consumer Marketing，1990，7(4)：25 - 31.

27. Campbell M C. "Says who?!" How the source of price information and affect influence perceived price(un) fairness[J]. *Journal of Marketing Research*，2007，44(2)：261 - 271.

28. Campbell M C. Perceptions of price unfairness：antecedents and consequences[J]. Journal of marketing research，1999，36(2)：187 - 199.

29. Chaiken S，Maheswaran D. Heuristic processing can bias systematic processing：effects of source credibility，argument ambiguity，and task importance on attitude judgment[J]. *Journal of Personality and Social Psychology*，1994，66(3)：460.

30. Chaiken S. Heuristic Versus Systematic Information Processing and the Use of Source Versus Message Cues in Persuasion[J]. *Journal of Personality and Social Psychology*, 1980, 39(5): 752 – 766.

31. Chandran S, Morwitz V G. Effects of Participative Pricing on Consumers' Cognitions and Actions: A Goal Theoretic Perspective[J]. Journal of Consumer Research, 2005, 32(2): 249 – 259.

32. Chandran S, Morwitz V G. The price of "free"-dom: Consumer sensitivity to promotions with negative contextual influences [J]. Journal of Consumer Research, 2006, 33(3): 384 – 392.

33. Fox E J, Hoch S J. Cherry-picking[J]. *Journal of Marketing*, 2005, 69(1): 46 – 62.

34. Freitas A L, Salovey P, Liberman N. Abstract and concrete self-evaluative goals[J]. *Journal of Personality and Social Psychology*, 2001, 80(3): 410.

35. Fujita K, Henderson M D, Eng J, et al. Spatial distance and mental construal of social events[J]. *Psychological Science*, 2006, 17(4): 278 – 282.

36. Grewal D, Monroe K B, Krishnan R. The effects of price-comparison advertising on buyers' perceptions of acquisition value, transaction value, and behavioral intentions [J]. *Journal of marketing*, 1998, 62(2): 46 – 59.

37. Gupta A, Abbas A E. Repeat bidding on internet-based multiple-item "name-your-own-price" auctions[J]. IEEE Transactions on Engineering Management, 2008, 55(4): 579 – 589.

38. Gutral J, Cypryańska M, Nezlek J B. Normative based beliefs as a basis for perceived changes in personality traits across the lifespan[J]. Plos one, 2022, 17(2): e0264036.

39. Hamilton R, Chernev A. Low prices are just the beginning: Price image in retail management[J]. Journal of Marketing, 2013, 77(6): 1 – 20.

40. Homburg C, Allmann J, Klarmann M. Internal and external price search in industrial buying: The moderating role of customer satisfaction[J]. *Journal of Business Research*, 2014, 67(8): 1581 - 1588.

41. Homburg C, Koschate-Fischer N, Wiegner C M. Customer Satisfaction and Elapsed Time since Purchase as Drivers of Price Knowledge[J]. *Psychology & Marketing*, 2012, 29(2): 76 - 86.

42. Hornig T, Fischer M, Schollmeyer T. The role of culture for pricing luxury fashion brands[J]. Marketing ZFP-Journal of Research and Management, 2013, 35(2): 118 - 130.

43. Jensen B B, Grunert K G. Price Knowledge During Grocery Shopping: What We Learn and What We Forget[J]. Journal of Retailing, 2014, 90(3): 332 - 346.

44. Jin L, He Y, Zhang Y. How power states influence consumers' perceptions of price unfairness[J]. Journal of Consumer Research, 2014, 40(5): 818 - 833.

45. Johnson J, Tellis G J, Ip E H. To whom, when, and how much to discount? A constrained optimization of customized temporal discounts[J]. *Journal of Retailing*, 2013, 89(4): 361 - 373.

46. Kim J E, Kwon Y J. The Effects of Self-Monitoring, Dining Companion, and Restaurant Segment on the Choice of Currency in the Restaurant Industry[J]. 호텔경영학연구, 2009, 18(5): 41 - 62.

47. Koschate-Fischer N, Wüllner K. New developments in behavioral pricing research[J]. *Journal of Business Economics*, 2017, 87(6): 809 - 875.

48. Krämer F, Schmidt K M, Spann M, et al. Delegating pricing power to customers: Pay what you want or name your own price? [J]. *Journal of Economic Behavior & Organization*, 2017, 136: 125 - 140.

49. Liberman N, Trope Y. The role of feasibility and desirability considerations in near and distant future decisions: A test of temporal construal theory[J]. Journal of personality and social psychology,

1998，75(1)：5.

50. Maxwell S, Comer L. The two components of a fair price: social and personal[J]. Journal of Product & Brand Management, 2010,19(5): 375 – 380.

51. Maxwell S. Fair price: research outside marketing[J]. Journal of Product & Brand Management, 2008, 17(7): 497 – 503.

52. Monroe K B. Buyers' Subjective Perceptions of Price[J]. *Journal of Marketing Research*, 1973, 10(1): 70 – 80.

53. Monroe K B. *Instructor's Manual to Accompany Pricing: Making Profitable Decisions*[M]. McGraw-Hill, 1979.

54. Muradian R, Corbera E, Pascual U, et al. Reconciling theory and practice: An alternative conceptual framework for understanding payments for environmental services[J]. *Ecological economics*, 2010, 69(6): 1202 – 1208.

55. Murdock B B. A distributed memory model for serial-order information[J]. Psychological Review, 1983, 90(4): 316 – 338.

56. Ngobo P V, Coutelle P. Le processus de formation de l'image prix d'un point de vente: proposition et test d'un modèle intégrateur[J]. Actes du 30ème Congrès International de l'Association Française du Marketing, Montpellier, France, 2014.

57. Nijs R D. Behavior-based price discrimination and customer information sharing[J]. *International Journal of Industrial Organization*, 2015, 50: 319 – 334.

58. Nyström H. Retail pricing: An integrated economic and psychological approach[M]. Economic Research Institute at the Stockholm School of Economics, 1970.

59. Parasuraman A, Zeithaml V A, Berry L L. A conceptual model of service quality and its implications for future research[J]. Journal of marketing, 1985, 49(4): 41 – 50.

60. Payne J W. Contingent decision behavior[J]. Psychological bulletin, 1982, 92(2): 382 - 402.

61. Peterson R A, Jolibert A J. A cross-national investigation of price and brand as determinants of perceived product quality[J]. Journal of Applied Psychology, 1976, 61(4): 533.

62. Plassmann H, O'doherty J, Shiv B, et al. Marketing actions can modulate neural representations of experienced pleasantness[J]. Proceedings of the national academy of sciences, 2008, 105(3): 1050 - 1054.

63. Popescu I, Wu Y. Dynamic pricing strategies with reference effects[J]. *Operations Research*, 2007, 55(3): 413 - 429.

64. Rao A R, Monroe K B. The effect of price, brand name, and store name on buyers' perceptions of product quality: An integrative review[J]. Journal of marketing Research, 1989, 26(3): 351 - 357.

65. Riesz P C. Price versus quality in the marketplace, 1961 - 1975[J]. Journal of Retailing, 1978, 54(4): 15 - 28.

66. Saini R, Rao R S, Monga A. Is that deal worth my time? The interactive effect of relative and referent thinking on willingness to seek a bargain[J]. Journal of Marketing, 2010, 74(1): 34 - 48.

67. Schlereth C, Eckert C, Skiera B. Using discrete choice experiments to estimate willingness-to-pay intervals[J]. Marketing Letters, 2012, 23(3): 761 - 776.

68. Scitovszky T. Some consequences of the habit of judging quality by price[J]. The Review of Economic Studies, 1944, 12(2): 100 - 105.

69. Shapiro B P. Price reliance: existence and sources[J]. *Journal of Marketing Research*, 1973, 10(3): 286 - 294.

70. Steenkamp J B E M. Conceptual model of the quality perception process[J]. Journal of Business research, 1990, 21(4): 309 - 333.

71. Sweeney J C, Soutar G N. Consumer perceived value: The development of a multiple item scale[J]. Journal of retailing, 2001,

77(2): 203 – 220.

72. Tanner R J, Carlson K A. Unrealistically optimistic consumers: A selective hypothesis testing account for optimism in predictions of future behavior[J]. Journal of Consumer Research, 2009, 35(5): 810 – 822.

73. Taylor R S. Information use environments [J]. Progress in communication sciences, 1991, 10(217): 55.

74. Urbany, J. E, Bearden, W. O., Weilbaker, D. C. The effect of plausible and exaggerated reference prices on consumer perceptions and price search[J]. *Journal of Consumer Research*, 1988, 15:95 – 110.

75. Van Rijnsoever F J, Castaldi C, Dijst M J. In what sequence are information sources consulted by involved consumers? The case of automobile pre-purchase search[J]. Journal of Retailing and Consumer Services, 2012, 19(3): 343 – 352.

76. Vida I, Koklic M K, Kukar-Kinney M, et al. Predicting Consumer Digital Piracy Behavior: The Role of Rationalization and Perceived Consequences [J]. Journal of Interactive Marketing, 2012, 6(6): 298 – 313.

77. Völckner F, Hofmann J. The price-perceived quality relationship: A meta-analytic review and assessment of its determinants[J]. Marketing letters, 2007, 18(3): 181 – 196.

78. Von Neumann J, Morgenstern O. Theory of games and economic behavior[M]. Theory of games and economic behavior. Princeton university press, 2007.

79. Wang T, Hu M Y, Hao A W. Name-Your-Own-Price seller's information revelation strategy with the presence of list-price channel[J]. Electronic Markets, 2010, 20(2): 119 – 129.

80. Wertenbroch K, Soman D, Chattopadhyay A. On the perceived value of money: The reference dependence of currency numerosity effects [J]. Journal of Consumer Research, 2007, 34(1): 1 – 10.

81. Wilson J G, Anderson C K. Joint inventory and pricing decisions[J]. *IFAC-Papers On Line*, 2015, 48(3): 238 - 241.

82. Xia. Perceived price fairness and dual entitlement[J]. Advances in Consumer Research, 1991, 18(1): 788 - 793.

83. Zeithaml V A. Consumer perceptions of price, quality, and value: a means-end model and synthesis of evidence[J]. *Journal of Marketing*, 1988, 52(3): 2 - 22.

84. Zielke S. Exploring asymmetric effects in the formation of retail price satisfaction[J]. Journal of Retailing and consumer Services, 2008, 15(5): 335 - 347.

85. Zielke S. Integrating emotions in the analysis of retail price images[J]. *Psychology & Marketing*, 2011, 28(4): 330 - 359.

86. (美)布里奇特·罗宾逊-瑞格勒(Bridget Robinson-Riegler)等著.认知心理学[M].凌春秀译.北京:人民邮电出版社,2020:09.

87. 陈叶烽,叶航,汪丁丁.超越经济人的社会偏好理论:一个基于实验经济学的综述[J].南开经济研究,2012,(1):63 - 100.

88. (德)赫尔曼·西蒙(Hermann Simon),马丁·法斯纳赫特(Martin Fassnacht)著.价格管理:理论与实践[M].吴振阳,洪家希,等译.北京:机械工业出版社,2021:15.

89. 郝辽钢,高充彦,贾建民.价格折扣呈现方式对促销效果影响的实证研究[J].管理世界,2008(10):106 - 114.

90. (美)亨利·阿塞尔著.消费者行为和营销策略(6 版)[M].韩德昌等译.北京:机械工业出版社,2000:161 - 164.

91. 黄金辉,韦克难.实用心理学[M].成都:四川人民出版社,2003.

92. (美)拉菲·穆罕默德等著.网络营销[M].王刊良译.北京:中国财经出版社,2005:10.

93. (英)利·考德威尔著.价格游戏[M].钱峰译.杭州:浙江大学出版社,2013:2.

94. (美)塞缪尔·E.伍德(Samuel E. Wood),(美)埃伦·格林·伍德(Ellen

Green Wood),（美）丹妮斯·博伊德（Denise Boyd）著.心理学的世界[M].上海：上海社会科学院出版社,2018:15-16.

95. （美）汤姆·纳格,约瑟夫·查莱,陈兆丰著.定价战略与战术[M].北京：华夏出版社,2019:10.

96. 熊玉娟,吕巍,金振宇.购后促销的不确定性对价格不公平感的影响[J].管理现代化,2017,37(02):90-96.

97. 袁红.消费者社会化搜索行为研究[M].武汉：武汉大学出版社,2014.

98. 张黎,范亭亭,王文博.降价表述方式与消费者感知的降价幅度和购买意愿[J].南开管理评论,2007,10(3):19-28.

99. 周尔凤,张廷龙,倪蕾,方丹,方昶.竞争中的参考价格效应及承诺[J].中国管理科学,2018,26(08):75-85.

后 记

　　本书为"江苏省社会科学基金后期资助项目"。本书是在作者主持的江苏省哲学与社会科学基金课题《消费者行为定价理论研究》的研究成果基础上进一步整理、完善而成的,江苏省哲学与社会科学规划办公室为课题的研究提供了极大的便利。

　　本课题的研究思路和灵感来源于作者在网络消费者消费行为定价的专题研究生教学研究中,文献梳理显示出网民购买行为呈现出多样性的特点,而价格则是影响其购买行为的主要因素之一,在此基础上,延伸到对普通消费者行为定价的研究。在课题的研究中,2018级研究生史慧慧、张程、陈奇和夏晨晨完成了文献梳理和资料的搜集与整理工作,2019级研究生唐婷婷、庄得娟、赵媛媛和贾奇进一步细化文献资料和文字工作,在此基础上完成了本书的撰写工作,在此对他们所做的大量工作表示衷心感谢。

　　最后,感谢江苏省哲学与社会科学基金项目和江苏高校现代服务业协同创新中心对本书出版提供的资助,感谢南京财经大学营销与物流管理学院刘云老师给出的宝贵建议,感谢南京财经大学的诸位同事在本书出版过程中给予的帮助。